建筑业与房地产企业工商管理培训教材

建筑与房地产公司理财

建筑业与房地产企业工商管理
培训教材编审委员会

中国建筑工业出版社

图书在版编目（CIP）数据

建筑与房地产公司理财/建筑业与房地产企业工商管理培
训教材编审委员会编.-北京：中国建筑工业出版社，1998
建筑业与房地产企业工商管理培训教材
ISBN 7-112-03604-6

Ⅰ.建⋯ Ⅱ.建⋯ Ⅲ.①建筑企业-财务管理-教材②房
地产业-财务管理-教材 Ⅳ.F293.3

中国版本图书馆 CIP 数据核字（98）第 17640 号

本书根据国家经贸委和建设部关于工商管理培训教材的要求，结合建筑与房地产公司理财的实际，系统地阐述了公司理财的一般理论和方法，并通过较多的实例说明这些理论和方法的应用。根据每章内容编写了思考题和练习题，供学习时使用。

本书主要内容包括：公司理财概述，资金时间价值与投资决策，投资风险，资金筹集，营运资金，营业收入、利润及分配，公司的兼并、重组与清算。

本书除可作为建筑业与房地产企业工商管理的培训教材外，尚可用于公司管理人员、政府有关部门的工作人员及希望学习管理知识的各类人员的学习和参考。

建筑业与房地产企业工商管理培训教材

建筑与房地产公司理财

建筑业与房地产企业工商管理
培训教材编审委员会

*

中国建筑工业出版社出版、发行（北京西郊百万庄）
新 华 书 店 经 销
北京富生印刷厂印刷

*

开本：787×1092 毫米 1/16 印张：16¼ 字数：391 千字
1998 年 7 月第一版 2000 年 7 月第五次印刷
印数：19,001—23,000 册 定价：**20.00** 元
────────────────────
ISBN 7-112-03604-6
F·274（8863）

建筑业与房地产企业工商管理
培训教材编审委员会

出　版　说　明

党的十四届四中全会《决定》要求，"全面提高现有企业领导干部素质"和"抓紧培养和选拔优秀年轻干部，努力造就大批跨世纪担当领导重任的领导人才"是实现今后15年宏伟战略目标和两个根本性转变的重要基础。为此，国家经贸委和中央组织部根据中央《1996～2000年全国干部教育培训规划》提出的要求，制订了《"九五"期间全国企业管理人员培训纲要》。《培训纲要》明确规定，"九五"期间对企业管理人员要普遍进行一次工商管理培训，这是企业转机建制，适应"两个转变"的迫切需要，也是企业领导人员驾驭企业走向市场的基础性培训。

为了搞好建筑业与房地产企业管理人员工商管理培训，建设部于1997年10月31日下发了《关于开展建筑业与房地产企业管理人员工商管理培训的实施意见》（建教〔1997〕293号），对建筑业与房地产工商管理培训工作做出了具体部署。同时，我司会同建筑业司、建设监理司、房地产业司邀请部分高等院校管理系的教授和企业经理召开了两次研讨会，并成立了"建筑业与房地产企业工商管理培训教材编审委员会"，仔细研究了国家经贸委培训司统一组织编写的《工商管理培训课程教学大纲》，分析了建筑业与房地产企业与一般工业企业和商业企业在生产过程、生产方式、生产手段及产品的营销形式等诸方面的差别。根据国家经贸委提出的"各地区、各行业根据自己的实际情况和需要，可增设和调整若干课程和专题讲座"的要求，结合行业特点，对国家经贸委发布的《工商管理培训课程教学大纲》（包括1个专题讲座，12门课程）做了适当调整，其中6门课程的大纲完全是重新制定，并新编了相应的教材。它们是《工程项目管理》、《建筑业与房地产企业财务报告分析》、《建筑与房地产公司理财》、《建筑市场与房地产营销》、《建设法律概论》、《国际工程管理》，分别替换经贸委组织编写的以下6本教材：《现代生产管理》、《财务报告分析》、《公司理财》、《市场营销》、《经济法律概论》、《国际贸易与国际金融》。其余6门课程的教材仍须选用国家经贸委的统编教材。

以上6本教材经"建筑业与房地产企业工商管理培训教材编审委员会"审定，现交中国建筑工业出版社出版、发行。

由于工商管理培训是一项新的培训任务，各院校教师还不太熟悉，加之时间仓促，目前拿出的教材，肯定有不尽完善之处。为此，我们建议：一是对本套教材作为试用，通过一段时间的使用和教学实践，再进行修订，使之更加完善，更加符合实际。二是在试用过程中，各培训院校一定要根据教学大纲的要求紧密结合本地区、本行业和培训对象的需要，联系实际，因材施教，精心安排好各门课程的教学内容，努力探索，不断提高培训质量。

在教材的编写过程中，我们得到了部里有关领导和很多专家教授的指导和帮助，得到了有关业务司局和高等院校、企业的大力支持和合作，在此，我们一并表示感谢。

建设部人事教育劳动司
1998年6月18日

前　言

我们即将跨入新世纪，这是一个充满活力和生机，但同时又是一个充满严酷竞争和挑战的世纪。作为市场的主体，以股份有限公司为基本组织形式的企业，将挣脱计划经济体制的桎梏，投身到市场经济的汪洋大海之中，去求生存，图发展。作为企业的管理者，面对变幻莫测的市场，最为重要的是具有深邃的洞察力。为此，就要更新知识结构，转变思想观念，提高自身素质和科学的决策能力。

从某种意义上讲，公司理财就是一种决策的科学。在现代企业管理中，公司理财的作用显得越来越突出。可以说，不懂理财的管理者，不可能成为一个优秀的管理者。

这本教材是以公司理财中的投资决策、资金筹集、收益分配为核心，并结合建筑业与房地产公司的特点编写而成的。并力求体现实用性、针对性、现实性和一定的超前性。

本书由刘长滨主编，由班增山主审。一、二、三、四章由刘长滨撰写，五、六、七章由张卓撰写，最后由刘长滨统一定稿。

本书撰写过程中，参考了大量文献资料，在此，谨向其作者和给予支持和帮助的人们表示衷心的感谢。

由于水平有限，加之时间仓促，书中定有错误和不足之处，恳请读者批评指正。

目　录

第一章　公司理财概述

第一节　公司及公司理财目标

一、企业

从广义上讲企业是资源转化体。在西方国家，是指运用资本获取利润的经济组织实体。在我国，是指从事产品生产、流通或服务性活动等实行独立核算的经济单位，是自立经营、自负盈亏、自我约束、自我发展的商品生产者。按资本的性质企业可分为个体企业、合伙企业、合作企业和公司企业四种。

从法律上企业可分为法人企业和非法人企业两种。法人企业是指具有民事权利能力和民事行为能力，依法独立享有民事权利和承担民事义务的组织；非法人企业有别于法人企业的主要区别是不独立承担民事责任。按我国《公司法》等的规定，依法在我国境内设立的有限责任公司和股份公司是企业法人，而其他企业如个体企业、合伙企业和一般合作企业往往属于非法人企业。

从范围上看，企业要比公司广，公司只是企业的一种组织形式，具有企业的全部内涵，但不能囊括企业的全部组织形式。

（一）个体企业

个体企业又称独资企业，是由单一的业主独自拥有，通常是一个人所有的企业，业主对企业的财务、业务、人事等具有控制权。业主向国家交纳个人所得税，企业全部利润归业主个人所有，并独自承担所有的风险。

个体企业具有的优点是：企业组建简单、费用低、只需向政府的工商管理部门申请营业执照即可，不必向社会公布企业的财务报表；所有权和经营权合一；政府对个体企业的管制较少；没有直接针对个体企业的法律，只要遵守政府有关规定即可。

个体企业的缺点是：对债务负有无限责任，即一旦发生亏损甚至倒闭时，企业主要以自己的全部动产或不动产抵债；企业的寿命是有限的，最长就是随业主的死亡而告终；其资本由业主个人筹资，通常为个人积蓄，很难筹集到大量资金用于企业的扩展上。

（二）合伙企业

由两人或更多人合伙经营的企业称合伙企业，当事人称为合伙人。每个合伙人各自出资，按共同商定的合约决定每人分担的责任和分享的利润。

合伙企业的基本特征为：合伙人具有共同的目的，他们的权利和义务相同；合伙人的出资不限于货币和财物，也可以提供技艺或劳务；合伙人对合伙财产不得随时请求分割；合伙人对合伙事务有执行的权利和义务；合伙关系一经确立，非经全体合伙人同意，不许新成员加入；合伙人对合伙债务负连带责任。

合伙企业的组建较容易，但寿命也是有限的，当某个合伙人退出或死亡，合伙关系即告终止。只要形成新的合伙关系，即预示着一个新的合伙企业的诞生。

合伙企业通常不是法人，他与个体企业一样，要承担无限责任，交个人所得税。按每个合伙人所承担的责任的差别，合伙企业分为普通合伙、有限合伙和隐名合伙等形式。

1. 普通合伙企业

他是由合伙人共同出资、共同经营，其合伙人称为普通合伙人。普通合伙人每人均可代表企业，以企业名义签订合同，每个人都具有无限责任，即当企业的资产不足以抵债时，每个合伙人都有连带责任，以自己个人财产承担公司的债务，若某一合伙人无力偿债，则其他合伙人应代为清偿。

2. 有限合伙企业

他是由一个合伙人负有无限责任，其他人负有限责任，但企业只能由负无限责任的合伙人经营，其他合伙人不得干预。前者称为普通合伙人，后者称为有限合伙人。有限合伙人类似于一般投资者，他们不参与企业经营，仅以自己投入的资本对企业的债务负责。两者在各方面享有不同的权利，承担不同的责任：普通合伙人不需将其财产直接交给合伙企业，但有限合伙人必须用现金或有形财产作为合伙的资金；普通合伙人收益不固定，对合伙的债务和民事侵权行为负有无限连带责任，有限合伙人收益一般固定，对合伙的债务和民事债权行为所承担的责任以其出资额为限；普通合伙人拥有参与管理和控制企业的全部权力，有限合伙人则无此项权力；普通合伙人退出合伙或死亡，合伙一般应予解除，但有限合伙人退出合伙或死亡，合伙照常存在。

3. 隐名合伙企业

合伙双方当事人以合同方式确定一方当事人对另一方当事人所经营的项目进行投资，但不愿公开其身份和姓名，并避免承担无限责任的特殊合伙形式称为隐名合伙企业。该投资者称为"隐名合伙人"，而经营该企业者称为"出名营业人"。通常合同规定：出名营业人具体负责合伙企业的全部业务，隐名合伙人不参与企业的经营，对外也不承担责任。

合伙企业可以将不同的个人资本、技术和能力集聚起来，形成较个体企业更强更有生命力的经营实体。但在无限责任和有限生命两方面与个体企业是相同的。另外，合伙企业的资本不以股票形式出现，不能转让和变现，与公司相比，所有权难以转移，且难以筹措大量资金。因而合伙企业的形式适合于小企业，通常高技术的风险投资起步时，采用合伙形式。

（三）合作企业

合作企业分为国际合作企业和国内合作企业两种。

1. 国际合作企业

它是由两个或两个以上国家的合作者通过协商、签订合同、规定各方的权利和义务，据此开展经营活动的企业组织形式。主要有两种形式：其一是由两国或两国以上的经济实体通过契约组成的松散的合作经营联合体，不具有法人地位；其二是合营各方的投资和服务等不计算股份或股权，权利和义务由合同规定，合营各方的收益分配，一般根据合同规定的办法进行利润或产品分成。合作经营企业经东道国批准注册，是东道国的法人，受东道国法律的管辖和保护。

2. 国内合作企业

它是按照经济合理和专业化合作的原则，将经济上、技术上有紧密联系的单位组建成企业性的经济联合体。

根据联合的紧密程度及组织机构的不同，可分为三种形式：具备法人条件，成为新的法人；不具备法人条件，根据协议共同经营；按合同的约定，各自独立经营。可将上述三种形式分别称为法人型联营、合伙型联营和合同型联营。

（四）公司

公司是按照《公司法》组建并登记的以营利为目的的企业法人。

法律上从股东的责任出发，将公司分为有限责任公司、股份有限公司、无限责任公司和两合公司四种。我国《公司法》中规定的公司只包括有限责任公司和股份有限公司两种。

1. 有限责任公司

有限责任公司是指由两个以50以下股东共同出资，不公开发行股票，每个股东以其出资额对公司承担责任，公司以其全部资产对其债务承担责任的企业法人。其特征是：

（1）公司不得发行股票。股东各自的出资额，通常由他们协商确定。股东认缴的股金支付并成立公司后，由公司出具书面的出资证明书，作为他们在公司中享有权益和承担责任的凭证。公司不得公开募股和发行股票。

（2）公司的股份一般不允许任意转让。如有特殊情况需要转让，则必须经全体股东过半数同意，且其他股东有优先购买权。

（3）公司股东数既有最低限也有最高限。我国《公司法》规定："有限责任公司由2个以上50个以下股东共同出资设立"。公司成立后，通常不许随意增加股东数量。

（4）股东可以参与公司管理业务。法律上允许公司所有权和经营权合二为一。

（5）公司财务不必公开，但应当按公司章程规定的期限将财务会计报告送交各股东。

（6）有限责任公司的设立、营业、解散等都比较简单，但其筹措资金的能力和规模有限，竞争能力不如股份有限公司。

2. 股份有限公司

股份有限公司是地位最重要、作用最大的一种公司类型，是本书讨论的核心内容。

股份有限公司是指全部资本由等额股份构成并通过发行股票筹集资本，股东以其所认购股份对公司承担责任，公司以全部资产对公司债务承担责任的企业法人。其特征是：

（1）资本划分为等额股份。在股份公司中，资本是指全体股东出资的总和，用一定的金额表示。将资本总额划分为若干等额的股份，每股金额与股份数的乘积就是资本总额。

（2）公司的股份可以依法转让，其股票可以在社会上公开发行。通常只要愿意支付股金，任何人都可以获得股票而成为股东。由于股东可以将股票依法转让，因而有利于保持公司资本的流动性，提高公司的竞争能力。由于采取公开向社会发行股票的方式筹集资本，因而为股份公司筹集资金开辟了广阔的渠道。

（3）股东人数不限。大多数国家对有限责任公司的股东数是将其限制在一定范围之内的。而对股份有限公司，股东数是不受限制的，这样就便于吸引更多的人向公司投资。我国对股份有限公司的股东人数有最低限制，即在一般情况下，至少有5人为发起人。

（4）股东个人的财产与公司的财产分离。股东对公司债务不负任何责任，一旦公司破产或解散后进行清算时，公司债务人只能对公司的资产提出要求，行使债权，而无权直接向股东起诉。只有公司才以公司本身的全部资产对公司的债务负责。所谓股东要负有限清偿责任，就是以股东认购的股票额为限。不论公司负有多少债务，股东仅以其所认购的股票金额为限对公司债务负有限责任。

（5）通常公司的所有者与经营管理者是分离的。负责股份有限公司一切日常经营活动的一般不是股东。而是由专门班子——董事会和经理负责。股东投资于股份有限公司之后，其个人的生死存亡及各种变化，对公司的经营活动不产生任何影响。

（6）财务公开。为保证持股人、债权人的利益，各国公司法一般都规定，股份有限公司必须在每个财政年度终了时公布公司的年度报告，其中包括董事会的年度报告、公司资产负债表和损益表等。

（7）坚持股份有限公司的资本三原则。由于公司的财产是对公司债权人的唯一担保，因而，要保护公司和债权人，就必须确保公司的财产，坚持股份有限公司的资本三原则：资本维持和充实原则，即公司必须经常保持与所确定的资本额相当的财产；资本不变原则，即资本一旦确定之后，如果不通过严格的法定手续，不能随意减少；资本确定原则，即必须按公司成立时公司章程所确定的资本额。

股份有限公司有上市公司和非上市公司之分。上市公司是指所发行的股票经国务院或国务院授权证券管理部门批准在证券交易所上市交易的股份有限公司。非上市公司虽然也依法向社会发行股票，但公司股票未在证券交易所上市交易。非上市公司要转化为上市公司必须具备《公司法》规定的特别条件，并办理相应的手续。

有限责任公司与股份有限公司的共同点是：股东对公司债务的责任都是有限的，其责任都仅限于股东的出资额。

3. 无限责任公司

无限责任公司是指由两个以上的股东组织的对公司债务负无限连带清偿责任的公司。其特征是：

（1）公司股东对公司的债务负无限连带清偿责任。股东以自己的全部动产与不动产对公司所欠债务负责，即当公司资产不足以清偿公司债务时，股东要以自己的个人财产抵债，这就是无限责任。所谓连带责任是指公司资产不足以清偿债务时，公司债权人可以对公司的全部股东、部分股东、或其中一位股东请求偿还全部债务，而不管股东出资额是多少。一旦其中一个或部分股东清偿了全部债务，其他股东即解除了对公司债权人的责任。如全部债务仅由一个人偿还，则其可保留要求其他股东偿还应分担的那部分债务的权利。

（2）无限责任公司的股东有权直接参与公司的管理业务，所有权和经营权融为一体。

（3）无限责任公司的股东可以任意增加或减少，而无需得到当地政府的批准。

（4）无限责任公司无需公开其任何经济帐目，这样对公司保持或增强其竞争能力有利。

4. 两合公司

这是由负无限责任的股东与负有限责任的股东两种成员组成的公司。无限责任股东除负有一定的出资额的义务外，还须对公司债权人承担直接无限责任。有限责任股东，除有一定的出资义务外，只以其对公司的出资额为限对公司债权人负直接责任。

上述四种公司形式中，无限责任公司和两合公司逐渐减少，而有限责任公司和股份有限公司目前是各国的主要的企业组织形式。

二、公司目标

公司的目标有很多，不同性质的公司、公司发展的不同阶段，其目标的侧重点会有所不同。公司的主要目标有：

    1. 实现最佳的经济效益，使股东的财富最大化；

    2. 提高市场占有率和在同业界中的地位；

    3. 对公司和公司生产产品的消费者、交易对方、投资者等的信用；

    4. 新技术和新产品的开发能力；

    5. 适应市场环境变化的能力和安全性；

    6. 吸引和培养人才；

    7. 确保从业人员的福利和待遇；

    8. 实现最合理的发展速度；

    9. 承担一定的社会责任。

上述指标之间相互影响，相互作用。但作为公司，其核心目标是实现最佳的经济效益，以使股东财富最大化。

三、公司理财的目标

公司理财的目标应为公司的总目标服务。公司理财活动是以资金为核心展开的，为公司目标的实现提供支持条件和手段。为实现公司的总目标，最重要的是在明确公司战略的前提下确定投资方向，在控制投资风险的前提下做好投资决策，提高资金的报酬率；同时应该合理使用资金；加速资金周转，降低资金占用和减少资金耗费，并且使公司保持合理的资本结构和负债规模；寻求合理的资金来源渠道，降低资金成本和财务风险，保持适当的资金储备，以满足应付公司安全生存所需意外资金的需求。概括起来公司理财的具体目标是：

    1. 选择最佳的投资方案。投资方案的选择是公司经营成败的关键所在。某些公司效益下降、产品滞销、债务负担加重，甚至不宣告破产就不足以摆脱债务危机的原因，在很大程度上与其前一时期投资决策的失误密切相关，因而，投资决策是公司理财的重要活动之一。投资方案选择前必须经过充分的市场调查和市场分析，并考虑可能出现的各种风险，才能做出最佳的投资方案选择。在投资方案执行过程中尚应根据变化了的情况对投资方案进行适当的调整。

    2. 以最低的成本筹集资金。当投资方案业已确定，则如何以最低的成本筹措投资所需的资金就是筹资决策需要解决的问题了。在筹资融资的决策中，如考虑不周，方法不当，将使筹集的资金成本过高，使公司的利益受到损害，甚至使公司蒙受过重的债务负担而走入困境。

    3. 合理安排资本结构。公司的资本结构，一般是由自有资本和借入资本构成的。负债的多少应与自有资本和偿债能力的要求相适应，既要防止负债过多，导致财务风险过大，偿债能力过低，又要有效地利用负债经营，提高自有资本的收益水平。

    4. 营运资本和利润分配管理。营运资本是指投入流动资产的那部分资本。流动资产包括现金和有价证券、应收帐款和存货，是企业从购买原材料进行生产直至销售产品收回货款这一生产和营销过程所必须的资产。企业流动资产所占用的资金一部分来源于长期资本——股东权益和长期负债，更多的是来源于短期负债。他包括短期借款、应付帐款、应付票据和应付未付款。流动资产减流动负债称为净营运资本。净营运资本的大小会影响企业的收益和风险。在企业的日常理财活动中，营运资本的管理占有重要位置。利润是公司的最终财务成果，也是企业经营的主要目的之一。在股份公司中，对于利润，理财的着眼点在于组织收入和节约开支，对于利润分配，则核心在于股利政策，并对股利政策影响因素加以分析，根据公司的实际情况作出不同的股利决策。

第二节　公司理财的特点、职能和机构

一、公司理财的特点

公司理财的特点是开放性、动态性和综合性。

任何一个公司都不是孤立地存在的，它的理财活动是在一定的宏观和微观经济环境中进行的。公司只有在理财环境的各种因素作用下实现财务的协调平衡，才能生存和发展。理财环境存在于宏观范围中对公司理财有较大影响的各种条件中，如国民经济发展状况、产业政策、税收政策、金融市场状况等。其中金融市场对公司理财活动的社会化提供了广阔的天地，并成为资金融通的场所和联系供求双方的桥梁。公司的理财活动是在整个金融市场系统中进行的，而金融市场是一个开放性的市场，因而公司理财的特点也必然是开放的。

公司理财的核心是资金，而资金是在运动着的，没有资金的运动，就没有公司的经营活动，也就没有资金的增值。促进资金运动，加速资金周转，才能使公司充满生机，因而也就决定了以资金为核心的公司理财活动必然具有动态性的特点。

公司理财的核心是资金运动，而资金的运动最具综合性，它贯穿和体现在公司理财的全部过程之中，因而公司理财也就必然具有综合性的特点。

基于公司理财的上述特点，在公司理财过程中应掌握资金合理配置、成本效益、收支平衡、收益风险均衡等原则，以提高公司经济效益，使股东的财富最大化。

二、公司理财的职能

公司理财的职能与公司理财活动的客观规律性密切相关。

概括起来，公司理财活动包括三个基本的内容：筹资活动；投资活动（含公司内部资金的配置和外部资金的投放）；收益分配活动。这是相互联系、相互制约、又相互独立的三个内容，他们构成了公司理财工作的主线。三者之间的关系是：最终效益的大小，取决于投资的规模、组合及其效益；而投资的规模、组合及其效益又受筹资的数量、结构及其代价的制约；而筹资数量、结构及其代价又受收益分配政策的影响。为实现公司的理财目标——股东财富最大化，首先要进行科学的投资决策，确定最佳的投资方向和流量，以期获得最佳的投资效益，这也是进行筹资决策的基础。进而，要进行科学的筹资决策，合理地选择筹资方式、筹资规模和筹资结构，并对预期的筹资效益和筹资成本进行对比分析，以便达到既能优化公司的资本结构，又能提高公司的盈利水平的目的。此外，要科学地确定收益分配决策，正确地确定公司利润留存与分配的比例和合理的股利政策。上述决策与政策的成效，对公司长期、稳定、健康的发展有重要的影响。

由此可见，在市场经济条件下，公司的财务决策是公司经营决策的重点和核心。为使公司目标和财务决策所确定的目标和任务得以顺利的实现，就必须充分发挥公司理财的运筹作用——调节、配置和平衡作用，正确地处理好公司内部条件、外部环境和公司目标之间的动态平衡关系。公司的外部经济环境是复杂、多变的，如市场供需关系的变化、竞争势态的瞬息万变和政策宏观调控政策及税收政策的经常调整等，都会给公司的生产经营和

理财活动产生重大的影响。为此，公司理财就应适应外部经济环境、条件的变化，善于对公司内外的经济关系进行合理调整，对公司的财务资源进行有效配置、优化组合，从动态中求平衡，从平衡中求发展，不断增强公司防范、转移、分散风险的能力和市场竞争实力；特别要注意公司理财的两大重点——保持良好的偿债能力和尽可能提高盈利能力之间的协调和统一，只有如此，才能促使公司理财目标的实现。

三、公司理财的组织机构

在市场经济条件下，公司理财是一项开放性、动态性和综合性的管理工作，在公司全部经营管理工作中处于举足轻重的地位。因而，在公司内部，理财机构的科学设置和优秀的财务专业人员的合理聘用，对理财职能作用的充分发挥，具有十分重要的意义。

股份有限公司是现代企业制度的基本组织形式，因而股份有限公司的理财机构也可视为现代理财机构最完备的形态。公司执行机构由高层执行官员即高层经理人员组成，他们受聘于董事会，在董事会授权范围内，拥有对公司事务的管理权和代理权，负责处理公司的经营事务。在董事会领导下的高层执行官员包括：总经理、副总经理、总财务师、总会计师等。

公司制要求公司根据权力机构、决策机构、执行机构和监督机构相对独立、相对制约和相互协调的原则，建立股东会、董事会、经理层和监事会，并按《公司法》的规定，确定其权责。图1-1是典型的公司组织机构图，图中突出了理财方面的组织机构。

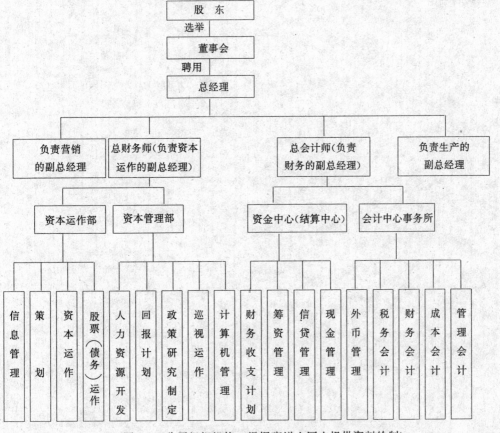

图 1-1　公司组织机构（根据班增山同志提供资料绘制）

7

图中，董事会成员由股东投票选举产生。董事会是一个权力机构和决策机构，负责处理公司的重大事务，并制订有关政策。董事会成员可按规定以比较优惠的认购价认购若干数量的公司股票。董事长、副董事长由董事会任命，总经理采用聘用方式，负责日常事务的管理。总财务师、总会计师都向负责财务的副总经理负责，在他的领导下，统筹开展工作。但他们之间有明确的分工，各自履行性质不同的专业工作。

思 考 题

1. 有限责任公司和股份有限公司的特征是什么？
2. 为什么说理财目标与公司目标是一致的？
3. 公司理财活动的基本内容是什么？它们之间的关系如何？

第二章 资金的时间价值与投资决策

第一节 资金时间价值的含义与计算

一、资金时间价值的含义

资金在不同的时间上具有不同的价值，资金在周转使用中由于时间因素而形成的价值差额，称为资金的时间价值。通常情况下，经历的时间越长，资金的数额越大，其差额就越大。由于建筑产品的开发和生产周期长，投资额巨大，因而对于建筑公司和房地产开发公司，在投资决策和资金运用中如果不考虑资金的时间价值，就不能做出正确的决策。

产生资金时间价值的原因主要有：

(1) 通货膨胀、货币贬值——今年的1元钱比明年的1元钱价值大；

(2) 承担风险——明年得到1元钱不如今年得到1元钱保险；

(3) 货币增值——通过一系列的经济活动使今年的1元钱获得一定数量的利润，从而到明年成为1元多钱。

资金的时间价值有两个含义：其一是将货币用于投资，通过资金运动使货币增值；其二是将货币存入银行或出借，相当于个人失去了对这些货币的使用权，用时间计算这种牺牲的代价。

无论上述哪个含义，都说明资金时间价值的本质是资金的运动，只要发生借贷关系，它就必然发生作用。因而，为了使有限的资金得到充分的运用，必须运用"资金只有运动才能增值"的规律，加速资金周转，提高经济效益。

二、资金时间价值的计算

(一) 单利和复利

大家知道，如果从银行贷款，则每年必须负担一定百分比的利息；如果是用自有资金去投资，就等于牺牲了运用这笔资金进行其他投资的机会，因而造成相应的机会损失（亦称为机会成本）。通常将伴随着这种资金筹措所应负担的利息或某种运用机会的牺牲额称为资本化成本，其利率称为资本的利率。

利息有单利和复利两种，计息期可按一年或不同于一年的计息周期计算。

所谓单利是指利息和时间成线性关系，即只计算本金的利息，而本金所产生的利息不再计算利息。因而如果用 P 表示本金的数额，n 表示计息的周期数，i 表示单利的利率，I 表示利息数额，则有：

$$I = Pni \tag{2-1}$$

例如，以单利方式借款1000元，规定年利率为6%，则在第一年末利息额应为：

$$I = 1000 \times 1 \times 0.06 = 60(元)$$

年末应付本利和为1000+60=1060元

当借入资金的期间等于几个计息周期时，例如上述款项共借3年，则偿还情况将如表

2-1 所示。

单 利 计 算 表（单位：元）　　　　　　　　　　　表 2-1

年　　次	贷款额	利　息	负债额	偿运额
0	1000	——	——	——
1	——	60	1060	——
2	——	60	1120	——
3	——	60	1180	1180

应该指出：单利没有完全地反映出资金运动的规律性，不符合资金时间价值的本质，因而通常采用复利计算。

所谓复利就是借款人在每期末不支付利息，而将该期利息转为下期的本金，下期再按本利和的总额计息。即不但本金产生利息，而且利息的部分也产生利息。上述问题如果按 6％复利计算，则有如表 2-2 所示的形式。

复 利 计 算 表（单位：元）　　　　　　　　　　　表 2-2

年　　次	贷款额	利　息	负债额	偿还额
0	1000	——	——	——
1	——	$1000 \times 0.06 = 60$	$1000 + 60 = 1060$	0
2	——	$1060 \times 0.06 = 63.6$	$1060 + 63.6 = 1123.6$	0
3	——	$1123.6 \times 0.06 = 67.42$	$1123.6 \times 67.42 = 1191.02$	1191.02

对比表 2-1 和表 2-2 可知，按复利计算所得的三年末本利和较按单利计算多 11.02 元，它是由于产生的利息部分也产生利息的缘故。

（二）资金时间价值的复利计算公式

1. 现金流量图

复利计算公式是研究经济效果，评价投资方案优劣，进行公司理财的重要工具。在经济活动中，任何方案和方案的执行过程总是伴随着现金的流进与流出，为了形象地描述这种现金的变化过程，便于分析和研究，通常用图示的方法将现金的流进与流出、量值的大小，发生的时点描绘出来，并将该图称为现金流量图。

现金流量图的作法是：画一水平线，将该直线分成相等的时间间隔，间隔的时间单位依计息期为准，通常以年为单位。该直线的时间起点为零，依次向右延伸。用向上的线段表示现金流入，向下的线段表示流出，其长短与资金的量值成正比。

例如，将前面谈到的复利计算的现金流量用图表示，则将如图 2-1 所示。应该指出，流入和流出是相对而言的，借方的流入是贷方的流出，反之亦然。

2. 资金时间价值计算的基本公式

（1）现值与将来值的相互计算

根据复利计算的定义，例如按复利利率 6％将 1000 元钱存入银行，则一年后的复本利和为：

$$1000 + 1000 \times 0.06 = 1000 \times (1 + 0.06) = 1060（元）$$

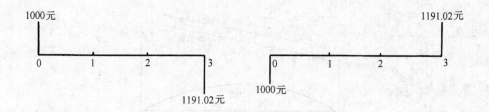

图 2-1　借方与贷方的现金流量图

此时若不取出利息而将利息和原始本金继续存款，则第二年末的复本利和为：

$1000 \times (1 + 0.06) + 1000 \times (1 + 0.06) \times 0.06 = 1000 \times (1 + 0.06)^2 = 1123.6(元)$

同理，如果用 F 表示第三年年末的复本利和，则该值为：

$$F = 1000 \times (1 + 0.06)^2 + 1000 \times (1 + 0.06)^2 \times 0.06$$
$$= 1000 \times (1 + 0.06)^3$$
$$= 1191.02(元)$$

三年间其资金量值的变化情况如图 2-2 所示。

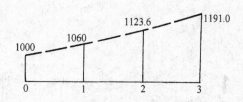

图 2-2　复利存款与复本利和

通常用 P 表示现时点的资金额（简称现值），用 i 表示资本的利率，n 期期末的复本利和（将来值）用 F 表示，则有下述关系成立：

$$F = P \cdot (1 + i)^n \qquad (2\text{-}2)$$

这里的 $(1+i)^n$ 称为一次支付复本利和因数，用符号 $(F/P, i, n)$ 表示，意味着当 P、i、n 为已知时，求将来值 F。在具体计算时，该因数值不必自行计算，已有现成表格供使用（见书后附录），计算时根据需要直接查表即可。

如果用符号表述方式计算上例，则有：

$$F = 1000 \times (F/P, 6\%, 3)$$
$$= 1000 \times 1.191$$
$$= 1191(元)$$

当将来值 F 为已知，想求出现值为多少时，只需将（2-2）式稍加变换即可得到：

$$P = F \cdot \frac{1}{(1 + i)^n} \qquad (2\text{-}3)$$

上述中 $\dfrac{1}{(1+i)^n}$ 称为一次支付现值因数，用符号 $(P/F, i, n)$ 表示，意味着已知 F 值求现值 P 为多少。同样，该因数值可由相应因数表中查得，而不必自行计算。现值与将来值的换算关系可用图 2-3 表示。

举例说明该公式的应用：欲将一笔资金按年利率 6%（以下无特殊说明者皆为复利）存入银行，使 6 年末复本利和为 1000 元，则现在应存款多少？

这是一个已知 F 值求 P 值的问题，应用（2-3）式求解如下：

$$P = 1000 \times (P/F, 6\%, 6) = 1000 \times 0.705 = 705(元)$$

（2）年值与将来值的相互计算

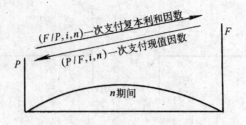

图 2-3　现值 P 与将来值 F 的相互换算关系

例如每年年末分别按年利率 6% 存入银行 100 元，则按（2-2）式将每年年末的存款额分别计算出将来值，则 4 年末的复本利和 F 值为（见图 2-4）：

$$F = 100 \times (1 + 0.06)^3 + 100 \times (1 + 0.06)^2 + 100 \times (1 + 0.06) + 100$$
$$= 100 \times [1 + (1 + 0.06) + (1 + 0.06)^2 + (1 + 0.06)^3]$$

应用等比数列求和公式，则上式为：

$$F = 100 \times \frac{(1 + 0.06)^4 - 1}{(1 + 0.06) - 1} = 100 \times \frac{(1 + 0.06)^4 - 1}{0.06} = 437.46（元）$$

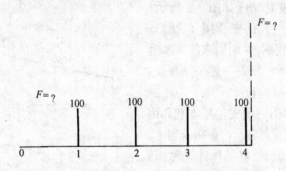

图 2-4　已知年值求将来值

根据上述思路，当计息期间为 n，每期末支付的金额为 A，资本的利率为 i，则 n 期末的复本利和 F 值为：

$$F = A + A(1 + i) + A(1 + i)^2 + \cdots + A(1 + i)^{n-1}$$
$$= A \cdot \frac{(1 + i)^n - 1}{i} \tag{2-4}$$

上式中 $\frac{(1+i)^n - 1}{i}$ 称为等额支付将来值因数，用符号 $(F/A, i, n)$ 表示。同样，其因数值可从相应因数表中查得。应用符号形式计算上例，则有：

$$F = 100 \times (F/A, 6\%, A) = 100 \times 4.3746 = 437.46（元）$$

当已知将来值 F，欲将其换算成年等值 A 时，只需将（2.4）式稍加变换即可得到：

$$A = F \cdot \frac{i}{(1 + i)^n - 1} \tag{2-5}$$

式中 $\frac{i}{(1+i)^n - 1}$ 称为等额支付偿债基金因数，用符号 $(A/F, i, n)$ 表示，意味着已知 F 值求 A 值，同样，其值可由表中查得。

例如，欲在 7 年后偿还 1000 元借款，计划每年末存入银行一定数额的资金（称为偿债基金），若存款利率为 8%，则每年末存款金额为：

$$A = 1000 \times (A/F, 8\%, 7) = 1000 \times 0.1121 = 112.1(元)$$

即每年年末存款 112.1 元，7 年末可得 1000 元。

年值与将来值的相互换算关系可用图 2-5 表示。

（3）年值与现值的相互计算

为了得出当年值为已知，求现值 P 的公式，只需应用业已导出的已知 F 值求 A 值的（2-5）式和已知 F 值求 P 值的（4-3）式即可得出：

$$P = A \cdot \frac{(1+i)^n - 1}{i(1+i)^n} \qquad (2-6)$$

为了得到已知 P 值求 A 值的公式，只需将（2-6）式稍加变换即得：

$$A = P \cdot \frac{i(1+i)^n}{(1+i)^n - 1} \qquad (2-7)$$

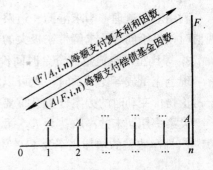

图 2-5　年值与将来值的相互换算

（2-6）式中与 A 相乘的因数称为等额支付现值因数，用 $(P/A, i, n)$ 表示，意味着已知 A 值求 P 值。（2-7）式中与 P 相乘的因数称为资本回收因数，用 $(A/P, i, n)$ 表示，意味着已知 P 值求 A 值。同样，上述因数值可通过查表的方式求得。现值 P 和年值 A 的相互换算关系如图 2-6 所示。

下面用简单的例子说明上述两个公式的应用。

如果使某施工过程机械化，则每年可节约人工费 20000 元。若机械的寿命为 8 年，资本的利率 $i = 12\%$，则该机械初期的投资额 P 为多少以下时合适？

该题意味着投资额只要小于 8 年间人工费节约额的现值，则该项投资合适。故有：

$$P \leqslant 20000 \times (P/A, 12\%, 8) =$$
$$20000 \times 4.968 = 99360(元)$$

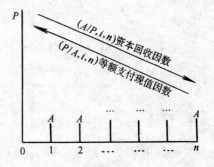

图 2-6　年值与现值的相互换算

即该机械的初期投资额只要小于 99360 元，则该项投资合适。

某机械设备初期投资为 20000 元，设备的使用年限为 10 年，资本的利率 $i = 10\%$，则利用该设备每年获得的净收益为多少以上时合适？

$$A \geqslant 20000 \times (A/P, 10\%, 10)$$
$$= 20000 \times 0.1628 = 3256(元)$$

即考虑了资金时间价值后每年年末的净收益额大于 3256 元时，该设备投资合适。

值得指出的是：当 n 值足够大，年值 A 和现值 P 之间的计算可以简化。用 $(1+i)^n$ 去除（2-7）式资本回收因数的分子和分母，可得下式：

$$A = \frac{i}{1 - (1+i)^{-n}} \cdot P$$

根据极值的概念可知：当 n 值趋于无穷大时，$\dfrac{i}{1-(1+i)^{-n}}$ 将趋近于 i 值（即资本回收因数趋近于 i 值）。同样，用 $(1+i)^n$ 去除（2-6）式等额支付现值因数的分子和分母可得：n 趋于无穷大时其值趋近于 $\dfrac{1}{i}$。事实上，当投资的效果持续几十年以上时就可以认为 n 趋于无穷大，而应用上述的简化算法，其计算误差在允许的范围内（这一点从书末的因数表就可以看出来）。

利用上述道理，当求港湾、道路、寿命长的建筑物、构筑物等的投资年值或净收益的现值时，将给问题的求解带来极大的方便。

3. 等比型现金流量的资金时间价值计算

现金流量成等比关系时，也可以利用书末的复利因数表进行计算。该种类型的计算对于讨论物价变动时的方案分析有重要价值。

设第一期期末的净收益为 R，第二期期末为 $R(1+k)$，……，第 n 期期末为 $R(1+k)^{n-1}$（即净收益的增加比率为 k），资本的利率为 i，则净收益的现值为：

$$P = R\left[\frac{1}{1+i} + \frac{(1+k)}{(1+i)} + \cdots\cdots + \frac{(1+k)^{n-1}}{(1+i)^n}\right]$$

$$= \frac{R}{1+k}\left[\frac{1+k}{1+i} + \frac{(1+k)^2}{(1+i)^2} + \cdots\cdots + \frac{(1+k)^n}{(1+i)^n}\right]$$

根据该式可推导出不同条件下的计算公式。

当 $k>i$ 时，令 $(1+k)/(1+i)=1+w$，则有：

$$P = \frac{R}{1+k}\left[(1+w) + (1+w)^2 + \cdots\cdots + (1+w)^n\right]$$

$$= \frac{R}{1+k}(1+w)\left[1 + (1+w) + \cdots\cdots + (1+w)^{n-1}\right]$$

$$= \frac{R}{1+k} \cdot \frac{1+k}{1+i} \cdot \frac{(1+w)^n-1}{w}$$

$$= \frac{R}{1+i}(F/A,w,n) \tag{2-8}$$

当 $k<i$ 时，令 $(1+i)/(1+k)=1+x$，则有：

$$P = \frac{R}{1+k}\left[\frac{1}{1+x} + \frac{1}{(1+x)^2} + \cdots\cdots \frac{1}{(1+x)^n}\right]$$

$$= \frac{R}{1+k} \cdot \frac{(1+x)^n-1}{x(1+x)^n}$$

$$= \frac{R}{1+k} \cdot (P/A,x,n) \tag{2-9}$$

当 $k=i$ 时，则有：

$$P = \frac{nR}{1+k} = \frac{nR}{1+i} \tag{2-10}$$

4. 资金时间价值计算基本公式推导的假定条件

前面讲述了资金时间价值计算的六个基本公式，为了准确地应用这些公式，必须搞清其推导的前提条件。这些条件是：

（1）实施方案的初期投资假定发生在方案的寿命期初；

（2）方案实施中发生的经常性收益和费用假定发生在计息期的期末；

（3）本期的期末为下期的期初；

（4）现值 P 是当前期间开始时发生的；

（5）将来值 F 是当前以后的第 n 期期末发生的；

（6）年值 A 是在考察期间间隔发生的；当问题包括 P 和 A 时，系列的第一个 A 是在 P 发生一个期间后的期末发生的；当问题包括 F 和 A 时，系列的最后一个 A 与 F 同时发生。

上述六个因数的关系和 P、F、A 发生的时点可用图 2-7 表示。利用该图很容易搞清各因数之间的关系及上述的几个假定条件。

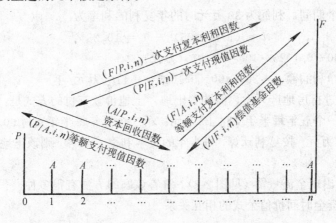

图 2-7　基本公式的相互关系

当所遇到问题的现金流量不符合上述公式推导的前提条件时，只要将其折算成符合上述假定条件后，即可应用上述的基本公式。下面用实例说明。

【例题】某建筑机械估计尚可使用 5 年，为更新该机械估计需 3 万元。为此，打算在今后的 5 年内将这笔资金积蓄起来。若资本的利率为 12%，每年积蓄多少才行？假定存款发生在：（1）每年的年末；（2）每年的年初。

【解】（1）该问的情况符合公式推导的前提条件，因此可直接用公式求解如下：

$$A = 30000 \times (A/F, 12\%, 5) = 30000 \times 0.1574 \doteqdot 4722(元)$$

（2）该问需要换算成与推导公式时的假定条件相符的形式。其计算如下：

$$A = 30000 \times (A/F, i, n) \div (1 + i)$$
$$= 30000 \times 0.15741 \div 1.12 = 4216(元)$$

5. 资金时间价值计算的例题

【例题 1】　投资 24 万元购置某施工机械，则每年人工费（假设已折算至每年年末）可节约 6 万元，设 $i = 12\%$，则该机械的寿命为几年以上时该项投资合适？

【解】设机械的寿命为 n，按题意则有：

$$6 \times (P/A, 12\%, n) \geqslant 24$$

即 $(P/A, 12\%, n) \geqslant 4$，而 $(P/A, 12\%, 5) = 3.6048$，$(P/A, 12\%, 6) = 4.1114$，用插值法可得寿命 n 应为：

$$n \geqslant 5 + \frac{4 - 3.6048}{4.1114 - 3.6048} \times 1 = 5.78(年)$$

15

【例题 2】 投资 400 万元购置一宾馆，则每半年的利润额为 30 万元。假设该建筑的寿命为无限（如前所述，通常当寿命期为几十年时，即可认为是寿命期为无限，以简化 A 值和 P 值之间的计算），资本的利率每半年为 5%，则该项投资的净利润（减去投资后的余额）为多少？若每年的利润额为 30 万元，其他条件不变时净利润额又是多少？分别按现值和每期平均值（假设每半年为一个期间的净年值）求解。

【解】 以半年为一个期间，利润为 30 万元时：

净利润 $P = 30 \div 0.05 - 400 = 200$（万元）

每半年的平均净利润额 $A = 30 - 400 \times 0.05 = 10$（万元/年）

以一年为一个期间，利润为 30 万元时的年复利的利率为：

$$i = (1 + 0.05)^2 - 1 = 10.25\%$$

净利润 $P = 30 \div 0.1025 - 400 = -107$（万元）

每年的平均净利润额 $A = 30 - 400 \times 0.1025 = -11$（万元/年）

【例题 3】 欲进行房地产开发，需购置土地，土地价款支付的方式是：现时点支付 600 万元；此后，第一个五年每半年支付 40 万元；第二个五年每半年支付 60 万元；第三个五年每半年支付 80 万元。按复利计算，每半年的资本利率 $i = 4\%$。则该土地的价格相当于现时点的值是多少？

【解】 首先画出现金流量图（见图 2-8）。解答该题的方法有很多，下面用几种方法求解，以熟练掌握资金时间价值公式的相互关系。

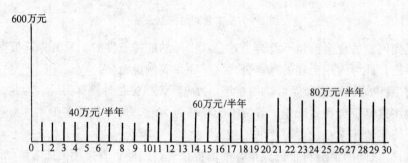

图 2-8 例题 3 的现金流量图

(1) $P = 600 + 40 \times (P/A, 4\%, 30) + 20 \times (P/A, 4\%, 20) \times$
$(P/F, 4\%, 10) + 20 \times (P/A, 4\%, 10) \times (P/F, 4\%, 20)$
$\doteq 1549$（万元）

(2) $P = 600 + 80 \times (P/A, 4\%, 30) - 20 \times (P/A, 4\%, 20) -$
$20 \times (P/A, 4\%, 10) \doteq 1549$（万元）

(3) $P = 600 + [40 \times (F/A, 4\%, 30) + 20 \times (F/A, 4\%, 20)$
$+ 20 \times (F/A, 4\%, 10)] \times (P/F, 4\%, 30)$
$\doteq 1549$（万元）

【例题 4】 某现金流量图和逐年的利率 i 如图 2-9 所示。试计算该现金流量的现值、将来值和年值。

【解】 以上所举例题都是各期间利率相等的情况，但现实中利率往往是在变化的。当各

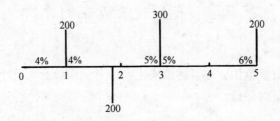

图 2-9 例题 4 的现金流量图

个期间利率值不等时，其计算应按利率相等的区间逐步加以计算。根据该思路，本题的计算如下：

$$P =200\times (P/F, 4\%, 1) -200\times (P/F, 4\%, 2)$$
$$+300\times (P/F, 5\%, 1)(P/F, 4\%, 2) +200\times (P/F, 6\%, 1)$$
$$(P/F, 5\%, 2)(P/F, 4\%, 2)$$
$$=200\times 0.9615-200\times 0.9246+300\times 0.9524\times 0.9246$$
$$+200\times 0.9434\times 0.9070\times 0.9246$$
$$=429.79$$

$$F =200+300\times (F/P, 5\%, 1)(F/P, 6\%, 1) -200 (F/P, 5\%, 2)$$
$$(F/P, 6\%, 1) +200\times (F/P, 4\%, 1)(F/P, 5\%, 2)(F/P, 6\%, 1)$$
$$=200+300\times 1.05\times 1.06-200\times 1.1025\times 1.06+200\times 1.04$$
$$\times 1.1025\times 1.06=543.25$$

根据已求得的 P 值和年值 A 的关系可求出 A 值：

$$P =A (P/F, 4\%, 1) +A (P/F, 4\%, 2) +A (P/F, 5\%, 1)(P/F, 4\%, 2)$$
$$+A (P/F, 5\%, 2)(P/F, 4\%, 2) +A (P/F, 6\%, 1)$$
$$(P/F, 5\%, 2)(P/F, 4\%, 2)$$

因已求得 $P=429.79$，故有

$$429.79 =A (0.9615+0.9246+0.9524\times 0.9246+0.9070\times 0.9246+$$
$$0.9434\times 0.9070\times 0.9246=4.396A$$
$$\therefore A=97.77$$

【例题 5】 投资购买某设备后，可以使材料费得到节约，第一年末可节约 30 万元，此后，由于材料价格将以 6% 的比率上涨，因而材料费的节约额也相应增加。若资本利率 $i=10\%$，设备的寿命为 10 年，则材料费节约额的现值为多少？

【解】 $k=6\%$，$i=10\%$，$k<i$，因而有：

$$\frac{1+0.1}{1+0.06}=1+x \qquad x=3.77\%$$

应用（2-9）式进行计算，则有：

$$P =\frac{30}{1+0.06}\times (P/A, 3.77\%, 10) =232.2(万元)$$

17

第二节 单一投资方案的评价

一、数额法

数额法也称为绝对量值法。在讲述该法之前，首先应该介绍几个概念，然后应用这些概念介绍单一投资方案的评价。

1. 基准收益率

前面所使用的 i 值表明伴随着资金筹集而应负承的利息占资金的比率。但是，该值还有一个更为重要的含义，就是基准收益率或基准贴现率的含义。

所谓基准收益率，就是企业或者部门所确定的投资项目应该达到的收益率标准。但是，严格说来，企业或部门准确地计算出该值是多少是很困难的。为了简化计算，通常在各种资金来源概率期望值的基础上，考虑风险和不确定性的影响计算出一个最低的可以接受的收益率。他是投资决策的重要参数，部门和行业不同，其值通常是不同的，当价格真正反映价值时该值才趋于相同。同时该值也不是一成不变的，随着客观条件的变化，其值也应适当地调整。通常该值不能定得太高或太低。太高，则可能使某些投资经济效益好的被淘汰；太低，则可能使某些投资经济效益差的被采纳。

应该指出：基准收益率与贷款的利率是不同的，通常基准收益率应大于贷款的利率。

2. 净现值、净年值、净将来值

净现值（NPV）是投资方案在执行过程中和生产服务年限内各年的净现金流量（现金流入减现金流出的差额）按基准收益率或设定的收益率换算成现值的总和。

净年值（AW）通常又称为年值，是将投资方案执行过程中和生产服务年限内的净现金流量利用基准收益率或设定的收益率换算成均匀的等额年值。

净将来值（FW）通常称为将来值，是将投资方案执行过程中和生产服务年限内的净现金流量利用基准收益率或设定的收益率换算成未来某一时点（通常为生产或服务年限末）的将来值的总和。

3. 数额法

数额法的实质就是根据基准收益率或设定的收益率将投资方案的净现金流量换算成净现值或净年值、净将来值，然后按上述值是大于等于或小于零来判断方案是可以接受还是不可以接受的方法。

通常的投资方案是在初期有一笔投资额 C_0，此后第 1、2、……、n 期末有 R_1、R_2、……、R_n 净收益的情况（见图 2-10）。根据资金时间价值的计算公式即可得到净现值、净年值和净将来值。

$$PW(i) = \frac{R_i}{1+i} + \frac{R_2}{(1+i)^2} + \cdots\cdots + \frac{R_n}{(1+i)^n} - C_0 \qquad (2-11)$$

上式即为净现值（NPV）。当该值为零时，表明该投资方案恰好满足给定的收益率；若该值为正值，说明该方案除能保证给定的收益率之外，尚较通常的资金运用机会获得的收益要大；该值若为负值，则说明该方案不能满足预定的收益率或其收益小于通常资金运用机会的收益。因此，当该值≥0 时，该投资方案可以接受，否则不宜接受。

求出净现值之后，只要应用已知现值求年值的公式即可求得净年值。

$$AW(i) = PW(i)(A/P,i,n)$$

同样，可求出净将来值（FW）如下：

$$FW(i) = PW(i)(F/P,i,n)$$

或者 $\quad FW(i) = R_1(1+i)^{n-1} + R_2(1+i)^{n-2} + \cdots\cdots R_n - C_0(1+i)^n \qquad (2\text{-}12)$

下面用一个实例说明如何用数额法进行单一投资方案评价。

某建筑公司投资 1000 万元购置某施工机械后，将使年净收益增加（如表 2-3 所示），若该机械的寿命为 5 年，残值为零，基准收益率 $i = 10\%$，试确定该投资方案是否可以接受。

净收益的增加额（单位：万元）　　　　　　　　表 2-3

年　　度	净收益增加额
1	350
2	320
3	280
4	230
5	250

首先画出该投资方案的现金流量图（见图 2-11）。

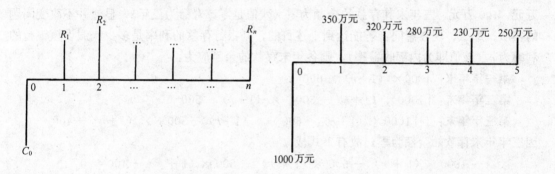

图 2-10　一般投资方案的现金流量图　　　　　图 2-11　净现金流量图

求净现值时只需将各时点的现金流量值折算至零时点即可。

$$PW(10\%) = \frac{350}{1+0.1} + \frac{320}{(1+0.1)^2} + \frac{280}{(1+0.1)^3} + \frac{230}{(1+0.1)^4} +$$
$$\frac{250}{(1+0.1)^5} - 1000 = 105.3(\text{万元})$$

求净将来值时只需将各时点的现金流量值折算至将来值（第 5 期末）即可。

$$FW(10\%) = 350 \times (1+0.1)^4 + 320 \times (1+0.1)^3 + 280 \times (1+0.1)^2 +$$
$$230 \times (1+0.1) + 250 - 1000 \times (1+0.1)^5 = 169.6(\text{万元})$$

也可用 $FW(10\%) = PW(10\%)(P/F, 10\%, 5)$ 求得。

净年值可用下述两种方法中的任何一个求得：

$$AW(10\%) = FW(10\%)(A/F,10\%,5) = PW(10\%)(A/P,10\%,5)$$

例如：$AW(10\%) = PW(10\%)(A/P, 10\%, 5) = 105.4 \times 0.2638 = 27.8$（万元）

上述计算结果的净现值的含义是：该方案较通常的投资机会（$i=10\%$时）多获得的收益折算成现时点的值为105.4万元；净年值的含义是：该方案较通常的投资机会（$i=10\%$时）每年平均多获得27.8万元的净收益；净将来值的含义是：该方案较通常的投资机会（$i=10\%$时）所获得的净收益值折算成第5期末多169.6万元。

净现值、净年值和净将来值是投资方案是否可以接受的重要判断依据之一，他们反映了方案较通常投资机会收益值增加的数额，尤其是净现值更能给出这种收益增加值的直观规模。但进行这种计算时须事先给出基准收益率或设定收益率。值得说明的是：在应用这三个指标时，哪个方便即可应用哪个，其结论是相同的。

二、比率法

比率法与数额法都是经常使用的，但二者有很大的区别。前者是相对数，后者是绝对数。比率有很多种，其中被广泛采用的是内部收益率。下面分别介绍内部收益率的概念、求法和应用。

1. 内部收益率的概念

用一个具体的例子说明内部收益率的概念。

投资1000万元购置某固定资产后，第一年、第二年、第三年年末分别可获得600万元、500万元、400万元净收益，其寿命为3年，3年后的残值为零。假如将该投资问题加以抽象，看作是向银行存款1000万元（复利），此后三年每年年末可以分别取出600万元、500万元、400万元，三年末其存款的余额为零（残值是零，寿命为三年），显然并不改变问题的实质。那么，现在想问：若能达到上述目的，则银行存款的利率是多少？假设该银行的利率为r（该值即为内部收益率），则各年末存款的余额应为：

第一年年末：$1000 \times (1+r) - 600$

第二年年末：$[1000 \times (1+r) - 600] \times (1+r) - 500$

第三年年末：$\{[1000 \times (1+r) - 600] \times (1+r) - 500\} \times (1+r) - 400$

因三年年末存款的余额为零，故有下式成立：

$$1000 \times (1+r)^3 - 600 \times (1+r)^2 - 500 \times (1+r) - 400 = 0$$

即：$600 \times (1+r)^2 + 500 \times (1+r) + 400 - 1000 \times (1+r)^3 = 0 \qquad (2-13)$

上式左边恰是该方案现金流量的净将来值。因此，由上式可以得到：所谓内部收益率，就是使方案寿命期内现金流量的净将来值等于零时的利率。

如果用$(1+r)^3$去除上式的两边，则有：

$$\frac{600}{1+r} + \frac{500}{(1+r)^2} + \frac{400}{(1+r)^3} - 1000 = 0 \qquad (2-14)$$

上式左边恰是该方案现金流量的净现值。因此，可以说，所谓内部收益率，是指方案寿命期内使现金流量的净现值等于零时的利率。

同理，可以定义为：使现金流量的净年值为零时的利率即是该方案的内部收益率。

事实上，根据净现值、净年值、净将来值的相互换算的公式可知，只要三者之中的任何一个为零，其他两个肯定为零。因而，采用任何一种形式定义内部收益率，其结果都是相同的。

2. 内部收益率的求法

为了与资本的利率i加以区别，我们用r表示方案的内部收益率。为求出内部收益率，可以应用上述有关内部收益率的含义求解。以上述问题为例，例如，当应用净现值等于零的含义求解时，可以将 (2-14) 式看作是关于 r 的函数。先假定一个 r 值，如果求得的净现值为正，则说明所假定的 r 值较欲求的内部收益率大（减函数）；再假定 r 值时应较上次假定的数值增加。如求得的净现值为负，则应减少 r 值以使净现值接近于零。当两次假定的 r 值使净现值由正变负，或者由负变正，根据数学的概念可知，在两者之间必定存在一个使净现值等于零的 r 值，该值即为欲求的方案的内部收益率。具体求解时可采用插值法。

上述问题的净现值函数为：

$$PW(r) = \frac{600}{1+r} + \frac{500}{(1+r)^2} + \frac{400}{(1+r)^3} - 1000$$

试算时可分别取 r 值，如 10%、20% … 等。若取 20%，则有：

$$PW_1(20\%) = \frac{600}{1+0.2} + \frac{500}{(1+0.2)^2} + \frac{400}{(1+0.2)^3} - 1000$$

$$= 78.70（万元）$$

因 $PW_1(20\%) > 0$，说明 20% 取小了，再试算时应加大该值，如取 $r = 30\%$，则有：

$$PW_2(30\%) = \frac{600}{1+0.3} + \frac{500}{(1+0.3)^3} + \frac{400}{(1+0.3)^3} - 1000$$

$$= -60.54（万元）$$

因 $PW_2(30\%) < 0$，说明使 $PW(r) = 0$ 的 r 值，即内部收益率在 20% 到 30% 之间。此时可以运用插值法求得 r 值如下：

$$r = r_1 + (r_2 - r_1)\frac{|PW_1(r_1)|}{|PW_1(r_1)| + |PW_2(r_2)|} \tag{2-15}$$

$$= 20\% + 10\% \cdot \frac{78.70}{78.70 + 60.54} = 25.56\%$$

即上述投资方案的内部收益率为 25.56%

3. 内部收益率与方案评价

内部收益率实质上描述的是投资方案本身的"效率"，当业已求得投资方案的效率较进行其他投资的效率（例如基准收益率）大时，说明前者较后者好。因而，就有下述的关系成立：若投资方案的内部收益率 $\geqslant$ 基准收益率或设定的收益率时，该方案可以接受；若投资方案的内部收益率 $<$ 基准收益率或设定的收益率时，该方案不可以接受。

值得说明的是：只要投资方案的内部收益率 $\geqslant$ 基准收益率或设定的收益率，则该方案的净现值（净年值、净将来值）就肯定 $\geqslant 0$；只要投资方案的内部收益率 $<$ 基准收益率或设定的收益率，则该方案的净现值（净年值、净将来值）就肯定 < 0。因而，在进行投资方案是否可以接受的判断时，无论采用数额法还是比率法，其结论都是相同的，由其中的任何一种结论都可以推导出另外一种结论。

三、期间法

期间法中最常使用的是投资回收期。由于考虑到将来的不确定性和资金的筹措等问题，有时需要知道靠每年的净收益将初期投资额回收完了的期间（称为回收期）为多少年。下面分别讲述回收期的求法、该指标的运用。

1. 投资回收期的求解

假设投资方案的初期投资额为 K_0，每期期末的净收益分别为 R_1、R_2……、R_n，则回收

期即是满足下式的 N 值。

$$\sum_{j=1}^{N-1}\frac{R_j}{(1+i)^j}<K_0\leqslant\sum_{j=1}^{N}\frac{R_j}{(1+i)^j}\qquad(j=1,2,\cdots,N)(2\text{-}16)$$

如果 $R_1=R_2=\cdots\cdots=R_n=R$，则回收期可由下式求得：

$$K_0(A/P,i,n)=R$$

如果该式中的资本回收因数不用符号表示，而用原始因数表达式表示，则有：

$$K_0\cdot\frac{i(1+i)^n}{(1+i)^n-1}=R$$

将上式中的 n 值求出，即可得到回收期为：

$$n=\frac{\lg\left(\dfrac{R}{R-iK_0}\right)}{\lg(1+i)}\qquad\qquad(2\text{-}17)$$

2. 回收期的运用

投资回收期通常有两种：一种是从方案投产算起，另一种是从投资开始算起，计算时应予说明。当求出某方案的投资回收期后，应如何判断方案是否可以接受呢？判断的方法有三种：

(1) 认为回收期越短越好；

(2) 回收期小于方案的寿命期即可接受；

(3) 回收期比国家或企业规定的最大容许回收期短，即可接受。

采用回收期指标判断单一方案是否可以接受有其利与弊，关于这一点将在下一节中讨论。

第三节 投资方案的类型与评价指标

一、投资方案的类型

上一节讲述了单一方案是否可以接受的指标。但是，无论是部门或者公司经常会遇到多方案的选择问题，假如可以接受的方案有很多，而部门或者公司的资金是有限的，那么，如何进行投资方案选择，以使有限的资金得到最佳的利用呢？值得注意的是，方案之间的关系不同，则方案选择的指标和选择的结果将有很大的不同。为了正确地进行多方案的选择，首先必须搞清方案之间的关系，即投资方案的类型。为了深入理解本节的内容，首先从利润额和利润率说起。

1. 利润额和利润率

首先用一个最简单的例子说明可否利用利润额和利润率进行方案的优劣选择。

某人甲现有余款，欲进行为期一年的投资。一年后确可回收投资的方案有 A 和 B 两个。A 方案现在投资 2 万元，一年后可回收 2.6 万元；B 方案现在投资 3 万元，一年后可回收 3.75 万元。此时哪个投资方案有利呢？

在这种情况下，使用最广泛的判断尺度就是利润额和该值除以投资额而得的利润率。如果以利润额为指标判断哪个方案为好，则有：A 方案的利润额为 0.6 万元，B 方案的利润额为 0.75 万元，B 方案较 A 方案多 0.15 万元。甲的钱是自有资金，无需支付利息。因而判定的结果是利润额大的 B 方案有利。这种判断正确吗？

事实上是不正确的。举个极端的例子加以说明。有投资 2000 元，可回收 2600 元与投资 20000 元，可回收 20600 元的两个方案（其期限相同），哪个方案的利润额皆为 600 元，但恐怕没有人认为这两个方案优劣是相同的吧。因为后者的投资额是前者的 10 倍。

用利润额指标判断方案的优劣显然是不合理的。因而广泛地应用投资效率的尺度，即以利润率的指标确定方案的优劣。利润率的表达式为：利润率＝利润额÷投资额。由此可以计算出上述 A 和 B 方案的利润率分别为 30％和 25％。因 A 方案较 B 方案利润率大，因而认为 A 方案较 B 方案有利，这种判断是正确的吗？

假设某投资方案为期也为一年，投资额为 30 万元，一年后的净收益为 36 万元，则该方案的利润率为 20％，是否就可以说，因该方案利润率 20％小于上述 A、B 两方案的利润率（分别为 30％和 25％），所以该方案最差呢？的确，该方案的效率较低，但利润额却较 A、B 两方案大得多。因而，我们会感到仅以利润率为指标来判定方案孰好孰劣存在着某种危险。

2. 投资方案的类型

上面谈到的甲的投资目的是想找到一种方法以使资金的总额达到最大，而不是仅仅想知道方案的投资额或者是利润额为多少。

实际上，上述问题的前提条件是不完备的。在进行投资方案选择时，至少不给定以下条件就无法得到正确的结论。

第一，不知道全部投资方案是否只有 A 和 B 两个方案；B 方案的投资额较 A 方案多出的 1 万元是否还有其他应用途径。

第二，A、B 两个方案只能取其中一个，还是两方案都可取？相互关系不清。

第三，甲用作本金使用的资金来源与限额是多少？资金额的限制条件不清。

在进行多投资方案选择时，首先应该明确的是：基准收益率（亦称基准贴现率）是多少，因为该值描述了通常投资机会的可能收益的比率；资金的来源、限额和利率是多少；方案之间的关系是什么。

方案之间的关系不同，其选择的方法和结论就不同。举个简单的例子说明。

现在研究甲、乙两人分别以不同的条件贷款给朋友的问题。

甲面对的是借给一个朋友 A 多少钱合适的问题。贷款的方法有三种，皆为一年后收回本利和，贷款金额、利率和利息额如表 2-4 所示。对于 A 来说，利率越小就越想多借。甲现有余款 3 万元，因此，每个方案都是可以实施的。另外，为了简化问题的分析，假定甲若不借给 A，则只好把钱放在家里。

甲借给 A 多少钱的问题   表 2-4

方　　案	贷款余额	贷款利率	利　息　额
A_1	10000 元	10％	1000 元
A_2	20000 元	8％	1600 元
A_3	30000 元	6％	1800 元

乙面对的问题是在众多的借款中选择借给谁合适的问题。借款者有三人——A、B、C，贷款的金额、利率和利息额如表 2-5 所示。乙有余款也为 3 万元，假设如不出借则只好放在

家里。

方　案	贷　款　额	贷款利率	利　息　额
A	10000 元	10%	1000 元
B	20000 元	8%	1600 元
C	30000 元	6%	1800 元

显然，对于甲来说，借款给 A 30000 元可使利息（在这里就是利润）最大；对于乙来说，应该同时借给 A 和 B 才能使利息额最大。

由此看来，虽然甲乙两人可供选择的方案、利率都相同，但对于甲最有利的方案是 A_3，对于乙最有利的方案却是 A 和 B。

注意到甲和乙面对的方案之间的关系有本质上的区别：甲是从三个方案中仅能选择一个的问题；乙是可以在三个方案中任意选择，直到自有资金得到充分运用为止。可见，方案间的关系不同，选择的结果不同。那么，方案的类型有几种呢？根据方案间的关系，方案的类型有三种。

（1）独立方案。所谓独立方案是指方案之间互不干扰，即一个方案的执行不影响另一方案的执行，在方案选择时可以任意的组合，直到资源得到充分运用为止。例如某公司欲开发几种不同的产品，其销售数额互不影响时，这些方案之间的关系就是独立的。

如果更严格地讲，独立方案的定义应该是：若方案之间加法法则成立，则方案之间的关系是彼此独立的。例如，现有 A、B 两个投资方案（假设投资期为 1 年），仅向 A 方案投资，其投资额为 20 万元，一年后的净收益为 26 万元；仅向 B 方案投资时，投资额为 30 万元，一年后的净收益为 37.5 万元；同时向两个方案投资时，若投资总额为 A 和 B 两方案投资额之和，即 20 万元＋30 万元＝50 万元，一年后的净收益为 A、B 两方案单独执行时的净收益之和，即为 26 万元＋37.5 万元＝63.5 万元时，则说这两个方案之间加法法则成立，即 A、B 两个方案是相互独立的。

（2）互斥方案。所谓互斥方案，就是在若干个方案中，选择其中的任何一个方案，则其他方案就必须被排斥的一组方案。例如，某房地产公司欲在同一个确定地点进行住宅、商店、宾馆等的方案选择时，由于此时只要选择其中任何一个方案，则其他方案就无法实施，即他们之间具有排他性，因而这些方案间的关系就是互斥的。

往往有这种情况，两个方案互相影响（互不独立），但又不是互相排斥的关系。例如，某公司欲制定两种产品的增产计划，但其中一种产品畅销，则另一种产品滞销。此时我们可以将其分为"A 产品增产的投资方案"、"B 产品增产的投资方案"、"A、B 两种产品增产的投资方案"等三个互斥方案。

（3）混合方案。在现实的经济生活中还存在着大量的在若干个互相独立的投资方案中，每个独立方案又存在着若干个互斥方案的问题，称他们之间的关系为混合方案。

例如，某集团公司有对下属的分公司所生产的互不影响（相互独立）产品的工厂分别进行新建、扩建和更新改造的 A、B、C 三个独立方案，而每个独立方案——新建、扩建、更新改造方案中又存在着若干个互斥方案，例如新建方案有 A_1、A_2，扩建方案有 B_1、B_2，

更新改造方案有 C_1、C_2、C_3，则该企业集团所面临的就是混合方案的问题。

在上述实例中，甲所面临的方案就是互斥方案，乙所面临的方案就是独立方案。由于方案间的关系不同，其方案选择的指标就不同，选择的结果也不同。因而，在进行投资方案选择前，首先必须搞清方案的类型。

那么，这三种类型方案选择的指标和方法是什么呢？下面将一一介绍。

二、不同类型投资方案的评价指标

（一）独立方案选择

下面用一个实例引出独立方案选择的评价指标和评价方法。

某 X 银行现有资金 200 万元，有 A、B、C 三个公司各要求贷款 100 万元，贷款利率分别为 10%、20%、30%，贷款的期限为一年。该银行如不将此款贷给 A、B、C，则其他贷款的利率最高为 8%（可看作是机会成本）。X 银行可以从中选择一个公司，亦可选择二个公司作为贷款对象，当然也可以谁都不贷，因而 A、B、C 三个方案对 X 银行来说是个独立方案的选择问题。因贷款利率最小者（10%）大于银行的其他运用机会的利率（8%），因而对 X 银行来说，A、B、C 三个方案都是有利的方案。但是，X 银行仅有 200 万元的资金，无法满足三者的要求，因而 X 银行经理想从其他银行借款以满足三者的要求并获取最大的利息。

现在假如另有一家 Y 银行同意按年利率 25% 借给 X 银行 100 万元。如果 X 银行经理认为："Y 银行利率 25% 虽然很高，但从 C 公司可以得到更高的利息（利率为 30%），如果将从 Y 银行借得的 100 万元贷给 C，自有资金 200 万元分别贷给 A 和 B，一定会得到更多的利息。"那么，该经理的想法正确吗？

初听起来 X 银行经理的想法似乎有一定道理。但是，进行种种贷款组合之后就会发现有更为有利的出借方法，就是将现有资金 200 万元分别贷给 C 和 B，既不向 Y 银行借款，也不贷给 A，这时可获得的利息总额为最大。试比较两方案的利息总额：

X 银行经理的方案　　$10+20+30-25=35$（万元）

组合后的方案　　$20+30=50$（万元）

可见后者较前者有利得多。

象上述这种简单的独立方案选择问题通过方案组合的方法是可以找到最佳解的。但是，现实中的问题要比其复杂得多，且方案往往是很多的，因而靠方案组合的方式进行方案选择就不合适了，需要寻找有效的评价指标和评价方法。

1. 独立方案的评价指标

在某种资源有限的条件下，从众多的互相独立的方案中选择几个方案时，采用的评价指标应该是"效率"，如果定性地表述"效率"指标，则可表述为：

$$效率 = \frac{效益}{相应的制约资源的数量}$$

这里的"制约资源"可以是资金，也可以是时间、空间、重量、面积等等，要依问题的内容而定。因而，上述表述式不仅仅是对投资方案有效，对其他任何性质的独立方案选择都是有效的评价指标。例如，签订订货合同时，如果生产能力不足，则有限的资源就是时间；如果出租仓库按体积计价，则有限的空间就是制约资源的数量，等等。

对于投资方案，这里所说的"效率"就是投资方案的内部收益率。

当我们知道了独立方案的评价指标之后，应采用什么方法进行独立方案选择呢？

2. 独立方案的选择方法

我们以上述 X 银行所面临的贷款问题为例说明独立方案选择的方法。为了简捷无误地解答上述 X 银行的问题，下面介绍一种应用"效率"指标进行独立方案选择的图解方法。该方法的具体步骤是：

（1）计算各方案的"效率"，本题即为 10%、20%、30%，也就是各方案的利率。将求得的数值按自大至小的顺序排列如图 2-12（a）所示。

（2）将可以用于投资的资金成本，本题为 8% 和 25%，由小至大排列如图 2-12（b）所示。

（3）将上述两图合并成如图 2-12（c）所示的形式。

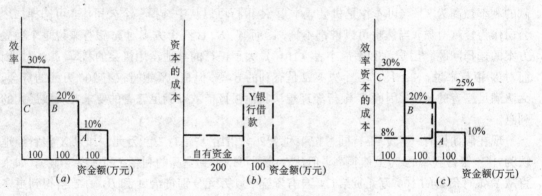

图 2-12　独立方案选择的步骤

（4）找出由左向右减少的"效率"线与由左向右增加的资金成本线的交点，该点左方所在的方案即是最后选择的方案。

由图 2-12（c）可以看出：X 银行最有利的选择应该是将自有资金 200 万元分别贷给 C 和 B 公司，由于 Y 银行利率 25%＞10%，故不应向 Y 银行借款再转贷给 A 公司。

当我们熟悉了上述步骤之后，就无需画出（a）、（b）、（c）三个图，只需画出（c）的形式即可进行独立方案的选择了。

3. 独立方案选择的例题

【例题 1】　有 8 个互相独立的投资方案 A、B、C、…、H，投资的寿命期为 1 年；投资额及 1 年后的净收益如表 2-6 所示。当筹集资金的条件如下时，最优的选择是什么？

方案的投资额及净收益（单位：万元）　　　　　　　　　　表 2-6

方　案	投　资　额	净收益/年	方　案	投　资　额	净收益/年
A	500	570	E	750	810
B	600	750	F	850	1020
C	700	910	G	900	1035
D	750	885	H	1000	1120

（1）资金筹集的数量没有限制，但资本的利率为下述三种情况：（a）$i=10\%$；（b）$i=13\%$；（c）$i=16\%$。

26

（2）资本的利率为 10%，但可利用的资金总额为 3500 万元。

（3）资金为 1000 万元时，利率为 10%，此后每增加 1000 万元时利率相应增加 2%，最多可利用的资金总额为 4000 万元。

【解】　独立投资方案的选择指标是方案的内部收益率，为此，首先求出各方案的内部收益率。以 A 方案为例，采用净现值等于零的概念求解，则有：

$$570 \times (P/F, r_A, 1) - 500 = 0$$

即：

$$570 \times \frac{1}{1 + r_A} - 500 = 0$$

$$r_A = \frac{570 - 500}{500} \times 100\% = 14\%$$

由上面计算可知：对于寿命期为 1 年的方案，其内部收益率 $= \dfrac{\text{净收益} - \text{投资额}}{\text{投资额}} \times 100\%$，由此可得其他投资方案的内部收益率分别为：

$$r_B = \frac{750 - 600}{600} \times 100\% = 25\%$$

$$r_C = \frac{910 - 700}{700} \times 100\% = 30\%$$

$$r_D = \frac{885 - 750}{750} \times 100\% = 18\%$$

$$r_E = \frac{810 - 750}{750} \times 100\% = 8\%$$

$$r_F = \frac{1020 - 850}{850} \times 100\% = 20\%$$

$$r_G = \frac{1035 - 900}{900} \times 100\% = 15\%$$

$$r_H = \frac{1120 - 1000}{1000} \times 100\% = 12\%$$

将上述各方案的内部收益率按自大至小的顺序由左向右排列如图 2-13，并将资本的利率用虚线由小至大向右排列。利用该图即可得到本题的答案如下。

（1）(a) $i = 10\%$ 时，只有 E 方案不合格，其他方案可全部采纳；

(b) $i = 13\%$ 时，E 和 H 方案不合格，其他方案可全部采纳；

(c) $i = 16\%$ 时，A、E、G、H 方案不合格，其他方案可全部采纳。

（2）按内部收益率的大小为序，依次选取 C、B、F、D 方案，此时总投资为 2900 万元，因资金限额为 3500 万元，所余资金 600 万元无法实施 G 方案；但因 A 方案投资为 500 万元，且其内部收益率 14%＞10%（资本利率），因而剩余资金可实施 A 方案。因而此时最终选择的方案应是：C、B、F、D、A。

（3）此时资本的利率如图中虚线所示，按内部收益率的大小为序依次选择。尽管资金的总额为 4000 万元，但是，除 C、B、F、D 方案之外，资本的利率皆大于方案的内部收益率，因此最终选择的方案为：C、B、F、D。

值得注意的是：当资金的限额与所选方案的投资额之和不完全吻合时，应将紧后一、二个方案轮换位置后比较，看哪个方案最优，即可最终选择方案的最优组合。

【例题 2】　表 2-7 是某公司的 6 个互相独立的投资方案。各方案每年年末的净收益都

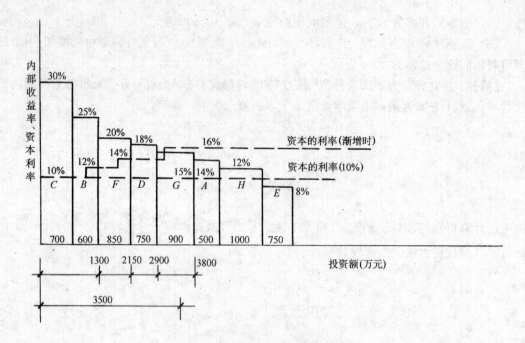

图 2-13　独立方案选择图

相等，寿命期都是 8 年。若该公司确定的基准收益率为 12％，可利用的资金总额只有 3000
万元时应选择哪些方案？若该公司所需资金必须从银行贷款，贷款金额为 600 万元时的利
率为 12％，此后每增加 600 万元利率就增加 4％，则应选择哪些方案？

六个独立的投资方案（单位：万元）　　　　　　　　　　表 2-7

投 资 方 案	初期投资额	净 收 益/年
A	500	171
B	700	228
C	400	150
D	750	167
E	900	235
F	850	159

【解】　　由于独立方案选择时采用自身效率指标，因而首先按净现值等于零的概念求出
各方案的内部收益率如下：

$171 \times (P/A, r_A, 8) - 500 = 0$　　$r_A = 30\%$

$228 \times (P/A, r_B, 8) - 700 = 0$　　$r_B = 28\%$

$150 \times (P/A, r_C, 8) - 400 = 0$　　$r_C = 34\%$

$167 \times (P/A, r_D, 8) - 750 = 0$　　$r_D = 15\%$

$235 \times (P/A, r_E, 8) - 900 = 0$　　$r_E = 20\%$

$159 \times (P/A, r_F, 8) - 850 = 0$　　$r_F = 7\%$

将上面求得的内部收益率按自大至小的顺序排列（见图 2-14），由图可知：当资金的限额为
3000 万元时应取 C、A、B、E 四个方案。此时虽然资金尚余 3000－（400＋500＋700＋

900）＝500万元，但是，由于 D 方案所需投资为 750 万元，所以 D 方案无法实施。由于 F 方案的内部收益率仅为 7%＜12%（基准收益率），因此，即使资金足够也不能采用。

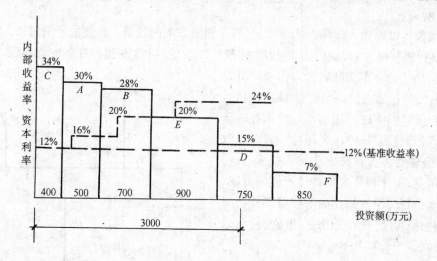

图 2-14 独立投资方案的选择

当资本的利率递增时（图中的虚线），应该选取的方案为 C、A、B 方案，其他方案不应采用。

4. 内部收益率指标的适用范围

前面我们应用内部收益率指标进行了独立方案的选择。我们知道收益率指标（包括以后将要讲到的追加投资收益率）是一个根据方案间的关系进行方案选择的有效方法。但是，对于长期投资方案的选择问题，并不是在任何情况下都是可以应用的。搞清内部收益率指标的适用条件将更有利于用该指标进行方案的选择。

（1）各投资方案净收益类型不同的情况

在此之前，我们所讨论的方案都是在初期投资之后每期期末都产生均等的净收益情况下的投资方案选择问题。但是，假如参与比较的各投资方案的现金流量形式截然不同，那么，收益率有时就不能作为评价投资方案优劣的指标。下面用实例说明。

某公司现有 A、B 两个投资方案，其初期投资额都为 1000 万元。但 A 方案初期投资之后一直没有任何收益，直到 10 年年末才有一笔 5000 万元的净收益；B 方案初期投资之后从第一年年末开始每年年末都有相等的净收益 300 万元。假如基准收益率为 10%，那么，哪个投资方案有利？

首先求出两个方案的内部收益率如下：

A 方案：$1000 \times (F/P, r_A, 10) - 5000 = 0$，$r_A = 17.5\%$

B 方案：$1000 \times (A/P, r_B, 10) - 300 = 0$，$r_B = 27.3\%$

如果用内部收益率作为评价投资方案优劣的标准，那么，虽然 B 方案较 A 方案优越得多。但是，B 方案真的较 A 方案优越吗？为此，我们需研究两个方案相当于现时点的净收益哪个多，多的才是优选的方案。两方案的净现值分别为：

$PW_A (10\%) = 5000 \times (P/F, 10\%, 10) - 1000 = 928$（万元）

$PW_B (10\%) = 300 \times (P/A, 10\%, 10) - 1000 = 843$（万元）

说明实际上 A 方案较 B 方案有利。

那么，为什么内部收益率大的方案反而是差的方案，而内部收益率小的方案反而是有利的方案呢？

这种现象可以做如下解释：将向 A、B 两个投资方案的投资，看做是分别向 A、B 银行存款，A 银行的利率为 17.5%，B 银行的利率为 27.3%。虽然 B 银行存款的利率较 A 银行的高，但是，由于每年都需从银行取出 300 万元存款，而取出的存款是按基准收益率 10% 在运用；A 银行虽然利率较 B 银行低，但所存的金额 1000 万元始终是按 17.5% 计息。因而导致 10 年内的净现值 A 方案较 B 方案大得多。

由此可见，对于投资类型截然不同的方案，在进行方案选择时不宜采用内部收益率作为评价的指标使用，而宜采用现值法（年值法、将来值法）。

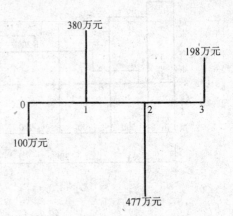

图 2-15　有多个内部收益率的现金流量图

（2）有多个内部收益率的情况

在讲述内部收益率的求法时，我们曾说明，可以将净现值看作是关于 i 的函数，当净现值为零时所对应的 i 值即为内部收益率。因而，求内部收益率实际是求方程的根，对于 n 次方程就可能存在着 n 个实数根，因而就对应着 n 个内部收益率。例如图 2-15 所示的现金流量的内部收益可由下式求得：

$$\frac{198}{(1+r)^3} - \frac{477}{(1+r)^2} + \frac{380}{1+r} - 100 = 0$$

解上式可得：$r=10\%$、20%、50%，即有三个内部收益率。显然，此时用内部收益率判定该方案是否可行是困难的。

在进行方案选择时，只要注意以下几点就可以避免判断上的错误。

①对于初期投资之后有连续的正的净收益的方案，没有两个以上实数根（即内部收益率）；

②具有多个内部收益率的投资方案是各期净现金流量有时为正有时为负的情况，此时不宜采用内部收益率作为判断方案优劣的依据；

③通常具有多个内部收益率的投资方案往往其净现值很小，因而研究方案时将这些方案排除在外通常不会有大的差错；

④对于（1）中所讲的那种投资类型完全不同的情况，不宜采用内部收益率作为判断的指标。

（二）互斥方案选择

互斥方案的选择标准有很多，例如净现值、净年值、净将来值法，差额的净现值、净年值、净将来值法，追加投资收益率法等。下面逐一地加以介绍。

1. 净现值、净年值、净将来值法

本章的第二节曾说明，对于单一的投资方案，当给定基准收益率或设定的收益率后，只要求得的净现值、净年值或净将来值大于等于零，那么该方案就可以考虑接受。对于在多个互斥方案之中选择最优的方案来说，应该如何使用净现值、净年值和净将来值法呢？下面用具体的例子加以说明。

某公司欲开发某种新产品，为此需增加新的生产线，现有 A、B、C 三个方案，各方案的初期投资额、每年年末的销售收益及作业费用如表 2-8 所示。各投资方案的寿命皆为 6 年，6 年后的残值为零。基准收益率 $i = 10\%$ 时，选择哪个方案最有利？

投资方案的现金流量（单位：万元）   表 2-8

投资方案	初期投资	销售收益/年	作业费用/年	净收益/年
A	2000	1200	500	700
B	3000	1600	650	950
C	4000	1600	450	1150

为了正确地选择方案，首先将净现金流量图画出来（见图 2-16）。当各方案的寿命期都相同时可用下述方法求解。

图 2-16　互斥方案的净现金流量图

（1）净现值法

该法就是将包括初期投资额在内的各期的现金流量折算成现值再比较的方法。将各年的净收益折算成现值时，只要利用等额支付现值因数 $(P/A, 10\%, 6) = 4.35526$ 即可。各方案的净现值为：

$PW_A = 700 \times (P/A, 10\%, 6) - 2000 = 1049$（万元）

$PW_B = 950 \times (P/A, 10\%, 6) - 3000 = 1137$（万元）

$PW_C = 1150 \times (P/A, 10\%, 6) - 4000 = 1008$（万元）

因 B 方案的净现值最大，相当于现时点的利润额为 1137 万元(已排出了 10% 的机会成本)，较 A 方案多 88 万元，较 C 方案有利 129 万元，所以是 B 方案最优。

（2）净将来值法

用净将来值法比较方案优劣时，只要将每年的净收益值与等额支付将来值因数 $(F/A, 10\%, 6) = 7.7156$ 相乘，初期投资额与一次支付复本利和因数 $(F/P, 10\%, 6) = 1.7716$ 相乘，两者相减即可。

$FW_A = 700 \times (F/A, 10\%, 6) - 2000 \times (F/P, 10\%, 6) = 1858$（万元）

$FW_B=950\times (F/A, 10\%, 6) -3000\times (F/P, 10\%, 6) =2015$ （万元）

$FW_C=1150\times (F/A, 10\%, 6) -4000\times (F/P, 10\%, 6) =1787$ （万元）

由此可见，依然是 B 方案有利。

（3）净年值法

只要将初期投资额乘以 $(A/P, 10\%, 6) =0.2296$，将其折算成年值即可，其值如下：

$AW_A=700-2000\times (A/P, 10\%, 6) =241$ （万元）

$AW_B=950-3000\times (A/P, 10\%, 6) =261$ （万元）

$AW_C=1150-4000\times (A/P, 10\%, 6) =232$ （万元）

可见，依然是 B 方案有利。

从以上计算可以看出，不论采用什么方法进行互斥方案选择，都是 B 方案最有利，A 方案次之，最不利的方案是 C 方案。

试比较 A、B 两方案的评价指标值，可以得知：

按净现值法 B 方案较 A 方案有利 88 万元；

按净将来值法 B 方案较 A 方案有利 157 万元；

按净年值法 B 方案较 A 方案有利 20 万元。

上述的结果绝不是偶然的。事实上，当基准收益率一定，且各方案的寿命期相同时，上述三种评价方法的结论肯定是一致的。由资金时间价值的计算公式可知：

$$F = P(1+i)^n$$

年值 A 与现值 P 及将来值 F 之间又存在下述关系：

$$A = P\frac{i(1+i)^n}{(1+i)^n-1}$$
$$= F\frac{i}{(1+i)^n-1}$$

因 i 值与 n 值都是确定的，所以上述各因数值也是一个确定的值。因此，必有下述关系成立：

若 $P_A<P_B$，则 $F_A<F_B$

若 $P_A<P_B$，则 $A_A<A_B$

这种关系在 B 方案和 C 方案，A 方案和 C 方案之间也是成立的。因此，在互斥方案评价时，采用其中任何一种方法都可，其结论是一致的。

这一结论由上述 A、B 两方案的计算结果也可以看出来：

净现值的差值 88 万元 $\times (F/P, 10\%, 6) \doteq$ 净将来值的差值 157 万元；

净现值的差值 88 万元 $\times (A/P, 10\%, 6) \doteq$ 净年值的差值 20 万元。

另外，A 方案与 B 方案净现值之比为：

$$\frac{1137}{1049}\doteq 1.084$$

这种关系也存在于净将来值、净年值之间：

$$\frac{2015}{1858}\doteq\frac{261}{241}\doteq 1.084$$

2. 差额法

实践上推测各投资方案收益和费用的绝对量值是多少往往是很困难。但是，在很多情况下往往研究各方案不同的经济要素，找出现金流量的差额却比较容易。研究两方案现金流量的差额，由差额的净现值、净年值和净将来值的正负判定方案的优劣是有效的方法，这种方法就是差额法。差额法包括差额的净现值法、差额的净年值法和差额的净将来值法。下面用实例说明上述三种方法的应用。

以上述公司的三个互斥方案的选择为例。首先画出 A、B 两方案的差额现金流量图（见图 2-17 (a)）。图中 (a) 表明：B 方案较 A 方案初期投资多 1000 万元，每年的净收益多 250 万元。用 $PW_{(B-A)}$ 表示 B 方案较 A 方案增加的现金流量的净现值，则有：

(a) B 方案与 A 方案的差额   (b) C 方案与 B 方案的差额

图 2-17　差额现金流量图

$$PW_{(B-A)} = PW_B - PW_A$$
$$= (950-700) \times (P/A, 10\%, 6) - (3000-2000)$$
$$= 250 \times (P/A, 10\%, 6) - 1000$$
$$\doteq 88 （万元） > 0$$

$PW_{(B-A)} > 0$，说明 B 方案的净现值较 A 方案的净现值大，因而可以判断 B 方案较 A 方案有利。

同样，图 2-17 (b) 表示的是 C 方案较 B 方案增加值的差额现金流量图，其差额的现值为：

$$PW_{(C-B)} = PW_C - PW_B$$
$$= 200 \times (P/A,10\%,6) - 1000$$
$$= -129（万元） < 0$$

由于 $PW_{(C-B)} < 0$，说明 C 方案的净现值较 B 方案的净现值小，因而可以断定 B 方案较 C 方案优。因为上面业已判定 B 方案优于 A 方案，所以可以得出以下结论：三个方案中最优的是 B 方案。上述方法称为"差额的现值法"。当将上述差额的现金流量折算成净年值和净将来值进行方案优劣比较时，则分别称之为"差额的净年值法"、"差额的净将来值法"。当然，其结论都是相同的。例如用差额的净年值法判定时，则有：

$$AW_{(B-A)} = 250 - 1000 \times (A/P,10\%,6) = 20 万元 > 0$$

用差额的净将来值法判定时，则有：

$$FW_{(B-A)} = 250 \times (F/A,10\%,6) - 1000 \times (F/P,10\%,6) \doteq 157（万元）$$

3. 追加投资收益率法

在前面讲述独立投资方案选择时，我们曾说明，内部收益率是评价独立投资方案优劣的重要评价指标。那么，是否可以用内部收益率的大小评价互斥方案的优劣呢？如果不能，那么，可否用比率的方法进行互斥方案选择呢？下面我们就上述问题一一加以说明。

(1) 内部收益率与互斥方案

我们以上面曾研究过的某公司的 A、B、C 三个互斥的投资方案选择的问题为例说明可否用内部收益率指标进行互斥方案的选择。根据 A、B、C 三个投资的净现金流量图（参见图 2-16），应用净年值等于零的概念求三个方案的内部收益率如下：

$$2000 \times (A/P, r_A, 6) - 700 = 0$$
$$(A/P, r_A, 6) = 0.35 \qquad \therefore \quad r_A = 26.4\%$$
$$3000 \times (A/P, r_B, 6) - 950 = 0$$
$$(A/P, r_B, 6) = 0.3167 \qquad \therefore \quad r_B = 22.1\%$$
$$4000 \times (A/P, r_C, 6) - 1150 = 0$$
$$(A/P, r_C, 6) = 0.287.5 \qquad \therefore \quad r_C = 18.2\%$$

由计算结果可以看出，A 方案的内部收益率最大。如果按内部收益率的大小来判断方案的优劣，则 A 方案最优。

但是，事实并非如此。前面我们曾用净现值法、净年值法、净将来值法和差额法进行了方案的选优，但不论上述哪种方法都说明 B 方案是最优方案。可见，对于从若干个方案之中选择一个最优方案的互斥方案问题，不能采用内部收益率的大小作为评价指标以判定哪个方案最优。

在讲述内部收益率的概念时，我们曾指出：所谓内部收益率就是将方案的投资比作向银行的存款，该银行的利率就是内部收益率。因此，对于上述的例子有人会提出如下的问题。

这个问题就是，A 和 B 两个银行，A 银行的利率是 26.4%，B 银行的利率是 22.1%，为什么存在利率小的 B 银行反而比存在利率大的 A 银行有利呢？的确，A 银行的利率是较 B 银行高，但是，存在 A 银行的资金只有 2000 万元，但存在 B 银行的资金却是 3000 万元。因而，在选择到底存在哪个银行为有利（即哪个方案有利）时，就不能以银行的利率（即内部收益率）为指标，而应该以 6 年后的净金额（即净将来值）哪个多为准了。

那么，互斥方案的选择是否不能应用"比率"的指标进行呢？不是。互斥方案的选择可以用另外一种形式的"效率"指标——追加投资收益率。

(2) 互斥方案与追加投资收益率

追加投资收益率就是追加投资（投资的增加额）的收益比率。

我们仍以上述公司的三个互斥方案为例加以说明。由图 2-17（a）所示，向 B 方案投资就意味着在 A 方案投资额的基础上追加投资 1000 万元，由于追加投资的结果将使 B 方案较 A 方案每年年末多获取 250 万元的净收益，研究这种差额现金流量的收益能力实际上就是追加投资收益率。如果将其称为 $B-A$ 方案，那么，其追加投资收益率 r_{B-A} 即可由下式求得：

$$250 \times (P/A, r_{B-A}, 6) - 1000 = 0 \qquad r_{B-A} = 13\%$$

由于追加投资的收益率 13% 大于基准收益率 10%，因而追加投资 1000 万元是合适的，即 B 方案较 A 方案优。

同样，根据图 2-17（b），在 B 方案的基础上再增加投资 1000 万元，其追加投资收益率 r_{C-B} 可由下式求得：

$$200 \times (P/A, r_{C-B}, 6) - 1000 = 0 \qquad r_{C-B} = 5.5\%$$

因追加投资 1000 万元的收益能力 5.5％小于基准收益率 10％，因而追加投资是不利的，最有利的方案是 B。

追加投资收益率（亦称差额投资收益率）不仅是进行互斥方案选择时的重要评价指标，而且是资金有限条件下混合方案选择的有效指标，关于这一点在讲混合方案选择时再加以说明。

上面谈到了追加投资收益率的含义和求法，那么，追加投资收益率的本质是什么呢？

（3）追加投资收益率的本质

前面谈到：在研究某公司三个投资方案优劣时，不能采用内部收益指标，下面我们用数学和经济上的含义解释一下为什么采用内部收益率指标不能进行互斥方案的选择，同时说明追加投资收益率的本质是什么。下面以 A、B 两方案为例加以说明。

我们曾说明，方案的净现值可以看作是资本利率（通常为基准收益率）的函数，如果用复利因数的原式表述 A、B 两方案的现值和年值之间的关系（参见图 2-16），则有下式成立：

$$PW_A(i) = 700 \times \frac{(1+i)^6 - 1}{i(1+i)^6} - 2000$$

$$PW_B(i) = 950 \times \frac{(1+i)^6 - 1}{i(1+i)^6} - 3000$$

根据内部收益率的概念，当净现值等于零时所对应的 i 值即是该方案的内部收益率。我们前面业已求出 A 方案的内部收益率为 26.4％，B 方案的内部收益率为 22.1％。为了更能清晰地表述净现值与 i 的关系，将净现值与 i 的函数关系曲线画出（见图 2-18）。其中：

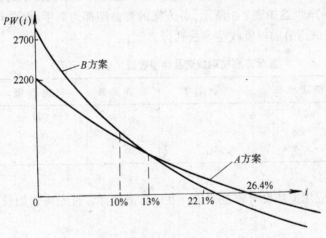

图 2-18　追加投资收益率的本质

$$PW_A(0\%) = 700 \times \frac{6(1+i)^5}{(1+i)^6 + 6i(1+i)^5} - 2000$$

$$= 700 \times 6 - 2000 = 2200 \text{（万元）}$$

$$PW_B(0\%) = 950 \times \frac{6(1+i)^5}{(1+i)^6 + 6i(1+i)^5} - 3000$$

$$= 950 \times 6 - 3000 = 2700 \text{（万元）}$$

上式中图 $i=0\%$ 时等额支付现值因数呈现零比零的形式，因而求极限时应用了罗必塔法则。

当 $PW_A(i)=PW_B(i)$ 时，则有：

$$700\times\frac{(1+i)^6-1}{i(1+i)^6}-2000=950\times\frac{(1+i)^6-1}{i(1+i)^6}-3000$$

$$250\times\frac{(1+i)^6-1}{i(1+i)^6}-1000=0$$

即：$250\times(P/A,i,6)-1000=0$

前面我们求 r_{B-A} 值时应用的是：

$$250\times(P/A,r_{B-A},6)-1000=0$$

观察该式与上式的关系，就会看到：由两式分别求得的 i 值与 r_{B-A} 值肯定是相等的。

即：$i=r_{B-A}$（r_{B-A} 值已在前面求得）$=13\%$。

由此可见，所谓追加投资收益率（或称差额投资收益率）就是使两个方案优劣相等的资本利率（通常为基准收益率）。由图 2-18 可见：当给定的 i 值小于 13% 时，$PW_A(i)<PW_B(i)$，即 B 方案较 A 方案优；当给定的 i 值大于 13% 时，$PW_A(i)>PW_B(i)$，即 A 方案较 B 方案优。追加投资收益的本质实际上就是描述两个方案优劣相等时的 i 值。

（4）应用追加投资收益率进行互斥方案选择的实例

上面我们介绍了追加投资收益率的概念和本质含义，下面我们结合实例说明具体的过程和应用该方法时的重要概念——无资格方案。

【例题 1】 某公司正在研究从五个互斥方案中选择一个最优方案的问题。各方案的投资额及每年年末的净收益如表 2-9 所示。各方案的寿命期都为 7 年，该公司的基准收益率在 8% 到 12% 之间，试用追加投资收益率法选择方案。

互斥方案初期投资及年净收益（单位：万元） 表 2-9

投 资 方 案	初 期 投 资	净收益/年	投 资 方 案	初 期 投 资	净收益/年
A	200	57	D	500	124
B	300	77	E	600	147
C	400	106			

【解】 为了应用追加投资收益率进行互斥方案选择，首先将追加投资（或差额投资）收益率求得如下：

$$57\times(P/A,r_{A-A_0},7)-200=0 \quad r_{A-A_0}=21\%$$

$$(77-57)\times(P/A,r_{B-A},7)-(300-200)=0 \quad r_{B-A}=9\%$$

$$(106-77)\times(P/A,r_{C-B},7)-(400-300)=0 \quad r_{C-B}=19\%$$

$$(124-106)\times(P/A,r_{D-C},7)-(500-400)=0 \quad r_{D-C}=6\%$$

$$(147-124)\times(P/A,r_{E-D},7)-(600-500)=0 \quad r_{E-D}=13\%$$

其中，A_0 表示不投资或投资额为零时的方案，r_{A-A_0} 表示在不投资方案的基础上追加投资 200 万元时，追加投资的收益率；同样，r_{B-A} 表示在 A 方案的基础上追加投资 $300-200=100$ 万元时该追加投资（100 万元）部分的收益率，等等。应用追加投资收益率选择方案时，通常采用图示的方法可更直观地描述方案之间的关系，便于根据不同的情况选择方案。绘制的方法是：横轴表示方案的初期投资额，纵轴表示方案的年净收益（见图2-19所示），图中的 A、B、…，E 等表示方案点，用这些点联结成的直线（图2-19中的粗实线）表示追加投资收益率。由图可知，各方案点所联折线不是单调减少的形式，需将其联结成单调减少的形式（图中的虚线所示）。值得注意的是：当我们将各方案联结成单调减少的折线形式之后，发现 B、D 两方案在该折线之下，我们称这种方案为无资格方案。所谓无资格方案就是在互斥方案选择时，该方案不可能成为最终选择的方案（其证明从略），因而在方案选择之前将其排除在外，将使方案的选择简化。由于本题中 B、D 方案是无资格方案，将其排除后就意味着：C 方案是在 A 方案的基础上追加投资 $400-200=200$ 万元而成；E 方案是在 C 方案的基础上追加投资 $600-400=200$ 万元而成。此时需计算该追加投资额的收益能力——追加投资收益率，其计算过程如下：

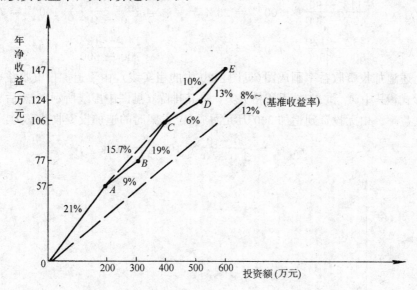

图 2-19 用追加投资收益率进行互斥方案选择

$$(106-57) \times (P/A, r_{C-A}, 7) - (400-200) = 0$$
$$r_{C-A} = 15.7\%$$
$$(147-106) \times (P/A, r_{E-C}, 7) - (600-400) = 0$$
$$r_{E-C} = 10\%$$

该公司的基准收益率在8%至12%之间，若为8%，则由图可知，此时选 E 方案最优；若基准收益率为12%，则 C 方案最优；若为10%，则 C 方案与 E 方案优劣相同，可任选其一。

当然，若联结成的折线是单调减少的形式，则无需进行上述排除无资格方案的过程，直接进行方案选择即可。

【例题2】 表2-10所示为6个互斥的投资方案，假如收益仅在一年年末发生一次（即寿命期为一年），基准收益率为10%，试用追加投资收益率法选择最有利的方案。

方　案	投 资 额	年末净收益	利润（年末净收益 —投资额）	方　案	投 资 额	年末净收益	利润（年末净收益 —投资额）
A_1	200	250	50	A_4	500	620	120
A_2	300	390	90	A_5	600	732	132
A_3	400	513	113	A_6	700	840	140

【解】 首先根据追加投资收益率的概念求各方案的追加投资收益率如下（参照本章（一）3 中的例题1）：

$$r_{A_1-A_0} = \frac{50-0}{200-0} \times 100\% = 25\%, r_{A_2-A_1} = \frac{90-50}{300-200} \times 100\% = 40\%$$

$$r_{A_3-A_2} = \frac{113-90}{400-300} \times 100\% = 23\%, r_{A_4-A_3} = \frac{120-113}{500-400} \times 100\% = 7\%$$

$$r_{A_5-A_4} = \frac{132-120}{600-500} \times 100\% = 12\%, r_{A_6-A_5} = \frac{140-132}{700-600} \times 100\% = 8\%$$

将上述追加投资收益率画成图（见图2-20中的粗实线），由于追加投资收益率不是单调减少的形式，其中 A_1 和 A_4 是无资格方案，将其排除（见图中虚线所示）。然后求出新的追加投资收益率。由无投资到追加 300 万元而成 A_3 方案时的追加投资收益率为：

$$r_{A_2-A_0} = \frac{90-0}{300-0} \times 100\% = 30\%$$

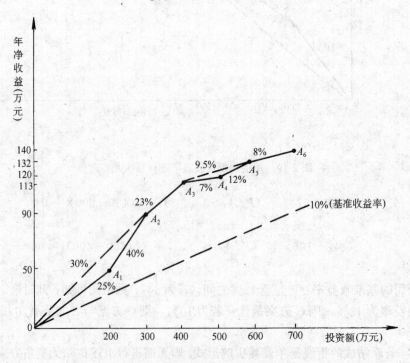

图 2-20　用追加投资收益率选择互斥方案

在 A_3 方案的基础上追加投资 200 万元而成 A_5 方案时的追加投资收益率为：

$$r_{A_5-A_3} = \frac{132-113}{600-400} \times 100\% = 9.5\%$$

上述出现的 A_0 表示不投资方案。因本题的基准收益率为 10%，而 $r_{A_3-A_2}=23\%>10\%$，说明在 A_2 方案的基础上追加投资是合适的；$r_{A_5-A_3}=9.5\%<10\%$，说明在 A_3 方案的基础再追加投资是不合适的。因此，最有利的方案是 A_3 方案。

4. 寿命期不同的互斥方案选择

上面讲述的互斥方案选择都是假定各方案的投资寿命期（服务年限）完全相同的情况进行的。但是，现实中很多方案的寿命期往往是不同的。例如，在建造各种建筑物、构筑物时，采用的结构形式（例如木结构、钢结构、钢筋混凝土结构等）不同，其寿命期和初期投资额也不同；建筑施工单位所购置的设备型号不同、厂家不同，其寿命期和初期投资额也不同。那么，对于这些寿命期不同的方案应该采用什么标准和方法加以选择呢？

比较寿命期不同的方案优劣时，严格地说，应该考虑至各投资方案寿命期最小公倍数为止的实际可能发生的现金流量。但是，预测遥远未来的实际现金流量往往是相当困难的。为了简化计算，通常总是假定第一个寿命期以后的各周期所发生的现金流量与第一个周期的现金流量完全相同地周而复始地循环着，然后求其近似解，进行方案的比较与选择。在比较这类寿命期各异的投资方案时，年值法要比现值法和将来值法方便得多，因此，通常在比较寿命期不同的互斥方案时常常使用年值法。

下面用具体的例子说明寿命期不同的互斥方案选择的方法和过程。

某建筑工程公司欲购置大型的施工机械，现有 A、B 两个互斥的方案，该两个方案的效率和质量都是相同的，但每年（已折算到年末）的作业费用不同，寿命期也不同（参见表2-11），基准收益率 $i=12\%$。此时应选择哪种机械为好？

由于该机械的两个投资方案效率和质量都是相同的，因而两机械使用时的收益应该是完全相同的。不同的是，每年的作业费用和寿命期。

两个互斥的投资方案 表 2-11

投 资 方 案	初 期 投 资 额	作 业 费 用/年	寿 命 期
A	20万元	4.5万元	4 年
B	30万元	4.0万元	6 年

两机械寿命期的最小公倍数是 12 年，在此期间 A 方案第一个周期的现金流量重复了三次，B 方案重复了两次，因而 A、B 两方案的现金流量如图 2-21 所示。若采用净现值法进行互斥方案选择，则必须将 12 年间全部的现金流量折算成现值加以比较。设 A、B 两方案 12 年间的净现值分别为 PW_A（12）和 PW_B（12），则计算如下：

$$PW_A(12) = 4.5 \times (P/A, 12\%, 12) + 20 \times (P/F, 12\%, 4)$$
$$+ 20 \times (P/F, 12\%, 8)$$
$$= 68.58 \text{（万元）}$$

$$PW_B(12) = 4.0 \times (P/A, 12\%, 12) + 30 \times (P/F, 12\%, 6) + 30 = 70.00 \text{（万元）}$$

上面计算的净现值是费用的净现值，由于两方案的投资的收益相同，因而应选择费用的净现值最小的方案，即 A 方案为优。

上述计算虽然可以进行方案的选择，但计算过程繁杂。该例的最小公倍数 12 年是个较

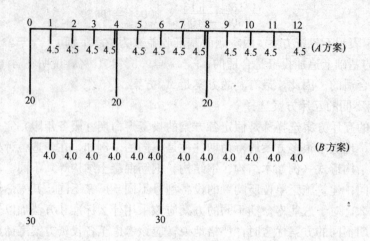

图 2-21　寿命期不同时的现金流量图

小的值，例如有寿命期分别为 7 年、9 年、11 年的三个方案，则采用上述方法就要计算到最小公倍数 $7\times9\times11=693$ 年为止，显然对方案的选择是不便的。但是，当采用上面提到的年值法就无需考虑至最小公倍数为止的年限，只需计算第一个寿命周期的年值就可以选择方案了。如果不考虑到最小公倍数为止的年限，仅考虑两方案第一个寿命周期的净年值，则有：

$$AW_A = 20\times(A/P, 12\%, 4) + 4.5 = 11.08 \text{（万元）}$$

$$AW_B = 30\times(A/P, 12\%, 6) + 4.0 = 11.30 \text{（万元）}$$

可见，A 方案较 B 方案每年有利 0.22 万元。其选择的结论与采用最小公倍数法而得到的结论是一致的。

那么，采用 12 年间的净现值折算成的净年值与上述采用第一个周期算得的净年值之间是否存在着某种内在的联系呢？下面我们用上面业已计算出的 $PW_A(12)$ 和 $PW_B(12)$ 值计算净年值：

$$AW_A(12) = PW_A(12)\times(A/P, 12\%, 12) = 11.08 \text{（万元）}$$

$$AW_B(12) = PW_B(12)\times(A/P, 12\%, 12) = 11.30 \text{（万元）}$$

我们发现所求得的年值与采用第一个周期的现金流量算得的净年值完全相同。

事实上，上述的结论不是一种偶然的巧合，可以证明（证明过程从略），这两种计算方法的结果是完全相同的。由于采用第一个寿命周期净年值的方法简捷，因而，当我们遇到寿命期不同的互斥方案选择时，应首选净年值法。

5. 互斥方案选择的例题

【例题】　某建筑工程公司欲在自己的土地上开设商店，以补充任务不足时施工队伍的开支。根据预测，该商店的规模可以有三种。其初期投资额、每年年末的净收益如表 2-12 所示。如果商店的寿命为 10 年（假定 10 年后继续经营，则其装修费用与新建时的费用大致相同），回答下述问题

（1）资本的利率 $i=10\%$，此时哪个方案有利？

（2）当资本的利率 i 增加到某个数值以上时，上述三个方案都可能成为不可行的方案，

那么此时的 i 值应为多少？

（3）A 方案和 B 方案优劣相同时的 i 值为多少？

三个投资方案（单位：万元）　　　　　　　表 2-12

投 资 方 案	初 期 投 资 额	每 年 年 末 的 净 收 益
A	5000	1224
B	3000	970
C	1000	141

【解】　因为三个方案的关系由题可知是互斥的，因此应按互斥方案的评价指标加以选择。

（1）对于互斥投资方案选择，可以采用净现值法、净年值法、净将来值法、差额法或追加投资收益率法进行，当然，其结论是相同的。下面仅用净现值法，其他方法读者可自行计算并比较其结论是否与下述结果相同。

$$PW_A = 1224 \times (P/A,10\%,10) - 5000 = 2521(万元)$$

$$PW_B = 970 \times (P/A,10\%,10) - 3000 = 2960(万元)$$

$$PW_C = 141 \times (P/A,10\%,10) - 1000 = -134(万元)$$

可见，B 方案最优。

（2）如果最有利的方案 B 变为不利（即净现值小于零），则各方案都变为不可行，因而有：

$$970 \times (P/A,i,10) - 3000 < 0$$

$$(P/A,i,10) < 3.0928$$

即 $i>30\%$ 时方案都变为不可行。

（3）当 A 方案的 B 方案的净现值相等时，即为优劣分界的资本利率 i 的值，因而有：

$$1224 \times (P/A,i,10) - 5000 = 970 \times (P/A,i,10) - 3000$$

$$254 \times (P/A,i,10) = 2000$$

$$(P/A,i,10) = 7.8740 \qquad i = 4.6\%$$

即 $i=4.6\%$ 时 A、B 两方案的优劣相同。

（三）混合方案选择

在讲述投资方案类型时，我们曾说过，若存在着若干个独立方案，每个独立方案中又存在着若干个互斥方案，则这些方案之间的关系是混合方案的关系。因而，这种类型方案的选择既具有独立方案的特点，又具有互斥方案的特征。那么，应如何进行这类投资方案的选择呢？我们从独立方案选择的指标——内部收益率和互斥方案选择的指标——追加投资收益率讲起。

1. 内部收益率与混合方案选择

内部收益率是独立方案选择的有效指标，但是，对于混合方案，是否可以采用这个指标呢？如果采用该指标，会导致什么结果呢？为此，我们用一个实例加以说明。

某公司欲对下属的两种产品生产线进行更新改造，以增加净收益。可实施的方案如表 2-13 所示。若投资的寿命期（收益的持续时间）可以看作是无限，基准收益率为 7%，A、

B 两产品的投资效果互不影响（即互相独立），表中 A_0、B_0 为维持现状的方案，即不投资方案。

混 合 方 案（单位：万元） 表 2-13

A 产品生产线				B 产品生产线			
方案	投资额	年净收益	内部收益率	方案	投资额	年净收益	内部收益率
A_0	0	0	0	B_0	0	0	0
A_1	10	4	40%	B_1	10	2	20%
A_2	20	5.2	26%	B_2	20	3.8	19%
A_3	30	6	20%	B_3	30	5.4	18%

寿命期为无限时的投资方案净现值与年值之间的关系，在讲述资金时间价值计算的基本公式时业已说明，即净收益（假设为 A）的现值 $P=\dfrac{A}{i}$。应用该式及净现值等于零时所对应的 i 值即为该方案的内部收益率的概念，则有：

$$\frac{A}{r} - K_0 = 0$$

式中 r 即为内部收益率，K_0 为该方案的初期投资额。由此可知，$r=\dfrac{A}{K_0}$，表中内部收益率是由以下各式求得的：

$$r_{A_1} = \frac{4}{10} \times 100\% = 40\%, r_{A_2} = \frac{5.2}{20} \times 100\% = 26\%$$

$$r_{A_3} = \frac{6}{30} \times 100\% = 20\%, r_{B_1} = \frac{2}{10} \times 100\% = 20\%$$

$$r_{B_2} = \frac{3.8}{20} \times 100\% = 19\%, r_{B_3} = \frac{5.4}{30} \times 100\% = 18\%$$

假如该公司有足够的资金，则只要分别考虑对 A、B 两产品生产线如何投资即可。但是，假如资金有限，例如只有 40 万元，应如何考虑呢？如果按独立方案的评价指标——内部收益率的大小为准加以选择，那么，由于相同投资时 A 的内部收益率总是大于 B 的内部收益率，因而应尽可能向 A 方案投资，即向 A 生产线投资 30 万元，剩余的 10 万元投向 B 生产线；当只有 30 万元时，则应只向 A 生产线投资。

但是，对方案进行种种组合之后就会发现上述净收益每年仅为 8 万元（2 万＋6 万），当只有 30 万元时，每年净收益仅为 6 万元；但是，如果资金为 40 万元时，向 A 方案投资 10 万元，向 B 方案投资 30 万元，年净收益却是 4 万元＋5.4 万元＝9.4 万元，较上述作法多 9.4 万元－8 万元＝1.4 万元；如果资金为 30 万元时，向 A 方案投资 10 万元，向 B 方案投资 20 万元，年净收益却是 4 万元＋3.8 万元＝7.8 万元，较上述作法多 1.8 万元。由此可见，采用内部收益率指标进行混合方案选择是错误的。

对于上述这样简单的问题只要进行种种组合之后即可选出最优方案。但是，如果方案更多、更复杂，这样做就困难了。那么，对于混合方案应该采用什么方法进行选择呢？

2. 混合方案选择

前面业已说明，对于混合方案选择不能用内部收益率作为评价指标。实际上该种类型的方案选择只要将互斥方案选择的尺度——追加投资收益加以扩展即可。以上述向 A、B 两种产品生产线投资的方案为例加以说明。

首先求出各追加投资收益率：

$$r_{A_1-A_0} = \frac{4}{10} \times 100\% = 40\% \qquad r_{A_2-A_1} = \frac{5.2-4}{20-10} \times 100\% = 12\%$$

$$r_{A_3-A_2} = \frac{6-5.2}{30-20} \times 100\% = 8\% \qquad r_{B_1-B_0} = \frac{2}{10} \times 100\% = 20\%$$

$$r_{B_2-B_1} = \frac{3.8-2}{20-10} \times 100\% = 18\% \qquad r_{B_3-B_2} = \frac{5.4-3.8}{30-20} \times 100\% = 16\%$$

将上述结果用图表示即为图 2-22。

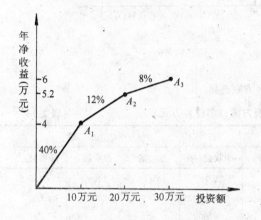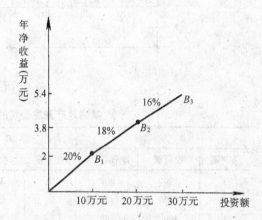

（a）向 A 产品生产线投资　　　　　　（b）向 B 产品生产线投资

图 2-22　向 A、B 产品生产线追加投资收益率

进行了上述工作之后，即可以进行混合方案选择了。具体作法是：将每个追加投资方案看作是独立方案，按追加投资收益率的大小为序排列成与独立方案选择图相似的形式，然后依据资金的限额条件及基准收益率的大小加以选择即可（见图 2-23）。图中 A_1-A_0、A_2-A_1、…等分别表示向 A_0 方案追加投资而得 A_1 方案；向 A_1 方案追加投资而成 A_2 方案……等。因所有追加投资的收益率都大于基准收益率 7%，故在资金数额可以充分满足时追加投资都是合适的。由图可知：当资金的限额 40 万元时应取 $(A_1-A_0)+(B_1-B_0)+(B_2-B_1)+(B_3-B_2)=A_1+B_3$ 方案（式中 A_0 为不投资方案，方案最终选择时不予考虑）；当资金的限额为 30 万元时，应取 $(A_1-A_0)+(B_1-B_0)+(B_2-B_1)=A_1+B_2$ 方案。选择的结果与上面通过组合方式选择的最优方案是完全一致的。

3. 混合方案选择例题

【例题 1】　某房地产开发公司拟进行三种类型的房屋——商场（A 方案）、写字楼（B 方案）和宾馆（C 方案）的开发和经营。各类型的方案如表 2-14 所示。由于类型完全不同，因而他们之间的关系是互相独立的；而每种类型的投资方案是互相排斥的。由于方案的寿命期较长，可以看作是寿命期为无限，该公司的基准收益率为 10%，若公司的资金额为 4000 万元或 5000 万元时应分别选择哪些方案？

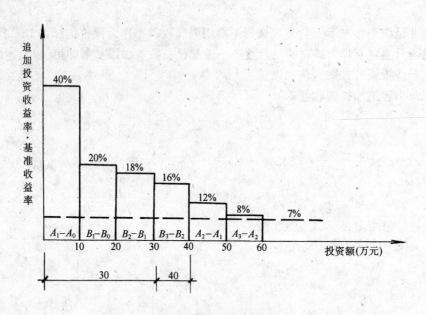

图 2-23 混合方案选择

某房地产开发公司的投资方案（单位：万元）   表 2-14

A 方案			B 方案			C 方案		
方案	投资额	净收益/年	方案	投资额	净收益/年	方案	投资额	净收益/年
A_1	1000	300	B_1	1000	50	C_1	1000	450
A_2	2000	470	B_2	2000	400	C_2	2000	600
A_3	3000	550	B_3	3000	470			

【解】 本例如果可以使用的资金可以得到充分的保证，那么从各个独立方案中的若干互斥方案里选择一个最有利的方案是可以的。但是，该公司的资金可以使用的数额是 4000 万元或 5000 万元，因而是一个在资源有限条件下的混合方案选择问题。首先利用寿命期为无限时年值与现值的相互换算公式：$P = A \cdot \dfrac{1}{i}$，$A = Pi$，求出各追加投资收益率如下：

$$r_{A_1-A_0} = \frac{300 - 0}{1000 - 0} \times 100\% = 30\%$$

$$r_{A_2-A_1} = \frac{470 - 300}{2000 - 1000} \times 100\% = 17\%$$

$$r_{A_3-A_2} = \frac{550 - 470}{3000 - 2000} \times 100\% = 8\%$$

$$r_{B_1-B_0} = \frac{50 - 0}{1000 - 0} \times 100\% = 5\%$$

$$r_{B_2-B_1} = \frac{400 - 50}{2000 - 1000} \times 100\% = 35\%$$

$$r_{B_3-B_2} = \frac{470 - 400}{3000 - 2000} \times 100\% = 7\%$$

$$r_{C_1-C_0} = \frac{450 - 0}{1000 - 0} \times 100\% = 45\%$$

$$r_{C_2-C_1} = \frac{600-450}{2000-1000} \times 100\% = 15\%$$

上述 A_0、B_0、C_0 为不投资方案，可以看出，A_1、B_1、C_1 方案的追加投资收益率与方案自身的"效率"——内部收益率值是相等的。将 A、B、C 三个独立方案中的互斥方案的追加投资收益率用图表示即为图 2-24。为了选择方案，必须将该图的追加投资收益率变为单调减少的（即使图形呈上凸）形式，可以看出 B_1 方案是无资格方案，事先将其排除，并求新的追加投资收益率为：

$$r_{B_2-B_0} = \frac{400-0}{2000-0} \times 100\% = 20\%$$

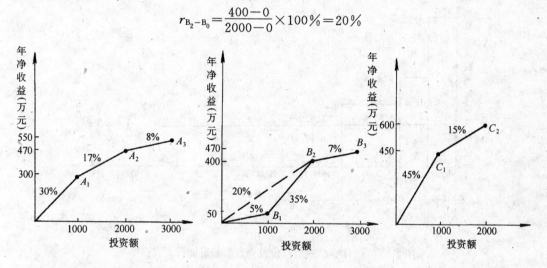

图 2-24　各独立方案的互斥方案追加投资收益率

此时如果不按上面曾讲过的混合方案选择的过程进行，而是各个独立方案中分别选择一个方案（即从商场方案的三个互斥方案选择一个；写字楼的三个方案中选择一个……等），然后再从中按资金的限额予以选择，则会产生下述不合理的情况。

由于每个独立方案中的各个方案都是互斥的，因而选优时就应按互斥方案选优标准——追加投资收益率进行。基准收益率为 10%，三个独立方案分别选优的结果应是 A_2、B_2、C_2。再从 A_2、B_2、C_2 中按资金限额选优时面临的就是三个独立方案，此时选优的标准应是内部收益率，这三个方案的内部收益率分别为：

$$A_2 方案：r_{A_2} = \frac{470}{2000} \times 100\% = 23.5\%$$

$$B_2 方案：r_{B_2} = \frac{400}{2000} \times 100\% = 20\%$$

$$C_2 方案：r_{C_2} = \frac{600}{2000} \times 100\% = 30\%$$

按独立方案选优标准——内部收益率的大小为序，则依次为 C_2、A_2、B_2，当资金限额为 4000 万元时，应选 C_2、A_2 方案，其净现值为：

$$PW_{C_2,A_2} = （600 \div 10\% - 2000） + （470 \div 100\% - 2000） = 6700 （万元）$$

但是，如果综合考虑全部方案，按混合方案的选择方法进行方案选择，则应将每个追加投资方案看作是独立方案，按追加投资收益率的大小为序予以排列，然后根据资金的限额条件进行方案选择（参见图 2-25）。当资金限额为 4000 万元时，应选 $(C_1-C_0)+(A_1-A_0)+(B_2-B_0)=C_1+A_1+B_2$，即 A_1、B_2、C_1 是最终选择的方案。此时所选三个方案的净现值为：

$$PW_{A_1,B_2,C_1}=(300\div10\%-1000)+(400\div10\%-2000)+(450\div10\%-1000)$$
$$=7500（万元）$$

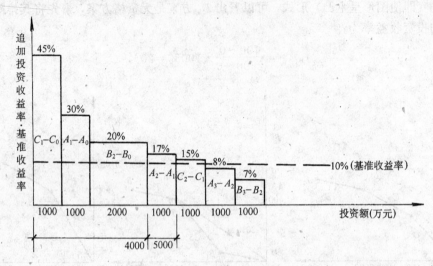

图 2-25　A、B、C 三个单位投资方案的追加投资收益率

该值较选 A_2、C_2 方案的净现值多 800 万元。

当资金限额为 5000 万元时，应选 $(C_1-C_0)+(A_1-A_0)+(B_2-B_0)+(A_2-A_1)$ $=C_1+B_2+A_2$，即 C_1、B_2、A_2 三方案可使 5000 万元资金的运用达到最优。

【例题 2】　某公司下属三个单位分别制定投资寿命期为一年的投资计划，各单位的投资互不影响（互相独立），其投资额和投资后的净收益如表 2-15 所示。各单位的投资方案是互斥的。该公司资金的数额为 400 万元和 500 万元时应选哪些方案？设该公司的基准收益率为 10%。

A、B、C 三个单位的投资方案（单位：万元）　　　　　　　　表 2-15

A 单位			B 单位			C 单位		
方案	投资额	净收益	方案	投资额	净收益	方案	投资额	净收益
A_1	100	130	B_1	100	148	C_1	100	115
A_2	200	245	B_2	200	260	C_2	200	240
A_3	300	354				C_3	300	346

【解】　这是个混合方案的选择问题，首先求追加投资收益率：

$$r_{A_1-A_0}=\frac{(130-100)-0}{100-0}\times100\%=30\%$$

$$r_{A_2-A_1}=\frac{(245-200)-(130-100)}{200-100}\times100\%=15\%$$

$$r_{A_3-A_2} = \frac{(354-300) - (245-200)}{300-200} \times 100\% = 9\%$$

$$r_{B_1-B_0} = \frac{(148-100) - 0}{100-0} \times 100\% = 48\%$$

$$r_{B_2-B_1} = \frac{(260-200) - (148-100)}{200-100} \times 100\% = 12\%$$

$$r_{C_1-C_0} = \frac{(115-100) - 0}{100-0} \times 100\% = 15\%$$

$$r_{C_2-C_1} = \frac{(240-200) - (115-100)}{200-100} \times 100\% = 25\%$$

$$r_{C_3-C_2} = \frac{(346-300) - (240-200)}{300-200} \times 100\% = 6\%$$

将上述追加投资收益率用图表示（见图 2-27），由图可知，C_1 方案是无资格方案，将其排除在外，求出新的追加投资收益率为：

$$r_{C_2-C_0} = \frac{240-200}{200} \times 100\% = 20\%$$

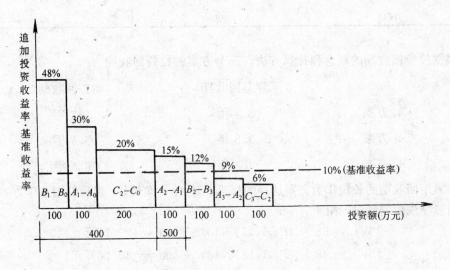

图 2-26　混合方案选择

将上述追加投资看作是独立方案，按追加投资收益率的大小为序排列，据此即可进行方案的选择。按图 2-26 可知：当资金为 400 万元时，应选 $(B_1-B_0) + (A_1-A_0) + (C_2-C_0) = B_1+A_1+C_2$，即 A_1、B_1、C_2 为最优方案。当资金数额为 500 万元时，应选 $(B_1-B_0) + (A_1-A_0) + (C_2-C_0) + (A_2-A_1) = B_1+C_2+A_2$，即最终应选 A_2、B_1、C_2 方案。

（四）应用投资回收期时应注意的问题

在本章第二节的期间法中我们讲述了投资回收期的含义和如果求投资回收期。经常听说某方案的投资回收期是多少，有时还用投资回收期的长短判断方案的优劣。那么，投资回收期果真可以用来判断方案的好坏吗？我们用实例加以说明。

某部门欲建工厂，现有 A_1、A_2、A_3 三个方案，初期投资额、年净收益（假定为年末）值见表 2-16，各方案的寿命期皆为 10 年，基准收益率 $i=12\%$。

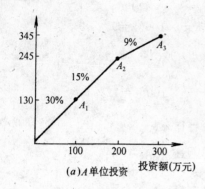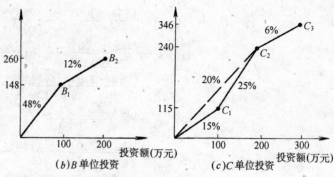

图 2-27　混合方案选择

互斥的投资方案（单位：万元）　　　　　　　　　　表 2-16

投 资 方 案	初期投资额	年 净 收 益
A_1	200	58
A_2	300	78
A_3	400	92

根据投资回收期的概念和计算方法，三个方案的投资回收期为：

	静态回收期	动态回收期
A_1 方案	3.4 年	3.7 年
A_2 方案	3.8 年	5.5 年
A_3 方案	4.3 年	6.5 年

如果用回收期的长短作为方案选择的标准，则 A_1 方案最好。当我们用互斥方案选择指标，例如净现值判断时，由于：

$$PW_{A_1} = 58 \times (P/A, 12\%, 10) - 200 = 127.7(万元)$$

$$PW_{A_2} = 78 \times (P/A, 12\%, 10) - 300 = 140.7(万元)$$

$$PW_{A_3} = 92 \times (P/A, 12\%, 10) - 400 = 119.8(万元)$$

因此，实际是 A_2 方案最优。由此可见，回收期的长短对于评价方案优劣是不起作用的。回收期仅仅是一个表明投资得到补偿的速度指标，是个时间的限值。

回收期法之所以被广泛使用，其主要原因是：对一些资金筹措困难的公司，希望能尽快地将资金回收，回收期越长，其风险就越大，反之则风险小；计算简单，直观性强；期间越短，资金偿还的速度越快，资金的周转速度加快；回收期计算出来后，可大致地估计方案的平均收益水平。但是，即便如此，我们仍然可以根据资金的约束条件找出最有利的方案来，长远看回收期是不能解决根本问题的。

因此，回收期法不宜作为一个指标单独使用，只能作为辅助性的参考性指标加以应用。

第四节　物价变动与投资方案选择

以上各节讲述的投资分析的基本方法，并没有考虑物价变动对方案的影响。在实际问题中，由于受通货膨胀的影响，各种材料、产品、设备、各种经费的价格，甚至人工费也处在上升的趋势中。因此，在进行投资方案分析时，如果不考虑物价的变动对方案的影响，将使方案的分析失去真实性和可信度。有时物价的上升比例很大，是个不可忽略的因素，如果忽略，必将使方案的选择造成严重的失误和不可估量的损失。为此，本节将介绍物价变动时投资分析的基本知识。

一、物价变动与评价指标

1. 描述物价变动水平的指标

价格变动，或者是物价变动，有两种含义：一种是材料、消耗品、产品、各种经费等资源或者是服务的价格（单价）变动的意思，将其称为个别价格的变动；另一种是取各种资源价格变动的加权平均值而得的所谓一般物价水平的变动。

通常所说的货币价值的贬值是指后者由于一般物价水平的上升而导致用相同金额的货币所买到的物资或服务量减少，即货币的购买能力下降。其变动的大致倾向可以用销售物价指数、消费者物价指数等各种指标获取。

在投资方案经济分析时，原则上是以计划的始点（现时点）的物价作为 1（100%），然后预测将来会以百分之多少的比例上升。此外，通常支付给作业人员的工资水准的上升不叫“物价”上升，但是在经济分析时与材料费等的上升同等看待，都按物价上升处理。

通常，作为投资结果而产生的将来各时点的收益、费用的增加部分往往都是按照那个时点实际发生的流进与流出的金额，即名义额推算的，当将这些预测的数值按现在的价格水平加以折算而得到的数值通常称为实质价值。

因而，现时点的收入和支出既是名义价值又是实质价值（因为现时点为 100%），在进行投资的经济性分析时，如果考虑价格变动因素，只要没有特殊的情况，往往以现值法进行计算更为方便。

2. 物价变动时的资金时间价值的计算

用一个例子说明考虑物价变动时的资金时间价值的计算方法。

某大型建筑工程公司拟实现施工过程的机械化，以节约人工费用。如购置施工机械 A，则第一年就可以节约人工费用 9 万元，估计人工费以后将以百分之几的速度增加。假设其他各种经费和收益不变，资本的利率（名义利率，以下无特殊声明时都是指名义利率）为 10%，机械的寿命为 7 年时，应如何评价该机械投资的经济性问题？

当不考虑人工费用的上升因素时，人工费节约额的现值为：

$$9 \times (P/A, 10\%, 7) = 43.82(万元)$$

因此，该机械的投资额小于 43.82 万元时，该节约人工费用的机械投资是有利的。

但是，由于人工费用每年都将以一定的百分比上升，因而需要考虑人工费上升的因素后加以评价。假如人工费节约额每年以 7% 的比例上升，那么此时每年人工费用的节约额为：第 1 年末为 $9 \times (1+0.07)$，第 2 年年末为 $9 \times (1+0.07)^2$，……，第 7 年年末为 $9 \times (1+0.07)^7$，如果用 P 表示人工费节约额的现值，则有：

$$P = 9 \times \left[\frac{1+0.07}{1+0.1} + \frac{(1+0.07)^2}{(1+0.1)^2} + \cdots\cdots + \frac{(1+0.07)^7}{(1+0.1)^7} \right]$$

因为 $\frac{1+0.07}{1+0.1} = \frac{1}{1+0.028}$，为简化计算，将该式代入上式可得：

$$P = 9 \times \left[\frac{1}{1 + 0.208} + \frac{1}{(1 + 0.028)^2} + \cdots\cdots + \frac{1}{(1 + 0.028)^7} \right]$$

上式方括弧中的值恰恰是 $i = 2.8\%$、年数为 7 年时的等额支付现值因数，因而上式可简化为：

$$P = 9 \times (P/A, 2.8\%, 7) = 56.50(\text{万元})$$

因而，该项投资额如果小于 56.50 万元则合适，否则不合适。

由上述计算可知，利率 2.8% 是由下式求得的：

$$\frac{1 + 0.1}{1 + 0.07} - 1 = 2.8\%$$

该值就相当于考虑了人工费用上升之后按名义价值的资本利率所求得的实质利率。通常令名义利率为 i，产生收益的某生产要素（如材料、劳务、半成品等）f 的价格上升率用 h_f 表示，则实质利率 k_f 可以用下式表达：

$$k_f = \frac{1 + i}{1 + h_f} - 1 \tag{2-18}$$

因而，为了便于解答上述类型的问题，应遵循以下几个步骤：

(1) 每年的净收益（在上例中为人工费用的节约额）按现在的价格水平予以预测（上例为 9 万元）；

(2) 预测价格（上例为人工费）上升率的平均值（上例为 7%）；

(3) 根据价格的上升比率（上例为 7%）将名义的资本利率（上例为 10%）变为实质利率（上例为 2.8%）；

(4) 将按照现在的价格水平所预测到的每年的净收益，依照上式实质的利率予以折算，求出现时点的值。

应该注意的是：由于价格上升的比例是个粗略的预测值，作为实质利率的代用指标可用下式计算：

$$k_f = i - h_f \tag{2-19}$$

对于上例，即可用 $k_f = 10\% - 7\%$ 代替，通常误差是在允许范围内的。

3. 应用实质利率进行方案选择

上面介绍了物价变动时资金时间价值的计算方法，下面用实例说明运用实质利率进行方案选择的具体作法。

假设上例购置施工机械的方案有 A 和 B 两个：A 方案的初期投资额为 40 万元，每年节约的人工费为 9 万元；B 方案是性能更好的方案，初期投资额为 80 万元，每年节约的人工费用为 15 万元。上述两方案的寿命期皆为 7 年，资本的名义利率为 10%，人工费上升的比率估计为 7%，但是，由于物价的上涨因素难以预测，也有可能以 10% 到 15% 左右的比率上升（见图 2-28），试比较两个方案。

比较寿命期相等的投资方案优劣时，现值法比较方便。如果用 PW_A 和 PW_B 表示 A、B 两方案的净现值，则人工费上升率为 7% 时，实质利率为 2.8%（具体计算见前面例题），因而有：

$$PW_A = 9 \times (P/A, 2.8\%, 7) - 40$$
$$= 56.50 - 40 = 16.50(\text{万元})$$

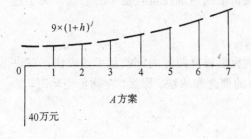

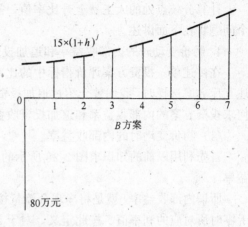

图 2-28　节约人工费的投资方案

$$PW_B = 15 \times (P/A, 2.8\%, 7) - 80$$
$$= 94.16 - 80 = 14.16(万元)$$

即折算成现值，A 方案较 B 方案有利 2.34 万元。

如果人工费上升的比率再高，例如 10%，则由下式求得实质利率为：

$$\frac{1 + 0.1}{1 + 0.1} - 1 = 0$$

利率为零时的等额支付现值因数为：

$$(P/A, 0\%, 7) = 7$$

因而，A、B 两方案的净现值为：

$$PW_A = 9 \times 7 - 40 = 23(万元)$$
$$PW_B = 15 \times 7 - 80 = 25(万元)$$

即，此时 B 方案的现值较 A 方案多 2 万元，B 方案有利。

如果人工费上升的比率再高，例如 15% 时，实质利率可由下式求得：

$$\frac{1 + 0.1}{1 + 0.15} - 1 \doteq -4.35\%$$

由于复利因数表中无负的利率时的等额支付现值因数，这时可用该因数的原式求得：

$$(P/A, -4.35\%, 7) = \frac{(1 - 0.0435)^7 - 1}{-0.0435 \times (1 - 0.0435)} = 8.396$$

利用该值求净现值，则有：

$$PW_A = 9 \times 8.396 - 40 = 35.46(万元)$$
$$PW_B = 15 \times 8.396 - 80 = 45.94(万元)$$

即折算成现值，B 方案较 A 方案有利 10.48 万元。

由以上计算可以看出，随着人工费的升高，节省人工费多的 B 方案变得越来越有利了。

当人工费上升的比率难以准确地预测时，如果将几种上升率情况下的 A、B 两方案的净现值绘制成图（见图 2-29），将给投资决策者带来很大的方便。该图是人工费上升率与净现值的关系曲线，可以看出，当人工费上升的比率为 8.66% 时，A、B 两方案的优劣相等，大于和小于该值时方案的优劣发生逆转。

计算分歧点处的人工费上升比率值，需要实质价值的追加投资收益率的概念，关于这个问题将在下面讲述。

4. 物价变动时的内部收益率和追加投资收益率

在讲述单一投资方案评价指标中的比率法时，我们曾介绍过内部收益率的求法；在讲述互斥方案选择时，我们曾介绍过追加投资收益率的概念和求法。那么，在物价变动时，如何求投资方案的内部收益率和追加投资收益率呢？

（1）物价变动时的内部收益率

首先利用以前的知识求图 2-28 所示的 A、B 两方案当人工费上升率的 7% 时的内部收益率。

所谓内部收益率，就是将净现金流量按名义价值折算成现值（或净年值、净将来值）等于零时所对应的利率值。按此定义，对于 A 方案，即是满足下式的 r_A 值：

$$\frac{9 \times (1 + 0.07)}{1 + r_A} + \frac{9 \times (1 + 0.07)^2}{(1 + r_A)^2} + \cdots\cdots + \frac{9 \times (1 + 0.07)^7}{(1 + r_A)^7} - 40 = 0$$

即：$9 \times \left[\frac{1 + 0.07}{1 + r_A} + \frac{(1 + 0.07)^2}{(1 + r_A)^2} + \cdots\cdots + \frac{(1 + 0.07)^7}{(1 + r_A)^7} \right] = 40$ (2-20)

由上式即可求解 r_A 值，由于该值是按名义价值求得的内部收益率，因而称为名义内部收益率。

但是，这种算法实在太复杂了。为此，在实际应用时，往往首先求按实质价值计算的内部收益率（称为实质内部收益率）更为容易。这里的所谓实质内部收益率 $\bar{r}$，是根据价格上升率将名义的内部收益率予以修正之后的值。因为：

$$1 + \bar{r} = \frac{1 + r}{1 + h}$$

$$\therefore \bar{r} = \frac{1 + r}{1 + h} - 1 \tag{2-21}$$

当价格上升的比率为 7% 时，实质内部收益率为：

$$\bar{r} = \frac{1 + r}{1 + 0.07} - 1$$

将上式代入（2-20）式，A 方案的实质内部收益率即为满足下式的 $\overline{r_A}$ 值：

$$9 \times \left[\frac{1}{1 + \overline{r_A}} + \frac{1}{(1 + \overline{r_A})^2} + \cdots\cdots + \frac{1}{(1 + \overline{r_A})^7} \right] = 40$$

$$\therefore \quad 9 \times (P/A, \overline{r_A}, 7) = 40$$

根据上式，可求得 $\overline{r_A} = 12.8\%$。求出实质内部收益率 $\overline{r_A}$ 值之后，A 方案的名义内部收益即可利用（2-21）式求出：

$$r_A = (1 + \overline{r_A}) \times (1 + 0.07) - 1 \tag{2-22}$$

$$= (1 + 12.8\%) \times 1.07 - 1$$

$$= 20.7\%$$

同样，B 方案的实质内部收益率 $\overline{r_B}$ 值可由下式求得：

$$15 \times (P/A, \overline{r_B}, 7) = 80$$

$$\therefore \quad \overline{r_B} = 7.3\%$$

因而，B 方案的名义内部收益率 r_B 为：

$$r_B = (1 + 0.073) \times (1 + 0.07) - 1 = 14.8\%$$

由以上计算可以看出：如果事先求出实质内部收益率，则应用（2-22）式即可求出不同价格上升率时的名义内部收益率。举例如下：

人工费上升比率	A 方案	B 方案
0%时	12.8%	7.3%
7%时	20.7%	14.8%
10%时	24.1%	18.0%
15%时	29.7%	23.4%

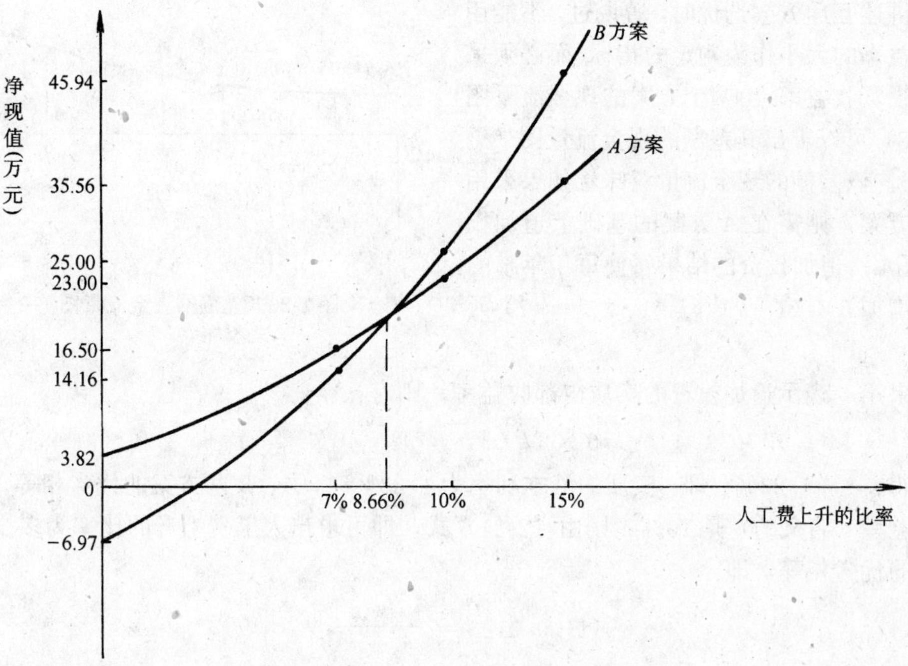

图 2-29 人工费上升比率与净现值的关系

当我们判定一个方案是否可以接受时，通常采用内部收益率指标，即：若该方案的内部收益率大于基准收益率，则该方案可以接受。但是，在物价变动的情况下，我们求得的是两个内部收益率——名义内部收益率和实质的内部收益率。这时判断方案是否可以接受的作法是：假如使用名义内部收益率作为判断方案是否可以接受的指标，则应将该值与名义的资本利率（基准收益率）i（该例为10%）进行比较。例如，当人工费上升的比率为7%时，应进行下述判断：

A 方案：$r_A = 20.7\% > 10\%$

B 方案：$r_B = 14.7\% > 10\%$

当使用实质的内部收益率作为判断方案是否可以接受的指标，则应将该值与实质的资本利率进行比较。例如，当人工费上升率为7%时，应进行下述判断：

实质利率 $k = \dfrac{1 + 0.1}{1 + 0.07} - 1 = 2.8\%$

A 方案：$\overline{r_A}=12.8\%>2.8\%$

B 方案：$\overline{r_B}=7.3\%>2.8\%$

通过上述比较，可知不论是采用什么方法，A 和 B 方案都是可以接受的。但是，当这两个互斥方案都是可以接受时，哪个方案为优呢？前面曾讲过，互斥方案选优时应采用追加投资收益率。那么，在物价变动时追加投资收益率应如何求呢？

（2）物价变动时的追加投资收益率

从上面的计算中可以看到：A、B 两个投资方案无论是名义的内部收益率，还是实质的内部收益率，无论人工费上升的比率是多少，总是 A 方案大。但是，由图 2-29 可知：当人工费上升的比率较 8.66% 大时，方案 B 较 A 方案有利。

在讲述互斥方案选优时，曾说过，不能用内部收益率的大小作为判定的指标，而必须采用追加投资收益率。由两个方案的现金流量图（图 2-28）可以求出其差额的现金流量图（见图 2-30）。该差额的现金流量意味着如果采用 B 投资方案，则需在 A 方案的基础上追加投资 40 万元；追加投资的结果将使每年年末的净收益增加 $6\times(1+h)^j$（$j=1$、2、…、7）万元。

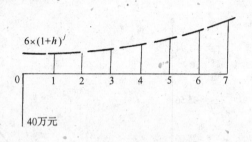

图 2-30　差额的现金流量图

如果用 $\overline{r_\Delta}$ 表示追加投资的实质内部收益率，则有：

$$6\times(P/A,\overline{r_\Delta},7)=40$$

由此可得：$\overline{r_\Delta}=1.23\%$。即：实质的资本利率为 1.23% 时，A、B 两方案的优劣相等。如果基准收益率（名义的）是 10%，则由（2-21）式，即可求出人工费上升的比率为多少时两个方案的优劣相等，即：

$$1+0.0123=\frac{1+0.1}{1+h}$$

$$h=\frac{1+0.1}{1+0.0123}-1=8.66\%$$

即：人工费上升的比率较 8.66% 低时，A 方案较 B 方案有利（相当于名义追加投资收益率小于 10%）；较 8.66% 高时，B 方案较 A 方案有利（相当于名义追加投资收益率大于 10%）。

二、物价变动时的投资方案选择

1. 不同方案价格上升要素不同时的投资方案选择

前面讲述了物价变动时的资金时间价值计算及方案的内部收益率（名义的和实质的）、追加投资收益率（名义的和实质的）指标的含义和计算方法，并以投资的结果导致人工费节约这一种要素价格上升为例说明如何运用上述指标评价方案。但是，现实经济活动中，各投资方案往往包含的价格上升要素依方案的不同而不同。在这种情况下，如何进行方案选择呢？我们用一个实例说明此时方案的选择过程。

某公司欲对下属的工厂进行技术改造，现有 A、B 两个方案：A 方案初期投资额为 350 万元，按现在的价格水准，每年材料费的节约额（已折算至年末）可达 60 万元；B 方案初期投资额为 450 万元，每年按现在的价格水准可以节约人工费 60 万元（折算至年末）。两方案的寿命期都是 8 年，材料费上升的比率估计每年平均为 4%，人工费上升的比率估计每年为 15%。根据经济预测资料，今后 8 年一般物价水平的上升率约为 8%。该公司的基准收益率为 12%。

如果认为一般物价水平反映了资金的价值，则实质的资本利率 k 可由下式求得：

$$k = \frac{1 + 0.12}{1 + 0.08} - 1 = 3.7\%$$

若用该值计算 A、B 两方案的净现值 PW_A 和 PW_B，则有：

$$PW_A = 60 \times (P/A, 3.7\%, 8) - 350$$

$$PW_B = 60 \times (P/A, 3.7\%, 8) - 450$$

因 $(P/A, 3.7\%, 8) = 6.8169$，故上述值为：

$$PW_A = 59(万元)$$

$$PW_B = -41(万元)$$

即：A 方案有利，B 方案将发生亏损。

但是，上述作法是错误的。材料费和人工费上升的比率有很大的差别，而上述计算采用了一般物价水准下的实质资本利率，掩盖了两方案的差别，显然是不合理的。将两个投资方案的现金流量按名义价值予以折算并折算成净现值，则有：

$$PW_A = 60 \times \left[\frac{1 + 0.04}{1 + 0.12} + \frac{(1 + 0.04)^2}{(1 + 0.12)^2} + \cdots\cdots + \frac{(1 + 0.04)^8}{(1 + 0.12)^8} \right] - 350$$

$$PW_B = 60 \times \left[\frac{1 + 0.15}{1 + 0.12} + \frac{(1 + 0.15)^2}{(1 + 0.12)^2} + \cdots\cdots + \frac{(1 + 0.15)^8}{(1 + 0.12)^8} \right] - 450$$

为求出 PW_A 应先求出实质利率 k_A：

$$k_A = \frac{1 + 0.12}{1 + 0.04} - 1 = 7.69\%$$

因而 A 方案的净现值为：

$$PW_A = 60 \times (P/A, 7.69\%, 8) - 350$$
$$= 60 \times 5.8/49 - 350$$
$$= -1.1(万元)$$

即 A 方案是不利的。

为了计算 B 方案的净现值，先求实质利率 k_B：

$$k_B = \frac{1 + 0.12}{1 + 0.15} - 1 = -2.6\%$$

B 方案的净现值为：

$$PW_B = 60 \times (P/A, -2.6\%, 8) - 450$$
$$= 60 \times 9.0233 - 450$$
$$= 91.4(万元)$$

由此可见：实际上 B 方案要比 A 方案有利得多。

解决上述这类问题时，一般应遵循下述的步骤：

(1) 在材料费、人工费、经费、产品的销售价格……等各要素的上升率有很大的差异时，应分别将各要素按个别价格调整成实质价格（简称个别实质价格）；

(2) 将名义的资本利率 i（或基准收益率）按各要素的个别价格分别调整为实质利率 k_f

（或实质的基准收益率）（简称为实质利率）；

（3）对价格上升比率不同的各要素分别按个别的实质利率 k_f 将按实质价值的现金流量折算成现值；

（4）求出各要素的现值总和（当有收益的要素与费用的要素时，求出其差值），该值减去初期的投资额即为净现值。

根据上述步骤求得的两个方案的净现值分别为 $PW_A = -1.1$ 万元和 $PW_B = 91.4$ 万元，因而 B 方案优于 A 方案。

2. 同一方案中含有两个以上物价上升要素时的方案评价

同一方案中有时会有两个以上物价上升要素，此时方案评价的思路与上述问题评价的思路是相同的。用一个具体的例子加以说明。

某公司正在研究使生产工序自动化的两个方案何者为优的问题。A 方案现在投资 20 万元，此后人工费按现在的工资水平每年可以节约 6 万元。估计人工费水平每年将以 12% 的比例上升，因而各年人工费的节约额将为：第 1 年年末为 $6 \times (1+0.12)$ 万元，第 2 年年末为 $6 \times (1+0.12)^2$ 万元，…；B 方案初期投资额为 30 万元，人工费每年按现在的水平可以节约 9 万元。此外，由于进行设备投资，将使每年的维修费、养护费等各种经费增加，按现在的物价水平，其增额为：A 方案为 1 万元，B 方案为 1.5 万元。该值将以每年 3.7% 的比率增加。假设两方案的材料费、其他直接费都是相同的，寿命期都是 6 年，那么哪个方案有利？

根据题意，两个方案的现金流量如图 2-31 所示。各方案的净现值可由下式求得：

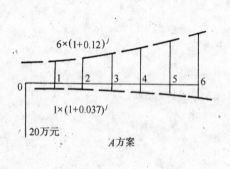
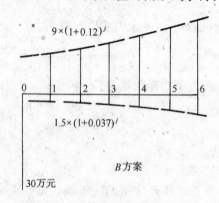

图 2-31　含有几个价格上升要素时的投资方案现金流量图

净现值＝人工费节约额的现值－增加的各种经费的现值－初期的投资额

该公司的基准收益率为 12%，而人工费上升的比率也是 12%，因此其个别的实质利率 $k_1 = 0\%$。各种经费上升的比率为 3.7%，因此他的个别实质利率 k_2 为：

$$k_2 = \frac{1+0.12}{1+0.037} - 1 = 8\%$$

根据上述结果，可知 A、B 两方案的净现值 PW_A 和 PW_B 为：

$$PW_A = 6 \times (P/A, 0\%, 6) - 1 \times (P/A, 8\%, 6) - 20$$
$$= 6 \times 6 - 1 \times 4.6229 - 20$$
$$= 11.38 \text{（万元）}$$

$$PW_B = 9 \times (P/A, 0\%, 6) - 1.5 \times (P/A, 8\%, 6) - 30$$
$$= 9 \times 6 - 1.5 \times 4.6229 - 30$$
$$= 17.07(万元)$$

即：折算成净现值 B 方案较 A 方案有利 5.69 万元，B 方案有利。

如果取两个方案的差额现金流量（见图 2-32）进行计算，即可采用差额的现值法。若用 PW_{B-A} 表示两个方案差额的净现值，则有：

$$PW_{B-A} = 3 \times (P/A, 0\%, 6) - 0.5 \times (P/A, 8\%, 6) - 10$$
$$= 3 \times 6 - 0.5 \times 4.6229 - 10$$
$$= 5.69(万元)$$

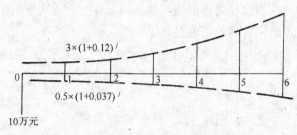

图 2-32 差额的现金流量图

显然，该结果与上述的计算结果完全相同，依然是 B 方案有利。

3. 物价变动时方案选择的例题

【例题 1】 某公司欲对所属工厂的构筑物涂刷防腐涂料。如果使用 A 涂料，则需涂料费 10 万元，但每隔 3 年需重新涂刷一次；如果使用 B 涂料，则涂料费需 60 万元，但每隔 9 年需重新涂刷一次。无论使用哪种涂料，涂刷时的人工费用都是 40 万元。根据对市场的预测资料，涂料的价格今后每年都将上升 5%，人工费估计今后每年都将以 8% 的比率上升。若该公司的基准收益率为 12%，则应选择哪种涂料有利？

【解】 A、B 两种涂料寿命期的最小公倍数为 9 年。使用 A 涂料时，其涂料费 3 年末为：$10 \times (1+5\%)^3 = 11.6$ 万元，6 年末为 $10 \times (1+5\%)^6 = 13.4$ 万元；人工费 3 年末为 $40 \times (1+8\%)^3 = 50.4$ 万元，6 年末为 $40 \times (1+8\%)^6 = 63.5$ 万元（参见图 2-33）。

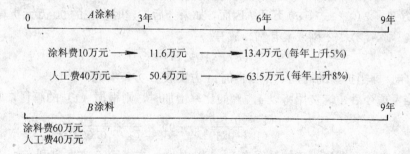

图 2-33 涂料与人工费上升情况

将两个方案 9 年间的总费用折算成现值，则有：

$$P_A = 10 + 40 + \frac{11.6 + 50.4}{(1+0.12)^3} + \frac{13.4 + 63.5}{(1+0.12)^6}$$

$$= 50 + 44.1 + 39.0 = 133.1(万元)$$
$$P_B = 60 + 40. = 100(万元)$$

因而 B 涂料有利。

假如想研究 B 涂料的价格为多少以上时使用 A 涂料有利,则可以假设 B 涂料的价格为 x 万元,由 $P_A = P_B$ 即可解出 x 值:

$$x + 40 = 133.1$$
$$x = 93.1(万元)$$

即:只有当 B 涂料的价格大于 93.1 万元时才能使用 A 涂料。

假如 B 涂料的费用为 60 万元时,那么 A 涂料的费用为多少,使用 A 涂料有利呢?

此时可以令 y 为 A 涂料的现时点的费用额,假设其上升的比率与上述相同（5%）,则根据题意可知,使用 A 涂料有利的条件是:

$$(y + 40) + \frac{y(1 + 0.05)^3 + 50.4}{(1 + 0.12)^3} + \frac{y(1 + 0.05)^6 + 63.5}{(1 + 0.12)^6} < 100$$
$$(1 + 0.8420 + 0.6789)y < 100 - 40 - 35.87 - 32.17$$
$$y < \frac{-8.40}{2.5029} = -3.2(万元)$$

即 A 涂料即使白送也不如使用 B 涂料有利。

【例题 2】 某公司现在正在研究二层办公楼的建筑设计问题。当公司今后扩大业务量时打算再将二层扩建成四层。现在有两个设计方案:A 方案是事先考虑今后增建的方案,其建设投资为 200 万元;B 方案是没有考虑今后扩建的方案,因而其投资只需 160 万元。

如果采用 A 方案,那么今后再增加两层时需建筑费用 150 万元;如果采用 B 方案,则今后再增加两层时,需对下面的柱和基础补强并改修,因而总计需投资 240 万元。无论是否扩建,建筑物的寿命皆为 50 年以上。

(1) 扩建的时间为几年以内时,A 方案较 B 方案有利?假设建筑维修费用不论哪个方案都是相同的,基准收益率为 10%。

(2) 上述扩建的费用是没有考虑物价变动情况下的数值,假设建筑费用今后将以 4.7% 的速度上升时应如何考虑?

【解】 (1) 根据题意:A 方案的建筑费用较 B 方案多 200－160＝40 万元;扩建时 B 方案较 A 方案多 240－150＝90 万元。因而,如果今后扩建时多花的 90 万元折算的现值大于 40 万元,则 A 方案较 B 方案有利。故有:

$$90 \times (P/F, 10\%, n) > 40$$

可得 $n \leqslant 8$ 年。即当扩建的时间 8 年以内时 A 方案较 B 方案有利。

(2) 当考虑今后建筑费用将以 4.7% 的比率增加时,则根据 (1) 的解释,则有:

$$40 < 90 \times \frac{(1 + 0.047)^n}{(1 + 0.1)^n} = 90 \times \frac{1}{(1 + 0.05)^n}$$

解之,得 $n \leqslant 16$ 年。即当扩建的时间在 16 年以内时 A 方案较 B 方案有利。

【例题 3】 某建筑工程公司欲购置施工机械,机械 A 的价格为 80 万元,其寿命期为 5 年;具有相同功能的机械 B 其寿命期为 8 年。

(1) 根据下述条件确定 B 机械的价格为多少以下时 B 方案较 A 方案有利。资本的利率为 10%,假设机械的更新是周而复始的。

（a）机械的价格稳定时；

（b）机械的价格将以每年 5.5% 的比率上升时；

（2）假设 B 机械的价格不论物价是否变动，都是 A 机械的 1.5 倍，那么机械价格上升的比率为多少时，A、B 两方案的优劣相等？

【解】 （1）（a）设 B 机械的价格为 x，则根据题意应有下述关系成立：

$$80 \times (A/P, 12\%, 5) > x \cdot (A/P, 12\%, 8)$$

$$x < 80 \times (A/P, 12\%, 5) \times (P/A, 12\%, 8) = 110.2（万元）$$

（b）此时的实质利率为：

$$k = \frac{1 + 0.12}{1 + 0.055} - 1 = 6\%$$

因而根据（a）的道理有：

$$x < 80 \times (A/P, 6\%, 5) \times (P/A, 6\%, 8) = 117.9（万元）$$

（2）假设机械价格上升的比率为 h，根据题意应有下述关系成立（其中 k 为实质利率）：

$$80 \times (A/P, k, 5) = 120 \times (A/P, k, 8)$$

其中 $1.5 \times 80 = 120$，可解出 $k = 4.7\%$。根据个别价格上升率与实质利率的关系式，可知：

$$h = \frac{1 + i}{1 + k} - 1 = \frac{1 + 0.12}{1 + 0.047} - 1 = 7\%$$

即当机械的价格上升率为 7% 时，A、B 两机械的优劣相同。

思 考 题

1. 为什么将投资方案区分为不同类型？投资方案分为几种类型？各种类型方案的选择尺度是什么？

2. 单一投资方案的可接受与否的标准是什么？

3. 寿命期不同的互斥方案选择的尺度有哪些？为什么净年值法可用于该类型方案的选择？

4. 物价变动对方案的选择会有什么影响？你应如何考虑物价变动对投资的影响？

5. 实质内部收益率与名义内部收益率的关系是什么？其表达的经济涵义是什么？

练 习 题

1. 某设备初期投资 10 万元，投资效果持续时间（寿命）为 10 年，净收益发生于每年年末且数值相等。资本的利率（基准收益率）为 10% 时，年净收益为多少合适？寿命期为 20 年、30 年、无限时又应为多少？

2. 用 50 万元购置了某固定资产，欲在 10 年内将该项投资的复本利和全部回收完了，则每年均等的折旧费应计提多少？基准收益率为 12%。

3. 某债券现在购买需 10 万元，6 年后可得 20 万元。

（1）如果将购买债券看作是按复利在银行存款，那么，相当于银行存款的利率是多少？

（2）假设该人的基准收益率为 8%，那么，这项投资的净收益是多少？以（a）净现值；（b）净年值；（c）净将来值回答上述问题。

4. 某自动化设备投资 24 万元之后每年可以节约人工费用 6 万元（假设发生于每年年末），那么，该设备的寿命期为多少年以上时，该项投资合适？

5. 现有 A、B、C、D、E、F、G 7 个互相独立的投资方案，各方案的投资和 1 年后的净收益如下表所示，方案的寿命期为 1 年，1 年后的残值为零。各方案都是不可分割的（即不满足投资总额要求，则该方案就不成立）。当资金的条件如下时，其最佳选择是什么？

(1) 基准收益率为 10%，可利用的资金总额为 1600 万元。

(2) 资金的数量不限，但资本的利率 i 有以下三种可能：(a) $i=12\%$；(b) $i=14\%$；(c) $i=16\%$。

(3) 资金筹措额在 1000 万元以内时，资本的利率为 10%；此后每增加 1000 万元，资本的利率便增加 2%，最多可筹措 4000 万元。

方　案	投　资　额	净　收　益	方　案	投　资　额	净　收　益
A	200 万元	230 万元	E	500 万元	550 万元
B	300 万元	390 万元	F	700 万元	870 万元
C	400 万元	540 万元	G	800 万元	800 万元
D	450 万元	540 万元			

6. 某公司正在研究投资寿命期为 1 年的投资方案，根据调查资料，现有 A、B、C、D4 个互斥方案，各方案的初期投资额和 1 年后的净收益估计如下表所示。资金可以从银行以 12% 的年利率获得。

	A 方案	B 方案	C 方案	D 方案
投资额	800 万元	2000 万元	2600 万元	3100 万元
净收益	1040 万元	2480 万元	3110 万元	3690 万元
内部收益率	30%	24%	20%	19%

甲认为，根据各个方案的内部收益率的大小，应该采用 A 方案；乙反对甲的意见，认为对互斥方案的选择问题应该采用追加投资收益率的方法予以选择。乙进行了下述计算：

A 方案的追加投资收益率 $=\dfrac{240}{800}\times100\%=30\%$；

B 方案的追加投资收益率 $=\dfrac{480-240}{2000-800}\times100\%=20\%$；

C 方案的追加投资收益率 $=\dfrac{510-480}{2600-2000}\times100\%=5\%$；

D 方案的追加投资收益率 $=\dfrac{590-510}{3100-2600}\times100\%=16\%$

根据上述计算，乙认为应该采用 D 方案。你认为他们的想法是否正确？为什么？

7. 某建筑工程公司正在研究购买 A 与 B 两种吊装设备何者有利的问题。A 设备的价格为 70 万元，寿命期为 4 年；B 设备的价格是 A 设备的两倍，即 140 万元，寿命期也为 A 设备的两倍，即 8 年。假设所需的动力费、人工费、故障率、修理费、速度和效率都是相同的，那么哪种设备有利？假设资本的利率为 10%。若因物价上涨，机械的价格将逐年上升，那么每年价格的上升率为多少以上时 A 设备较 B 设备有利？

8. 某城市环保部门准备在临江的污水排水口处建立污水处理装置。采用该装置，现时点的投资额为 2000 万元，此后每隔 4 年就需要 500 万元的维修清理费用。装置的寿命可以认为是无限。资本的利率是 12%。

(1) 当物价不发生变化时，整个期间支出的费用额的现值为多少？相当于每年年末的平均值是多少？

(2) 维修清理费用假如每年都以 6% 的比率上升，则全部支出的现值和年值为多少？

第三章 投 资 风 险

第一节 投资风险的类型

一、投资风险

公司的投资活动和其他经济活动一样，都可以区分为确定性和不确定性两种。所谓确定性就是指未来的结果与当初的预测结果完全一致，没有任何偏离，是确定的。所谓不确定性就是指未来的结果可能偏离当初的预测值，其结果是不确定的，决策者事先无法确知未来的结果将会是什么样的。对于确定性的投资活动，投资者可以很容易地根据投资结果做出有利的决策。

在投资活动中，人们最为关心的是投资项目的经济效果如何。如果投资项目的决策者要进行科学的投资决策，就需要对未来的情况进行估计和预测，特别是在对投资项目的经济效果进行计算和评价时，其所涉及的投资额、利率、寿命期、建设的年限、产量、价格、成本、收益等等，很多情况下是不确定的，预测的结果可能与实际情况有较大的出入，甚至有时不可能预测出各种变量的准确数值，加之在执行过程中上述的各个因素也不可能完全按照当初预测的数值发生，因而就产生了未来情况的不确定性。

产生不确定性的因素有很多，如国家政策和法规、生产工艺、技术装备、生产能力、建设工期、建设资金、通货膨胀等因素的变化，都会对未来的经济效果产生影响。因此，我们应对投资方案中的各个不确定性因素进行分析，以便做到胸中有数，并能对在投资方案执行前、执行中和执行后所出现的不利情况拟定相应的措施，使方案向着有利于投资者的方向转化。此外，通过不确定性分析，可以预测项目投资对某些不可预见的政治与经济风险的抗冲击能力，从而说明建设项目的可靠性和稳定性，尽量弄清和减少不确定性因素对建设项目的经济效益的影响，避免实施后不能获得预期利润和收益的情况发生。

（一）风险的定义

不确定性又可以进一步分为两种类型：一种是完全不确定型的；一种是风险型的。完全不确定型是指不但经济活动可能出现的结果是不确定的，而且决策者或行为人对结果出现的概率分布也全然不知。

风险型是指虽然方案执行最终将出现的结果是不确定的，但这些结果出现的可能性，即概率分布状况是已知或是可估计的。

因而，可以从两个方面去理解风险。

1. 风险是由系统本身和环境条件的不确定性引起的。系统本身是指系统的结构和功能，其不确定性来源于结构的不合理和功能的不完善。环境条件包括人类行为和客观世界两部分。人类行为是决策的结果，风险与人们的决策有关，研究和管理风险必须注意决策的科学化；客观世界的变化是风险的重要成因，人们虽然无力控制客观世界，但却可以认识并掌握其变化的规律，对其进行科学的预测。

2. 风险包括两个互相制约的变量，一是系统产出与预期目标产出之间发生差异的可能性，即概率；另一个是系统产出与预期目标产出偏离的大小和方向。

实际上，系统产出与预期目标产出之间的偏离有正有负。正偏离是人们的期望和渴求，属于风险收益；负偏离是由于风险导致的损失。

对完全不确定性的投资活动，公司应尽可能地回避，因为在这种情况下公司缺乏进行正确决策的任何依据，所以做出的决策必然是盲目和危险的。公司实际进行的各项经济活动，绝大多数都是风险型的，包括那些不确定性很强，客观依据不足，但仍可以通过某种主观分析赋予其某种主观概率的经济活动，仍可归入风险型经济活动中。

既然风险对应着某种不确定性，而不确定性又意味着未来的收益有可能会朝着不利的方向转化，那么，为什么人们还会承担风险，去进行风险性投资呢？其原因有二：一是世界上几乎不存在完全确定的经济活动，要想绝对地回避风险，就只能什么都不做，而一旦什么都不做，实际就意味着承担更大的风险。因此，不论愿意与否，公司都必须从事某种风险性活动。二是风险具有危险和获取丰厚报酬的两重性，即风险不仅仅意味着失败的威胁，同时也意味着获得成功的可能性。正是由于这个原因人们才愿意去承担风险。

（二）风险因素、风险事件、风险损失

1. 风险因素是指能增加或产生损失概率和损失程度的因素。

2. 风险事件是指产生损失的直接原因或外在原因。风险之所以导致损失，主要是因为风险事件，即风险通过风险事件的发生才导致损失。如施工过程中遇到了暴风雨，基坑被淹没，造成损失。这里暴风雨即是风险因素，淹没基坑即为风险事件。

3. 风险损失是指某一结果可能产生的与预期结果间的负偏离或差异的程度。所谓损失，在风险管理中是指非故意的、非计划的和非预期的经济价值的减少。

风险因素、风险事件和风险损失之间存在着因果关系。风险因素的增加或产生会引发风险事件，风险事件的发生会导致风险损失。

（三）风险的特征

风险的特征是风险的本质及其发生规律的表现。通常，风险具有四个基本特征。

1. 风险是客观存在的，人们不能拒绝或否定它。风险是由于不确定因素的存在而使人遭受不幸或损失的可能性，而不确定性的存在是客观事物变化过程中的特性，因而风险也必然是无处不在、无时不有的客观存在。风险的客观性要求人们采取正确的态度，承认风险和正视风险，积极地去对待风险。

2. 风险是相对的、可变的。风险作为一种潜在的可能性，其出现是有条件的，风险损失的大小是可变的，会因时空的变化而有所改变。风险也是相对的，对甲是风险，对乙未必是风险。

3. 风险是可测的，也是可控的。不确定性是风险的本质，但这种不确定性不是指对客观事物变化的全然无知。人们可以根据以往发生的一系列类似事件的统计资料，经过分析，对某种风险发生的概率及其造成的经济损失程度做出主观判断，对导致风险的事件进行调节控制，从而对可能发生的风险进行预测、衡量和控制。

4. 风险与效益是一体的，共生的。风险的发生会带来损失，但人们冒险也可能获得成功，从而获得风险报酬。风险与报酬共生，挑战与机遇共存。这说明，对待风险不应只是消极的预防，更不应该惧怕，而是要将风险当作一次经营机会，敢于去承担风险，并在同风险的斗争中控制和减少风险，获取最大的效益。

（四）风险的阶段

风险的发展可以分为潜在风险、实际出现和损失爆发三个阶段。

1. 潜在风险阶段。在此阶段，风险本身既无伤害又不造成损失，但存在着可能导致损失或伤害的趋势。在此阶段应该解决两个问题，即潜在风险会转化为下述两个阶段的可能性和损失的可能程度。

2. 实际出现阶段。在此阶段，风险不再是潜在的，而是处于发展之中，如果不采取适当措施，将会导致损失的爆发。该阶段的风险可分为两类：一类是采取预防措施，可以消除或减轻风险损失的风险；另一类是难以预见，公司领导者训练有素才能有效地处置的风险。

3. 损失爆发阶段。此时的风险对人、财产或利益产生了直接伤害或损失。其损失的大小取决于前两个阶段对风险的管理程度。

（五）对待风险的态度

1. 对待风险的态度

风险是客观存在的，人们对待风险的态度大体可分为三类：一是勇冒风险型，这种人有较强烈的进取心和"不入虎穴，焉得虎子"的开创精神，为追求高额的收益，宁愿承担较大的风险。在这种情况下，若成功则成果辉煌，若失败则后果惨重。二是回避风险型，这种人在进行投资决策时总是力求收益的稳定性，不求有功，但求无过；不求获大利，也不想亏本，不愿冒较大风险。在该思想指导下，投资成功后收益不会太大；失败后也不会受到致命的打击，仍有回旋的余地。三是中间型，这种人虽然没有深入"虎穴"的勇气，但有进入"狼窝"的决心。在该思想指导下，选择投资机会时，他们比勇于冒险者要冷静些，但没有回避风险者那么保守。

上述三种类型，反映了决策者的性格素质和特点。但是，作为一个大智大勇的决策者，要成为一个成功的企业家，在对待风险上，决不应受个人情感的支配，而应审时度势，采取科学的风险态度。

2. 科学的风险态度

风险的普遍性和客观性说明风险无处不在，无时不有，重要的是采取科学的风险态度。

（1）高度重视风险。高度重视风险就是在投资决策前，仔细研究可能遇到的风险，认真地进行风险的评价，制定严密的风险处理措施和备用应急措施，进行科学的决策。现实中常有这种情况：项目建成后，市场对其生产的产品需求不足，不能按设计的生产能力生产；建筑施工过程中，地基情况与设计相距甚远，导致造价急剧上升；商场建成后顾客稀少、购买力下降，难以为继等。这些都说明，投资决策者应高度重视风险，避免一开始就陷入埋伏的风险之中。

（2）把握时机，勇于冒险。一部人类文明发展史，就是一部风险奋斗史，人类的全部历史都贯穿着冒险精神，每一次重大的社会进步都是一次冒险行为的胜利。不敢冒险，回避竞争，势必导致停滞落后、永远望人项背的更大风险。这种冒险应是理性的，即不仅正视风险，还要评价风险，力图使自己的行为建立在合理的判断之上。

二、风险的分类

为了更深入全面地认识风险，可从不同角度将风险分类。

（一）按风险本身的性质分类

按风险本身的性质可将风险分为静态风险和动态风险两类。静态风险是指自然灾害和意外事故带来的风险，如火灾、震灾、车祸、疾病等。动态风险是指由于经济或社会结构变动而引致的风险，如公司经营状况和市场需求变动等引起的风险。这两类风险的差别是：

1. 静态风险造成的后果的可能性可以通过大数法则予以估计，是可以计量的。尽管这种风险造成的损失对个体来说是不确定的。但对总体来说，在大量的历史统计资料中，却表现为一个确定的数值。动态风险的后果却是难以估计的，如建筑新技术的发展、房地产需求变化、企业经营的波动等，很难用历史资料加以预测。

2. 静态风险的可能后果主要是经济上的损失，而不会获得意外的收益。如施工过程中发生的火灾、人身伤亡事故等，只能在经济上造成损失而不会带来额外的收益。动态风险可能引起的后果则是双重的，既可能是给风险的承担者带来经济上的损失，也可能带来额外的收益。如施工中采用新技术，如失败则可能付出高昂的代价；如成功则可能获得大大超过平均利润的收益。

3. 静态风险是可保险的风险。由于静态风险可能造成的损失可以预先估计，因而可以利用保险制度予以预防。一旦发生损失，就可以通过保险机构获得补偿。动态风险是不可保险的风险。因为这种风险造成的损失无法预计。

（二）按风险产生的原因分类

按风险产生的原因可分为自然风险、社会风险和经营风险三种。自然风险是指由于自然灾害引起的风险，如火灾、水灾、地震等。社会风险是指由于个人或团体不可预料的行为而引起的风险，如偷盗、抢劫、暴动、罢工、战争等。经营风险是指产品在生产和销售过程中，由于各种因素的变动或估计错误导致产量的减少或价格涨跌的风险。

（三）按风险损失的形态分类

风险可以分为财产风险、人身风险及责任风险。财产风险是指财产发生毁损、灭失和贬值的风险，如房产有遭受火灾、地震、水灾等损失的风险。人身风险是指人们因生、老、病、死而遭致损失的风险。责任风险是指由于个人或公司的过失导致对方或第三者人身伤害或财产损失，依法应承担损失赔偿责任的风险。

（四）按风险作用的强度分类

风险可分为低度风险、中度风险和高度风险三种。正确地区分风险的强度，有助于合理地采取措施，以较少的投入，获取最大的安全保障。

（五）按风险是否可以分散分类

单独执行某一投资方案时，则其风险状况由其收益的实际水平围绕期望收益水平波动的大小来衡量，波动越大，风险越高。但是，当一个投资方案纳入一个由多个投资方案组成的、风险分散的投资方案组合中时，如果一个投资方案的收益波动可能被另外一个或几个投资方案的收益波动所抵消，那么，对于投资方案组合来说，决定风险大小的最关键因素已不是每一个投资方案风险的大小，而是它对整个投资方案组合风险的影响大小，即那些在投资方案组合中无法被抵消的风险的大小。按投资方案的风险是否被分散掉，可将风险分为系统风险和非系统风险。

1. 系统风险

系统风险又称为不可分散风险或市场风险，即个别投资风险中无法在投资组合内被分散、抵消的那一部分风险。系统风险的大小取决于两个方面：一是每一投资方案的风险大小，另一个就是该投资方案的收益变化与投资方案组合中的其他投资方案收益变化的相关关系，这种相关关系越强，不同投资方案的收益变化间的相互抵消的作用越弱；这种相关关系越弱，不同投资方案的收益变化间的相互抵消的作用就越强。如果投资方案之间的关系是相互独立的，则相互抵消收益变化的能力就最强。在总风险一定的前提下，相关关系越强，系统风险就越大；相关关系越弱，系统风险就越小。

系统风险主要是由经济形势、政治形势的变化引起的，如国家政策的大调整，机构改革的重大变化，客观经济形势的变化，物价的剧烈变动，国家税收政策的变化等等。由于系统风险是由那些对经济全局产生影响的因素构成，因此，它不可能通过投资方案组合的方法予以分散掉，所以又称为不可分散风险。当然，系统风险对不同企业、不同的投资方案的影响是不完全相同的，有些企业或投资方案受系统风险的影响较大，有些则较小，但通常绝大部分企业都要受到影响。

2. 非系统风险

非系统风险又称为可分散风险或个别风险，是指那些通过投资方案组合的风险分散功能可以消除掉的风险。非系统风险只与个别企业或少数企业相联系，是由每个企业自身的经营状况和财务状况所决定的，并不对大多数企业产生普遍的影响。非系统风险由经营风险和财务风险组成。经营风险是指企业或企业的某些投资项目的经营条件发生变化对企业盈利能力或资产价值产生的影响。经营风险由企业的内部原因和外部原因引起的。内部原因是指企业本身经营管理不善造成的盈利波动，如决策失误，管理不善造成的产品成本上升，质量下降；职工素质不高；管理人员水平低，缺乏应变能力等等。外部原因是指由于企业外部的某些因素变化对企业经营效益的影响，如产业政策的调整，竞争对手的壮大，顾客购买偏好的转移等等。财务风险是指企业因借入资金而造成的经营收益的不确定性的增加。

第二节　投资风险的度量

投资风险是可以量化的，并可将其作为风险投资分析的重要依据。

一、投资风险的度量

投资风险可以采用多种方法予以度量，下面介绍其中的几种方法。

（一）投资风险价值

投资风险价值是指投资者由于冒着风险进行投资而获得的比无风险投资多出的额外收益，又称为投资风险收益、投资风险报酬。

投资风险价值有两种表示方法：风险收益额和风险收益率。投资者由于冒着风险进行投资而获得的超过无风险投资时的数额，称为风险收益额；由于风险收益额的大小难以判定两个不同方案风险收益的状况，因此，又用风险收益额与投资额之间的比率——风险收益率表示。在实际应用时，对两者并不严格区分，通常以相对数——风险收益率进行度量。

在不考虑物价变动的情况下，投资方案的收益率包括两个部分：一部分是不经受投资风险而获得的价值，既无风险投资收益率；另一部分是风险价值，即风险投资收益率。其关系可用下式表示：

投资收益率＝无风险投资收益率＋风险投资收益率

根据上式，可知，风险投资收益率＝投资收益率－无风险投资收益率。例如，如果投资期限为一年的某项投资的收益率为12％，而一年期的国库券的收益率为7％，则该项投资的风险收益率为12％－7％＝5％。

当没有可靠的数据为依据，计算风险收益率时，可会同有关专家，根据投资的方向和经验，对未来的状况加以分析之后确定。这种方法主观性较强，在很大程度上取决于决策者对待风险的态度。风险承受能力强，敢于承担风险的企业所确定的风险收益率可能低些；风险承受能力差，不敢承担风险的企业所确定的风险收益率就可能高些。

获得风险收益率的另一种方法是国家有关部门，或一些知名的咨询公司通过对历史数据的统计分析和对未来的预测，公布不同行业，不同投资方向的风险投资收益率，供投资者参考。

风险收益与投资风险、投资收益率成正比。风险收益越大，投资风险越大，投资收益也越高。风险收益越小，投资风险越小，投资收益也越低。

（二）概率分布和期望净收益值

概率是指随机事件发生的可能性，投资活动可能产生的种种收益可以看作是一个个随机事件，其出现或发生的可能性，可以用相应的概率描述。概率分布则是指投资活动可能出现的所有结果的概率的集合。

投资方案的期望净收益是指所有可能的净收益值的概率加权平均数，是加权平均的中心值。

若以 P_i 表示某投资方案第 i 种净收益出现的概率，则任何概率都应符合以下两个规则：

$$O \leqslant P_i \leqslant 1; \tag{3-1}$$

$$\sum_{i=1}^{n} P_i = 1 \tag{3-2}$$

上述两式说明，每一个随机变量的概率（对于投资方案而言，即为某种净收益出现的可能性）最小是0，即不出现；最大为1，即肯定只出现该状况。不可能小于0，也不可能大于1。全部概率之和必然是1，即100％。n 为可能出现的所有结果的个数。

根据某一投资方案各种净收益出现的概率分布情况，即可以算出预期净收益，又称期望净收期值。其计算公式为：

$$\overline{E} = \sum_{i=1}^{n} X_i \cdot P_i \tag{3-3}$$

式中　$\overline{E}$——期望净收益值；

　　　X_i——第 i 种可能出现结果的净收益；

　　　P_i——第 i 种可能出现结果的概率；

　　　n——可能出现的结果的个数。

【例题1】某房地产开发公司现有 A、B 两种类型的房地产开发方案，其净收益（销售收益减去各项投资费用后的差额）和各种净收益出现的概率如下表所示（见表3-1），求两方案的期望净收益值。

销售状况	概率（P_i）		净收益额（随机变量 X_i）（单位：万元）	
	A 方案	B 方案	A 方案	B 方案
良　好	0.20	0.20	$X_1=1800$	$X_1=3000$
一　般	0.50	0.40	$X_2=1200$	$X_2=2000$
较　差	0.30	0.40	$X_3=400$	$X_3=-800$

A、B 房地产开发方案　　　　　表 3-1

【解】根据表 3-1 的数据和期望净收益方式，可分别计算出 A、B 两个方案的期望净收益值如下：

A 方案　$\overline{E}_A=1800\times0.20+1200\times0.50+400\times0.30=1080$（万元）

B 方案　$\overline{E}_B=3000\times0.20+2000\times0.40+（-800）\times0.40=1080$（万元）

在期望净收益值相同的情况下，投资的风险程度同净收益的概率分布有密切的联系。概率分布越集中，实际可能的结果就会越接近期望净收益，实际收益率低于期望收益率的可能性就越小，投资的风险程度也就越小；反之，概率分布越分散，投资的风险程度也就越大。为了有利于观察概率的离散程度，可根据概率分布表绘制概率分布图进行分析。

概率分布分为离散型分布和连续型分布两种。离散型分布是指分布中的概率是可数的，连续型分布是指分布中的概率是不可数的。前者的概率分布图形形成几条个别的直线；后者的概率分布图形形成一条曲线覆盖的平面。

例题 1 所示的 A、B 房地产开发方案假设其销售情况仅有良好、一般和较差三种，则概率出现的个数为 3。据此可绘制不连续的概率分布图（见图 3-1）。

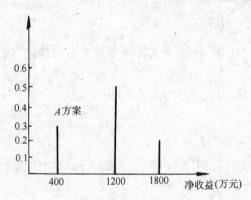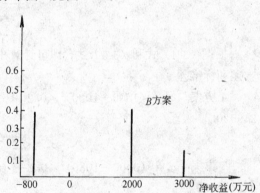

图 3-1　A、B 两方案的不连续概率分布图

但是，现实的经济生活是复杂而多变的，各种结果出现的可能性都是存在的，如果对每一种可能的结果都给出相应的概率，就可以画出连续的概率分布图（见图 3-2）。根据该连续分布图，即可以进行风险大小的判断。

由于概率分布越集中，实际可能的结果就会越接近期望的净收益（或收益率）值，实际净收益值（或收益率）低于期望净收益值（或收益率）的可能性就越小。因而，概率分布愈集中，概率分布图中的峰度愈高，投资的风险就越低。

（三）方差和标准差

方差和标准差是用来描述各种可能的结果相对于期望值的离散程度。方差通常用 σ_x^2 表

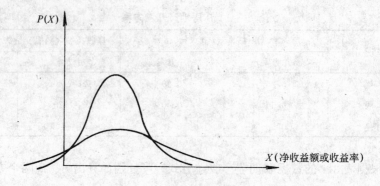

图 3-2　连续型概率分布图

示，标准差通常用 σ_x 表示，标准差是方差的平方根。据此，方差可用下式计算：

$$\sigma_x^2 = \sum_{i=1}^{n} (X_i - \overline{E})^2 P_i \qquad (3\text{-}4)$$

式中：σ_x^2——方差；

　　　X_i——第 i 种可能出现的结果；

　　　$\overline{E}$——期望值；

　　　P_i——第 i 种结果可能出现的概率；

　　　n——可能出现结果的个数。

标准差的计算公式为：

$$\sigma_x = \sqrt{\sum_{i=1}^{n} (X_i - \overline{E})^2 P_i} \qquad (3\text{-}5)$$

根据（3-4）式和（3-5）式，即可计算出表 3-1 中 A、B 两方案所示概率分布情况下的方差和标准差。

A 方案　$\sigma_x^2 = (1800-1080)^2 \times 0.20 + (1200-1080)^2 \times 0.5 + (400-1080)^2 \times 0.30 = 249520$

$$\sigma_x = \sqrt{247500} = 499.5$$

B 方案　$\sigma_x^2 = (3000-1080)^2 \times 0.2 + (2000-1080)^2 \times 0.40 + (-800-1080)^2 \times 0.40 = 2489600$

$$\sigma_x = \sqrt{2142400} = 1577.8$$

从方差和标准差的公式和计算的过程中可以发现，它们的大小取决于两个因素：各种可能的结果与期望值的绝对偏离程度，偏离程度越大，对方差和标准差的影响就越大；每一种可能结果发生的概率大小，发生的概率越大，对方差和标准差的影响越大。

方差和标准差越大，说明各种可能的结果相对其期望值的离散程度越大，即不确定性越大，风险越大。由于方差和标准差的这种特性，人们通常以他们的大小作为衡量投资风险的基础。上述两个投资方案，由于 A 方案与 B 方案相比较，B 方案的方差和标准差较高，说明他的风险大于 A 方案，由于标准差与期望值的量纲相同，便于直接比较，因此，人们更多地运用标准差作为风险的度量基础。

（四）标准离差率

标准差是反映随机变量离散程度的一个指标。但他是一个绝对值，而不是一个相对值，只能用来比较期望净收益相同的投资方案的风险程度，而不能用来比较期望净收益值不同的投资方案的风险程度。为了比较期望净收益值不同的投资方案的风险程度，还必须求出标准差和期望净收益的比值，即标准离差率。其计算公式为：

$$V = \frac{\sigma}{\overline{E}} \times 100\% \tag{3-6}$$

式中：V——标准离差率；

σ——标准离差；

$\overline{E}$——期望净收益值。

标准离差率可以代表投资者所冒风险的大小，反映投资者所冒风险的程度。

前面曾讲过，投资收益率包括无风险收益率和风险收益率两部分。投资收益率与标准离差率之间存在着如下所示的线性关系：

$$K = R_F + R_R = R_F + bV \tag{3-7}$$

式中：K——投资收益率；

R_F——无风险收益率；

R_R——风险收益率；

b——风险价值系数；

V——标准离差率。

上述公式中风险价值系数的大小，通常是由投资者根据经验，并结合其他因素加以确定的。例如，根据以往同类投资项目的投资收益率、无风险收益率和标准离差率等历史资料，即可求得风险价值系数。假如某公司进行某类房地产投资，同类项目的投资收益率为18%，无风险收益率为6%，标准离差系数为50%，则根据（3-7）式，即可得到：

$$b = \frac{K - R_F}{V} = \frac{18\% - 6\%}{50\%} = 24\%$$

如果有多个投资方案可供选择，除按上一章所讲各种类型投资方案的选择方法之外，在考虑投资风险时，通常是投资收益率越高越好，风险程度越小越好。具体来说又可按以下几种情况考虑：（1）如果两个投资方案期望的净收益额基本相同，则应选择标准离差率较低的投资方案；（2）如果两个投资方案的标准离差率基本相同，则应选择期望净收益额较高的方案；（3）如果 A 方案的期望净收益额高于 B 方案，而其标准差率低于 B 方案，则应选择 A 方案；（4）如果 A 方案期望净收益额高于 B 方案，而其标准离差率也高于 B 方案，则此时选择哪个方案，要取决于投资者对风险的态度。若投资者愿意冒较大的风险，追求较高的净收益，则可能选择 A 方案；若投资者不愿意冒较大的风险，宁可获取较低的净收益，则可能选择 B 方案，但是，如果 A 方案的净收益额远大于 B 方案，而其标准离差率高于 B 方案的程度较小，则选择 A 方案可能是比较合适的。

应该指出，风险计算的结果具有一定的假定性，并不十分精确。研究风险计算的主要目的，是在进行投资决策时，树立风险意识，权衡风险与收益的关系，选择那些可能避免风险、分散风险，并获取较多收益的投资方案。

（五）β 系数

投资的市场收益率 β 系数的计算公式为：

$$\beta = \frac{r - r_f}{r_m - r_f}$$

式中： r —— 投资的市场收益率；

 r_f —— 无风险收益率或期望市场收益率；

 r_m —— 同类投资的期望市场收益率；

 $(r - r_f)$ —— 投资的风险收益率；

$(r_m - r_f)$ —— 同类投资的期望市场风险收益率。

例如，若某项投资一年结束的收益率 (r) 为 12%，一年期政府债券的无风险收益率 (r_f) 为 6%，同类投资一年结束的期望市场收益率 (r_m) 为 10%，则该投资的风险收益率 $r - r_f = 12\% - 6\% = 6\%$，同类投资的期望市场风险收益率 $r_m - r_f = 10\% - 6\% = 4\%$，该项投资的市场收益率 β 系数则为 6%/4% = 1.5。

投资的市场收益率 β 系数还可以通过线性回归求得，或用公式 $\beta = \sigma / \sigma_m$ 计算求得。式中，σ 代表投资的收益率标准差，σ_m 代表同类投资的期望市场收益率标准差。

例如，若某项投资的收益率标准差 (σ) 为 18%，同类投资的期望市场收益率标准差 (σ_m) 为 12%，则该项投资的市场收益率 β 系数为 18%/12% = 1.5。若另一项投资的收益率标准差 (σ) 为 18%，同类投资的期望市场收益率标准差 (σ_m) 为 20%，则该项投资的市场收益率 β 系数则为 18%/20% = 0.9。

β 系数与投资风险、投资收益成正比。β 系数越大，投资风险越大，投资的收益也越高；β 系数越小，投资风险越小，投资的收益也越低。

β 系数的进一步实用将在后面予以说明。

二、投资风险分析

(一) 盈亏平衡分析

盈亏平衡分析可以判断投资方案抗风险能力的大小。通常可将盈亏平衡分析分为三种：直线型盈亏平衡分析、非线性盈亏平衡分析和盈亏平衡线分析。下面分别加以说明。

1. 直线型盈亏平衡分析

这种方法常用于进行生产性建设项目的抗风险能力分析。它是假定在一定时期内，固定成本、单位产品的销售价格和变动成本都保持一个确定的量值条件下所进行的分析。

假设生产性建设项目投产后正常年份中，生产并销售的产品数量为 Q，单位产品的销售价格为 P，单位产品的变动成本为 V，年的固定成本为 F，则有：

年总销售收益 R = 单位产品的销售价格 × 年生产并销售的产品数量 = $P \cdot Q$ (3-8)

年总成本 C = 年固定成本 + 年变动成本 = $F + V \cdot Q$ (3-9)

年销售利润 E = 年销售收益 − 年总成本 = $P \cdot Q - (F + V \cdot Q)$ (3-10)

若将使年销售利润恰好等于零，即使该项目既不盈利，也不盈本时的产量称为盈亏平衡点，则有：

$$E = P \cdot Q - (F + V \cdot Q) = 0 \qquad (3-11)$$

若用 Q^* 表示盈亏平衡时的生产并销售的产品数量，则根据上式，即可得到：

$$Q^* = \frac{F}{P - V} \qquad (3-12)$$

同理，可根据（3-11）式分别得出单位产品销售价格的盈亏界限 P^*、单位产品变动成本的盈亏界限 V^* 和固定成本的盈亏界限 F^* 分别为：

$$P^* = \frac{F + VQ}{Q} \tag{3-13}$$

$$V^* = \frac{PQ - F}{Q} \tag{3-14}$$

$$F^* = (P - V)Q \tag{3-15}$$

若用纵轴表示销售收入和成本，横轴表示生产并销售的产品数量，则产量的盈亏平衡关系可以用图 3-3 表示。

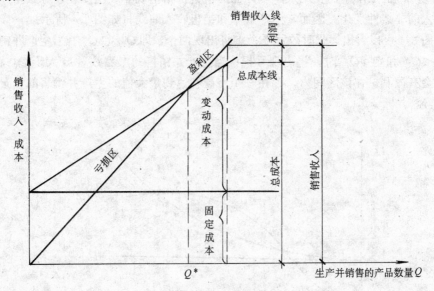

图 3-3　盈亏平衡分析图

当生产性建设项目产品的设计生产能力为 Q_0，盈亏平衡点产量为 Q^*，则可以得到衡量风险程度的另一指标——生产负荷率。他是盈亏平衡点产量 Q^* 占设计生产能力 Q_0 的百分比，若用 BEP 表示生产负荷率，则有：

$$BEP = \frac{Q^*}{Q_0} \times 100\% \tag{3-16}$$

生产负荷率是衡量建设项目生产负荷状况的重要指标。该值越小，则风险越小，即可以承受较大的风险；该值越大，则风险越大，即承受风险的能力差。

【例题 2】某生产性建设项目的年设计生产能力为 5000 件，每件产品的销售价格为 1500 元，单位产品的变动成本为 900 元，每件产品的税金为 200 元，年固定成本为 120 万元。试求该项目建成后的年最大利润、盈亏平衡点和生产负荷率。

【解】当达到设计生产能力时年利润最大，因而最大利润为：

$E = PQ - (F + QV) = 1500 \times 5000 - [1200000 + 5000 \times (900 + 200)] = 800000$（元）

盈亏平衡点产量可按（3.12）式求得：

$$Q^* = \frac{F}{P - V} = \frac{1200000}{1500 - (900 + 200)} = 3000（件）$$

71

生产负荷率可按（3.16）式求得：

$$BEP = \frac{Q^*}{Q_0} \times 100\% = \frac{3000}{5000} \times 100\% = 60\%$$

该项目的生产负荷率较低，说明该建设项目的抗风险的能力较强。

2. 非线性盈亏平衡分析

上述直线型盈亏平衡分析是在假定单位产品的销售价格和变动成本保持一个确定量值的前提下进行的。但是，由于市场供求关系的变化、产品生命周期所处的阶段的变化等原因，使构成产品成本中的变动成本和产品的销售价格呈现非线性变化，导致生产总成本和销售收入的非线性变化。因而，生产成本和销售收入曲线将如图 3-4 所示。

由图 3-4 可以看出，此时盈亏平衡点将出现两个，即 Q_1^* 和 Q_2^*。当生产并销售的产品数量 $Q < Q_1^*$ 和 $Q > Q_2^*$ 时，将出现亏损；当生产并销售的产品数量 Q 大于 Q_1^* 而小于 Q_2^* 时，才会有盈利，在该区间内，存在一个使盈利达到最大值的生产并销售的数量，该值称为规模经济产量。

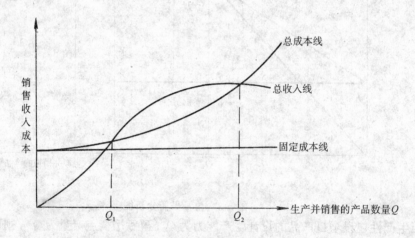

图 3-4　非线性盈亏平衡分析

当我们求出了盈亏平衡点之后，就可以进行投资方案的抗风险的能力分析了。产量只有在盈利区范围内方案才是可行的，考虑到投资方案实施过程中将会受到各种不确定性因素的影响，有时会使方案处于亏损区，且盈亏平衡点离生产能力越靠近，这种可能性就越大，因此，生产经营时的产量离盈亏平衡点越远，方案就越安全，抗风险的能力就越强；离盈亏平衡点越近，方案就越不安全，抗风险的能力就越差。为了反映方案的抗风险能力，可用经营安全度指标，其表达式为：

$$A = \frac{|Q - Q^*|}{Q^*} \times 100\%$$

式中　A——经营安全度；

　　　Q——生产经营时的产量；

　　　Q^*——盈亏平衡点产量。

【例题3】　某投资方案的销售收入函数为：$R = 100Q - 0.001Q^2$；生产成本函数为：$C = 0.005Q^2 + 4Q + 200000$。当计划生产 12000 件产品时，其盈亏情况如何？该方案的盈亏平

72

衡点和最大利润是多少？

【解】 此时，利润＝销售收入－成本＝R－C＝$(100Q-0.001Q^2)-(0.005Q^2+4Q+200000)=-0.006Q^2+96Q-200000$，将 Q＝12000 件代入该式，即可得到此时的利润额：

利润＝$-0.006\times12000^2+96\times12000-200000=88000$（元）

即，当计划生产 12000 件时，其利润额为 88000 元。

当利润等于零时，方案达到盈亏平衡，因而有：

$$-0.006Q^2+96Q-200000=0$$

解上式，即可得盈亏平衡点产量 $Q_1^*=2467$（件），$Q_2^*=13533$（件）。

令 $E(Q)$ 表示利润函数，则根据上述计算过程，可知：

$$E(Q)=-0.0006Q^2+96Q-200000$$

利润的极值出现在 $\dfrac{dE(Q)}{dQ}=0$ 处，即

$$-0.012Q+96=0$$

解之，$Q=8000$（件）

由于 $\dfrac{d^2E(Q)}{dQ^2}=-0.012<0$，因此，当 $Q=8000$ 时，利润为最大，即最大利润为：

$E(Q)_{max}=-0.006Q^2+96Q-200000=-0.0006\times8000^2+96\times8000-200000=$
184000（元）

3. 盈亏平衡线

上面介绍的方法是在只有一个不确定因素的情况下进行的，若同时有两个或两个以上不确定性因素时就不能应用盈亏平衡点的方法，而必须应用盈亏平衡线的概念加以解决，只要将上述的盈亏平衡点的概念稍加引伸，即是盈亏平衡线的概念。下面用实例说明盈亏平衡线的概念及其应用。

【例题 4】 某公司准备建仓库，现有木结构和钢筋混凝土结构两个方案可供选择。木结构方案的造价为 100 万元，寿命期为 15 年；钢筋混凝土结构方案的造价为 200 万元，寿命期为 60 年；建成后，木结构仓库将比钢筋混凝土结构年维修费用多 3 万元。由于仓库所在地区的特点，上述的寿命期估计没有把握。试分析采用哪个方案有利？设资本的利率 $i=10\%$。

【解】 上述两个方案是寿命期不同的互斥方案，因而应采用年值的方法加以比较。当寿命期保持在预测值时，则有

$$A_木=100\times(A/P,10\%,15)+3=16.1（万元）$$
$$A_混=200\times(A/P,10\%,60)=20（万元）$$

即，木结构寿命为 15 年，钢筋混凝土结构寿命为 60 年时，木结构仓库有利。但是，由于两种结构形成的寿命期是不确定的，因此，应对盈亏转换的条件进行分析。

设木结构的寿命期为 N_1 年，钢筋混凝土结构的寿命期为 N_2 年，则两方案优劣相同（即盈亏平衡）的条件是：

$$A_木=A_混$$

即：$100\times(A/P,10\%,N_1)+3=200\times(A/P,10\%,N_2)$

上式中，只要给定一个 N_1 值，即可求出一个 N_2 值，据此，可以画出盈亏平衡线图（见图 3-5）。

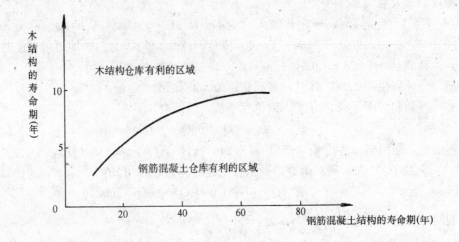

图 3-5　两方案的盈亏平衡线

根据上述分析或图 3-5，可知，无论钢筋混凝土结构的仓库寿命期为多长，只要木结构仓库的寿命期超过 10 年，建造木结构仓库总是有利的。当仓库所在地点的情况使木结构仓库的寿命无论如何都不会小于 10 年时，即可选择木结构方案。通过上述分析，即可避免寿命期不确定性带来的风险。

（二）敏感性分析

敏感性分析是通过分析，预测投资方案主要因素发生变化时对经济评价指标的影响，从中找出敏感因素，并确定其影响程度。所谓敏感因素，就是当该因素的量值发生很小变化时，就对评价指标产生很大影响，甚至使投资方案变为不可行。因此，敏感因素对投资方案的风险影响是最大的。

敏感性分析通常是分析不确定性因素中某一因素单独变化，其他因素保持原有预测数值不变时，对经济评价指标的影响，例如对净现值、内部收益率等指标的影响；亦可分析不确定性因素中某几个因素发生变化，其他因素保持原有预测数值不变时，对经济评价指标的影响。后者较为繁杂，一般仅进行前者的分析。投资方案经济评价指标对某种因素的敏感程度可以表示为该因素按一定比例变化时使评价指标变动的幅度，也可以表示为评价指标达到临界点，如投资方案的内部收益率等于基准收益率，净现值为零等时，允许某个因素变化的最大幅度，即极限变化。

下面用一个具体的例子说明敏感性分析的具体做法和过程。

【例题 5】　某地区最近发现铁矿石矿床，如果该矿床有开发价值，则进行投资。根据调查和分析，其基本情况是：初期投资（设备、铁路、公路、基础设施等）约需 5.4 亿美元；含铁量为 60% 以上有开采价值的铁矿石储量为 30 亿吨；根据市场预测，每年的销售量可达 1 千万吨；即该矿床可持续开采 300 年。按现在的物价水平，作业费用（以年生产并销售 1 千万吨计）每年约为 2.4 亿美元，其中，固定费用为 1.2 亿美元；产品的销售价格每吨为 30 美元。若该矿床开发后有支付利息和偿还能力，则银行可予以贷款，贷款的利率 $i=10\%$。试对该投资方案进行敏感性分析。

【解】　按现在的预测值，每年折旧和支付利息前的净收益为：1 千万吨 × 30 美元/吨 − 2.4 亿美元 ＝ 0.6 亿美元，其现金流量图如图 3-6 所示。当所有数值都与预测值相同时，该投资方案的净现值为：

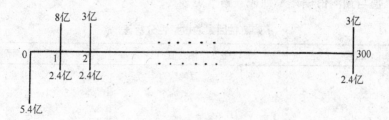

图 3-6　开发矿床的现金流量图

$NPV = 0.6 \times (P/A, 10\%, 300) - 5.4 = 0.6$（亿美元）

对于长期投资方案而言，不确定性是难免的，其中储量和年市场需求量的预测值最令人不安。为此，下面对该两个因素进行敏感性分析，看该两个因素单独变化时对经济评价指标值（在这里为净现值）的影响程度。

当储量比预测值小，例如仅为 3 亿吨时，该投资方案的净现值为：

$NPV = 0.6 \times (P/A, 10\%, 30) - 5.4 = 0.256$（亿美元）

上述计算结果说明，当储量发生了不利于投资方案的重大变化，即由预测储量 30 亿吨变为 3 亿吨，其他预测数值不变时，该项投资仍然是可行的（净现值大于零）。因而储量不是敏感性因素，储量的变化不会产生致命的威胁，方案对储量变化的风险抵抗能力很强。

当需求量比预测值 1 千万吨少 10% 时，销售收益为 2.7 亿美元，此时的作业费用为：

$1.2 + 1.2 \times (1 - 0.1) = 2.28$（亿美元）

假如其他所有量值都保持预测值不变，则此时投资方案的净现值为：

$NPV = (2.7 - 2.28) \times (P/A, 10\%, 300) - 5.4 = -1.2$（亿美元）

可见将使方案变为不可行。说明需求量的敏感度大，即使有 10% 的偏差也会给投资方案以致命的打击。

按照以上的思路，也可对其他不确定性因素进行类似的分析，从而搞清哪些因素是敏感性因素，哪些因素是不敏感性因素，以此判定投资方案对各个不确定性因素的抗风险能力。

为了对该投资方案的特点有更为清醒的认识，求出各个不确定性因素变化至何种程度时投资方案变至可行与不可行的临界状态，即盈亏平衡点值，将给投资方案各因素的抗风险能力的分析带来极大的方便。下面就进行这种分析。

设年销售量为 X，单位产品的销售价格为 q，年固定经费为 f，可开采的年限为 n，初期的投资额为 K_0，资本利率为 i，则本题的预测值分别为：$X = 1000$ 万吨，$P = 30$ 美元/吨，$q = 12$ 美元/吨，$f = 1.2$ 亿美元，$n = 300$ 年，$i = 10\%$。此时，应有下式成立：

$$A = (P - q)X - f - K_0(A/P, i, n)$$

以年销售量 X 为例求盈亏平衡点值。此时设除 X 值之外，所有的其他量值都与预测值相同，则有下述等式的关系存在：

$$A = (30 - 12)X - 1.2 亿 - 5.4 亿 \times (A/P, 10\%, 300) = 0$$

解上式可得：$X = 967$（万吨）。即，当每年的销售数量为 967 万吨时，该投资方案处在可行与不可行的临界点上。

同理，可分别求出 P、q、n、f、K_0 的临界点值。为使问题的分析方便、清晰，现将上述的结果和该值与预测值偏差率列成表格（见表 3-2）。

不确定性因素	盈亏平衡点值	盈亏平衡点值与预测值的偏差率
X：销售量 1 年	967 万吨	-3.3%
P：销售单价	29.4 美元/吨	-2.0%
q：作业费用/吨	12.6 美元/吨	$+3.3\%$
n：寿命期（年）	24 年	-92%
f：年固定费用	1.26 亿美元	$+5\%$
K_0：初期投资额	6 亿美元	$+11\%$

根据表 3-2 即可判定投资方案对各个不确定性因素的抗风险的能力。表中盈亏平衡点值与预测值的偏差率是盈亏平衡点值减去预测值后的差值与预测值的比值。例如年销售量的该值为：$(967-1000)/1000=-3.3\%$。该值越大，说明该不确定性因素的变化对经济评价指标值的影响越小，方案越安全，抗该因素的风险能力越强。该值越小，说明该不确定性因素越敏感，方案对该因素变化的抗风险能力越差。

第三节　投资风险管理

在对投资方案进行了风险分析之后，将选定具有一定风险的投资方案，这时就面临着寻求有效的手段和方法处理风险的问题，即开始进入风险管理的阶段。

风险管理是在充分认识所面临风险的基础上，有目的、有意识地通过计划、组织、实施和控制等的管理活动，对风险进行处理，以求用最小的代价谋取最大的经济利益的过程。

前面曾讲过，风险一般经历三个阶段：潜在阶段；实际出现阶段；造成后果阶段。风险管理就是在风险的潜在阶段，正确预测和及时发现风险苗头，制定和实施各种风险的控制手段和措施，以阻止风险损失的发生，或削弱损失的影响程度，消除各种隐患；在风险实际出现阶段，积极实施抢救或补救措施，将由风险导致的损失减少到最低限度；在风险损失发生后，运用风险管理手段和措施，迅速地对投资项目的损失进行充分而有效的经济补偿，在尽可能短的时间内，排除直接损失对投资项目正常进行的干扰，从而减少间接损失的发生。

一、投资风险管理的手段和措施

风险管理的手段和措施有风险回避、风险控制、风险转移、保险、风险自留和风险分散等六种。关于风险分散，将在讲述前五种之后专门加以说明。

（一）风险回避

1. 风险回避

用风险回避的形式来消除风险是较为常见的。对房地产开发来说，在投资决策阶段，开发商通过对投资风险的分析，放弃风险较大的某些开发区域、某种房地产开发类型或某个开发方案。在土地获取阶段，对于地块的自然属性、使用属性或有关部门对地块使用属性的确认情况，如果开发无利可图，则可能放弃该宗土地的开发。例如，某开发商考虑到该城市发展迅速、预计两年之后某块城郊土地将有可能被城市吞并，从而将大幅度地增值，因而欲购置该块土地开发。但是，经过实地勘查，发现该土地地下水位太低，而且极易受邻近河水泛滥的威胁，最后该开发商取消了购地计划。

在建设阶段，为了回避风险，可能拒绝采用某种建设方案、结构型式和施工方案；或通过招标模式、承发包方式、合同类型的选择等回避某些风险。即使是在投资的后期，如果发生了种种威胁自身安全的风险事件，公司生存面临着重大考验，且公司已不能采取有效措施消除风险时（如在海外进行房地产开发或承包建筑工程时），也不能排除中止继续投资或承包的工程，从驻地全面撤退以回避风险的方法。诚然，撤退本身必将造成巨大的经济损失，问题是撤退与不撤退相比，何者能使损失达到最小。如同战争一样，败军不一定是溃军，而溃军必然是败军。问题在于如何做好善后处理的工作，抛弃材料、设备、资料和帐簿的撤退是不能容忍的，正确的做法是有秩序有计划地逐步撤离。如将所持的股份出售给当地的合资公司；停用母公司总部对该子公司的进一步贷款并撤消对其担保的义务，砍断母子公司间的脐带；当地公司以自身资产进行抵押，向当地银行借款以取代母公司赞助，并提前偿还母公司贷款；清理并减少库存和半成品数量，将半成品以低于成本的价格返销给母公司或亲缘公司，即通过转移价格以补偿经济损失。

2. 风险回避的利弊

风险回避虽然能有效地回避风险，但也带来了一系列副作用，因而，风险回避方法的应用具有很大的局限性。

（1）由于风险回避方法通常与放弃某项投资活动相联系，虽然有时可以使公司遭受损失的可能性降为零，但同时也将获得收益的可能性降为零。如果处处回避风险，虽然减少了风险损失的威胁，同时也失去了参与竞争获得利益的机会。因此，这是一种消极的风险管理措施，不宜大量使用。

（2）并非所有风险都能够通过回避加以处理。如房地产开发过程和建筑施工过程中潜在的各种经济风险、社会风险、自然风险（如经济发展的波动、社会动荡、气候异常）等都是难以回避的。避免一切责任风险的唯一办法是取消责任，但这样做就等于面临着生存的威胁。

（3）风险无处不在，有时避开了一种风险，可能又面临着另一种新的更大的风险。

通常，作为战略，风险回避是下策，只有在迫不得已的情况下，才宜使用风险回避措施，但作为经营战术，风险回避是大有用武之地的，在某种特定风险发生损失的频率和损失程度相当高时，或者采用其他风险管理技术处置所需费用太高，得不偿失时，采用风险回避的措施比较恰当。

（二）风险控制

风险控制是在风险事件发生前、发生时及发生后，采取相应措施调节和控制风险因素，降低风险事件发生的概率，减少风险损失的程度。

通常房地产开发分为四个阶段，即投资决策阶段、土地获取阶段、建设阶段和物业管理阶段。这四个阶段的主要风险是：

1. 投资决策阶段的风险 该阶段应根据市场供应、需求、价格、收益水平和趋向进行预测，制定房地产开发策略，选择开发类型、开发区域和开发时机。

（1）开发区域与风险　不同的国家、地区或地方的社会经济环境各异，使得不同区域的房地产开展面临不同的风险因素，风险具有明显的区域性。

（2）开发物业类型风险　各个开发项目具有不同的功能、用途和技术特性，其承担的风险亦不同。

（3）开发时机与风险　由于经济发展的周期性及房地产产品供求关系随时间的变化性，加之房地产的不可移动性和地区性特点，一个地区过剩的房地产不能弥补另一地区房地产的短缺，导致房地产开发收益随开发的时机而异，其风险与开发时机密切相关。

2. 土地获取阶段的风险　在获取土地前应研究地块特征，分析地块的最优利用方式；进行市场预测，估算开发成本，评价获利能力；获得土地使用权；制定规划设计方案，征得有关部门许可；拆迁、安置、补偿、落实建设条件；筹集和安排短期和长期资金，以满足征地及开发资金需求。在土地获取阶段，其风险主要有：

（1）土地购买风险　土地购买风险主要来自土地的自然属性、使用属性和土地规划部门对土地使用性质和范围的要求。对开发商而言，土地的自然属性是指工程性质、水文状况及地下埋藏物等的不确定性。

（2）市场风险　市场风险是指市场中不确定性因素所引起的风险，市场风险来自建筑市场和房地产市场。建筑市场的风险主要是由供求关系导致的建筑价格、劳动力工资、机械使用费和利率变化；房地产市场中的风险主要由房地产供求状况的变化、市场竞争势态、竞争规模及方式、市场结构及发育程度等因素造成的。

（3）征地安置风险　在征地、拆迁、安置和补偿过程中，涉及许多法律和社会问题，其中的每个环节都存在很多风险。

（4）筹资风险　房地产开发所需巨额资金的筹集和融通是开发商最为关切和颇费心机的问题，筹资手段合理，可以降低筹资风险，减少筹资成本；筹资不当，将造成筹资成本上升，流动资金难以为继，固定资金拮据，严重时会导致项目失败。由于筹资方式、手段及环境的不同，各种筹资方式的风险不同。

3. 建设阶段的风险　在此阶段的工作主要有：项目设计；采用合适的招标模式选择承包商；拟定合同条款，签订承包合同；确保开发项目工期、成本和质量目标的实现。其风险表现在：

（1）招标模式与风险　招标模式有三种：公开招标、邀请招标和协议招标。应按国家规定，尽可能采用公开招标方式，减少和避免邀标和议标。

（2）承包方式与风险　承包方式不同双方的风险也不同。有关内容参见本节的（三）。

（3）合同风险　合同风险有两类：一类是由于合同条款不完整，叙述不严密，有漏洞或部分条款违法，即合同不完善风险；另一类是由于合同条款规定而引起的风险在合同双方间的不同分配，即纯合同风险。

（4）工期风险　工期的拖延，一方面可能导致由于市场状况发生较大变化，失去最佳时机；另一方面会增加开发总成本。影响工期的因素有人为因素、技术因素、材料和设备因素、水文地质因素、资金因素、气候因素、环境因素等等。其中，人为因素是最主要的干扰因素。

（5）质量风险　开发项目的质量是满足用户生产、生活所需功能和使用价值。体现在适用性、可靠性、经济性、美观与环境协调等方面。

（6）成本风险　成本风险源于开发的各个阶段，但不同阶段对成本的影响程度迥异。根据资料，建设前期成本的影响程度达95％～100％，初步设计阶段为75％～95％，技术设计阶段为35％～75％，施工图设计阶段为12％～35％，施工阶段仅为12％。因此，开发成本的风险主要来源于建设前期和设计过程。

4.物业管理阶段的风险　物业管理阶段的风险主要来自自然灾害和意外事故，意外事故除自然力破坏外，还包括人们的过失行为或侵权行为所导致的损失。在此阶段主要任务是根据市场状况、物业特点、消费者偏好、支付水平等，确定租售策略和价格；选择物业管理机构和服务体系，提供良好的物业服务，以降低风险。

根据风险事件孕育发展的不同时期，风险控制的重点亦应不同，风险控制又分为风险预防和风险抑制。

1.风险预防

风险预防是指风险事件发生之前，为了消除或减少可能引致损失的各项风险因素所采取的各种措施。引致风险损失的风险因素有物理因素和人为因素两类。与这两类因素相对应，风险预防有两种方法。第一种方法是以能量释放理论为依据，认为当事物所承受的能量超过了该事物能够容纳的能量时，就会发生风险事件，从而导致损失。其风险预防是以控制风险因素的物理性质为着眼点。第二种是行为管理方法，理论依据是多米诺骨牌理论，认为人的错误行为引致了风险损失，风险预防应以控制人们的行为为着眼点。

在房地产开发和工程施工的各个阶段，房地产开发公司和建筑工程公司预防风险的首要任务是建立一支高素质、多学科的队伍。有了这支队伍，就可以科学地把握国家和地区经济发展的规律，制定适合自身特点的策略，正确地评价和选择投资方案和施工任务，从而减少房地产开发过程和工程施工过程中的种种风险。其次，开发队伍和施工人员，特别是主要决策者，要树立正确的风险意识，加强风险资料的搜集整理和比较，强化对开发风险管理理论的研究和学习，高度重视公司的风险管理。最后，开发和施工企业要建立风险管理制度，制定科学的考核标准和奖罚措施，并严格执行；建立健全的风险管理机构，编制并推行风险管理计划。

房地产开发公司在土地获取阶段，应注意履行自己的社会责任，主动与地方政府、各职能部门、金融机构、当地群众和原土地、地上附着物的所有者搞好关系，密切双方的联系，得到他们的理解、支持和帮助；调查、走访当地群众和有关部门，了解地块的自然属性、使用属性及地下埋藏物的情况；及时与有关部门沟通，获取对地块使用意图的确认；妥善处理征地、拆迁和补偿等问题，防止矛盾激化。

在房地产租售阶段，应定期检查，并消除火灾源；配备消防器材，及时对建筑物及附属设备进行检查维护。选择良好的物业管理公司，搞好售后管理。

2.风险抑制

风险抑制是在风险发生时和发生后，采取各种减轻损失程度的措施。风险抑制有两层含义：一是使风险发生时的损失达到最小；二是在风险发生后采取挽救措施。如采用自动喷淋设备，可以在火灾发生时，将火灾损失控制在最小限度；火灾发生后采取有效措施，使被损坏的财物修复到最大的可使用程度。

在房地产开发中，可采取一系列手段将开发风险降到最低限度。

（1）准确地预测和评价方案，即尽可能地全面收集资料，采取科学的方法对拟开发项目的费用和效益进行预测，对各个方案进行风险分析和决策，以减少开发的盲目性，降低项目的各种不确定性。

（2）缩短建设周期，尽快完成开发项目。开发项目的风险在很大程度上是来自开发过程中的社会经济条件的变化，缩短开发周期，将有利于减轻开发商将面临的未来的不确定性。

（3）针对开发中存在的风险，制定详尽而周密的应急方案；安排组织抢险救灾力量，建立有效的指挥系统，定期进行实施训练。这样，一旦出现险情，就可以保证救护工作有条不紊地进行，善后工作可以得到妥善处理，减少损失。

风险控制是从主动采取预防措施之后，以消除和减少风险隐患，降低损失发生的概率和损失程度。因此，他是一种积极的风险管理措施。对于建筑施工企业和房地产开发公司，在施工和开发过程中无法回避的风险都应优先采用控制措施。

（三）风险转移

风险转移是指建筑施工企业和房地产开发商在施工和开发过程中有意识地采取某些措施将风险转嫁给其他经济单位来承担的方法。

风险转移可以消除某些风险，但与风险回避不同的是，他不是放弃或中止风险，而是容许风险继续存在，但将损失的法律责任转嫁给他人。风险控制是直接调节风险因素，达到降低风险损失的概率和程度；而风险转移是将风险转移出去，从而间接地达到降低自己的损失概率和损失程度。

风险转移的主要途径有保险、合同、保证和期货。由于保险具有不同的特点，将在下面专门介绍，这里将分别介绍合同、保证和期货三种非保险转移的风险转移功能。

1. 合同风险转移

合同风险转移是通过合同，将风险的财务负担或法律责任转移给其他经济组织。在房地产开发过程中，常采用的合同风险转移方式有承包合同、预租预售合同、租赁合同和出售合同等。

（1）承包合同。通过承包合同转移风险的情况大致如表 3-3 所示。对于类似于合同条款不严密、有漏洞或"陷井"而可能产生的风险等，可以通过补充完善合同，提高合同管理人员的素质等途径将风险转移或消除掉。

（2）预租预售合同。在工程完工前，为消除工程完工后可能因找不到承租者或购房者而承担的风险等，或为了避免租金可能下降、售价可能跌落的风险，可以通过预租预售合同，将风险转移给租户和住户。

（3）租赁同合。出租人通过租赁合同，将房产出租给承租人使用，在这个过程中，开发商不仅可以保留房地产的所有权，按期收回稳定的租金，而且将使用过程中的各种风险都转移给承租人。反过来，通过租赁合同，承租人也将可能因自己疏忽而给房产造成损失转移给了房产所有者。

（4）出售合同。通过出售合同可以将与所有权有关的风险都转移给新的所有者。

2. 保证

保证也称担保。是当事人双方为避免因对方违约而给自己造成损失，要求对方提供可靠的保证，转移对方不履约而可能给自己造成损失，转移对方不履约而可能给自己带来的风险。保证的主要形式有以下几种：

(1) 定金。是指合同当事人一方为保证合同履行，要求对方预付一定数额的货币资金，合同正常履行后，退回定金或抵作价款。预付定金一方违约，则无权请求返还定金；接受定金一方违约，应当加倍返还定金；若当事人双方对合同未履行均无过错，收取定金者应如数返还定金。

(2) 第三者保证。所谓"第三者"是指独立于当事人双方的另一法人，他应当是公正、有信用、有权威、有地位或有经济实力，并能被签约双方共同接受的保证人。如发生违约，保证人应履行合同义务或承担连带赔偿损失的责任。

承包合同转移风险一览表   表 3-3

承 包 方 式	合 同 类 型	转移给承包商的风险
建设全过程承包	固定总价合同	设计、施工中及两者协调的所有风险
	固定总价合同加人工、材料调价条款	除上述人工费用、材料价格变动之外的所有风险
建设全过程承包、阶段承包	成本加百分比酬金	无风险转移
	成本加固定酬金	无风险转移
	成本加奖罚合同	实际成本高于目标成本时,酬金减少的风险
	限额成本加固定酬金	报价成本<实际成本<限额成本时,酬金减少的风险 限额成本<实际成本时,无酬金并负担部分成本
阶段承包	固定总价合同	施工中的全部风险
	固定总价合同加人工、材料调价条款	除上述人工费用、材料价格变动之外的所有风险
	估计工程量单价合同	无风险转移
	纯单价合同	工程量变更较大时,费用增加的风险

(3) 银行保函。他是银行应其客户（被担保人）的要求向合约双方（收益人）开具的，保证被担保人正常履行合同的书面保证文件。如被担保人未履行其义务，则银行承担向受益人进行经济赔偿的责任。

在以上几种保证形式中，银行保函是最普遍的，最容易被各方接受的信用担保凭证。银行保函有两种类型。第一种是有条件保函。保函规定：只有当受益人按要求出示的证明文件能证实对方的确未履行义务时，银行才予以支付超过合同中规定的担保额的赔偿。第二种是无条件保函，即"首次要求即付"保函。保函规定：银行一旦接到受益人提出的索赔要求，不管其证据是否充足，必须立即支付不超过其担保额的赔偿。

在房地产开发过程中，为减少承包商不履约的风险，要求承包商至少应出具投标保函、履约保函、预付款保函和质量担保保函。

(1) 投标保函用于保证投标人在决标签约之前不撤消其投标书。投标保函是随同投标书一起递交招标机构，其有效期与投标书有效期相同。保函一旦开出，在其有效期内是不可撤消的。保函的金额通常在招标文件中作出规定，一般约为报价总额的 0.5~3%。在决标授标后，未能中标的投标者索回银行保函，以便向银行注销或使押金解冻。而得标的承包商则在签订合同后，向业主提交一份履约保函，此时业主应退还投标保函。

（2）履约保函用于保证承包商按合同规定正常履约。如果承包商发生违约行为，不能按质按量履行合同规定的义务，业主有权凭保函向银行索赔其担保的金额作为业主所受损害的赔偿。

履约保函的担保金额应在工程承包合同中规定，一般为工程承包合同总额的 5%～10%，最多不超过 15%。履约保函的有效期不能短于合同工期，在工程全面竣工获得现场监理工程师签署的验收合格证书，并出示已对施工中给私有财产造成的损失进行赔偿的证据后才予退还。

（3）预付款保函用于担保承包商应按合同规定偿还业主已支付的全部预付款金额。如果业主不能从应付工程款中扣还全部预付款（如承包人中途毁约，中止工程等），那么，业主有权凭保函向银行索赔该保函的担保金额。

预付款的担保金额一般与业主所付的预付款是等值的。由于预付款将逐月从工程进度款中扣还，因此，预付款保函也应随之减少。承包商按月或季度从业主处取得同意此保函减值的函件，送交银行确认。承包商全部还清预付款后，业主退回预付款保函。

（4）质量担保函也称工程保修保函，他是替代工程保修保留金而出具的，用于担保承包方对完工后的工程缺陷进行维修。在质量担保期内，如果业主发现工程缺陷，应通知承包商进行修理。如果证明是承包商的责任，而承包商拒绝或无力维修时，业主可凭保函向银行提取维修保函中担保的金额，自己组织维修。

质量担保函的金额按合同规定办理，一般为合同总价的 5%。其有效期与质量担保期相同，民用工程为一年。承包商确实按竣工验收时监理工程师提出的保留意见已完成了必要的修缮，且在工程质量担保期内不曾出现证明质量不合标准的缺陷，工程完全符合最后验收条件，业主应将质量担保函退回。

3. 期货

期货是买卖双方签订一个协议，确定在未来的某一时间，以规定价格交割一定品种或规格的、一定数量的商品。利用期货合约可以转移风险，具体方法有两种：一种是套期保值；另一种是对冲。

房地产开发公司在开发中需要大量的建筑材料和装饰材料，而材料费用占开发项目建造成本的 60% 左右。因此，材料市场价格的变动会给房地产开发商带来巨大的风险。采用套期保值和对冲转移风险尤为合适。例如：某开发项目今年 5 月开始进行，项目投资的财务评价是依据现行市场价格进行的，结论是项目可行。预计明年 5 月开始，该项目将需要一万吨钢材，开发商可以利用少量资金在期货交易市场上购入一年后交割的一万吨钢材的期货，从而避免今后一年内市场价格可能上涨导致的成本上升风险，保证建造成本控制在预算内，实现套期保值的目的。又如：该开发项目由于装修的需要，从日本订购了 12 亿日元装饰材料，当时一美元兑 120 日元，材料费相当于 1000 万美元。开发商担心的是交割时，日元大幅度升值，材料总价可能涨到 1200 万美元或更高。于是，在与日方签订合同时，立即在外汇期货市场以一美元兑 120 日元的汇率，买入相当于 1000 万美元的日元期货。这样，即使日元升值，装饰材料交付时将多支付的美元，可以在日元期货合同中如数赚回来，实现损失与收益的对冲，从而转移汇率变动的风险。

非保险风险转移是将风险转移给其他经济组织，他可以将某些无法通过保险转移的潜在损失转移出去，其成本也较保险成本低。需要指出，风险转移是有代价的。如通过固定总价合同将施工中的风险转移给承包商，承包商为应付风险会增加不可预见费而提高总承包价。使用期货套期保值将市场价格上涨的风险转移出去，但同时，由于购买期货而失去了市场价格可能下跌而获得收益的机会。因此，风险转移的目的是在于以较低的成本消除风险，而非籍此获得额外的收益。

风险转移通常在以下情况下采用：可以清楚地划分被转移方和转移方之间的损失；被转移人能够且愿意承担适当的风险；风险转移的成本低于其他方法。

（四）风险自留

房地产开发和工程承包中，对一些无法回避、难以控制和转移的风险或因冒该风险可能获得较大收益时，采取现实的态度，在不影响根本利益的前提下，自己承担风险出现时可能导致的损失。

风险自留可分为两大类：第一类是非计划风险自留。对于某些风险，由于没有意识到其存在和重要性，因而没有处理风险的准备；或明知风险的存在，却因疏忽、懒惰和低估了潜在风险的程度；或有些风险过于微小时的风险自留，都属于非计划风险自留，或称为被动性自留。第二类是计划性自留。对某些风险经合理判断、审慎的研究分析后，决定自己承担下来，这些属于计划性风险自留，也称之为主动自留。计划性风险自留的具体措施有两种：自己保险和专属自留。两种均是通过建立一笔特殊基金，补偿风险损失。

1. 自己保险

自己保险是企业本身在通过对其所面临风险发生概率和损失程度进行评价的基础上，根据企业自身的财务能力，预先提取一笔资金以弥补风险一旦出现导致损失的一种计划性风险自留。

实行自己保险，企业必须具备一定的条件：

（1）有一定的保险经营技术条件：企业必须拥有众多同质且独立的风险因素；风险损失必须是可以合理预测的。

（2）具有财务及管理条件：企业必须有专人或专门机构处理自保计划；企业决策者同意设立基金，执行自保计划。企业有长期而稳定的收入。

采用自己保险的企业，可以获得如下好处：可以节约保险费。而向保险公司投保时，保险费除支付损失的纯保费外，还包括保险公司营业开支和利润，这部分约占保险费的30%～40%，而采用自保，则可节约大量保险费。自己保险可以享受自保基金的投资收益。自保基金一般在损失发生前提取。企业可以利用该基金的时差，从事投资，以获取收益。采用自保可使理赔迅速实施。企业购买保险，在保险事故发生后，保险人支付理赔额之前需经过一段时间的详细调查，如有争议，尚需仲裁、诉讼。而企业自保可免除许多繁琐程序而迅速理赔。

企业采用自己保险，在自保资金累积之初发生超过累积基金的巨大损失时，需用其他资金弥补，而使企业资金周转调度困难。而且，按现行规定，企业保险费可以列入成本开支范围，而自保风险基金是从企业税后利润中提取的，因而采用自保增加了企业的税负。

2. 专属保险

专属保险是总公司（或集团）投资设立的专门承担所属企业风险的附属保险机构。

专属保险和自己保险一样，可以节省保险费、享受保险基金的收益、理赔迅速。而且，由于业务量的增加，部分缓解了资金调度的困难。对跨国集团，选择在国外保险税负较轻的地区或国家设立专属保险公司，可以减轻税负。如英属百慕大法律规定，凡缴付专属保险公司的保险费，可以从所得税中扣除；专属保险公司的保险收益可免交或缓交所得税。同购买保险相比，专属保险由于是自身的保险，在承保内容、保险费支付时间、保单条款解释和索赔处理等方面可以灵活地适应成员企业的需要。

（五）保险

保险是风险转移的主要途径之一，由于他具有自身的特点，这里仅就与建筑工程施工和房地产开发有关的内容单独加以介绍。

1. 保险的概念

保险具有风险转移与风险组合两种性质。被保险人通过支付一定的费用，以获得保险人对风险可能造成的意外损失给予一定经济补偿的保证，以此，将被保险人的风险转移给保险人，增强被保险人自身抵御风险的能力，对保险人而言，也并不因此而具有很大的风险。保险人对大量的、独立的、同质的被保险人面临的风险进行期望损失预测，确定保险费率标准，由于各种风险的组合和大数定律发挥作用，使众多的被保险人分担了损失，因此，保险人面临的不确定性也很小。

保险合同是赔偿性质的合同，当被保险人发生保险责任范围内的损失时，保险人应该按合同规定的条件进行赔偿。但保险人的赔偿金额有一定的限度：

（1）以实际损失为限，被保险人不能得到超过其实际损失的赔偿；

（2）以保险金额为限，赔偿金额只能低于或等于保险金额；

（3）以可保权益为限，权益是指对一项财产具有的某些法律承认的权利和收益，被保险人不能从赔偿中得到额外的权益。

在房地产开发过程中，从土地获取、规划设计、施工建设到经营管理，每个环节都面临着风险，都有可能发生损失，甚至发生致命的损失。为将这种不确定的、大的损失转化为确定的、小的损失（如保险费开支），采取保险措施是非常必要的。

通常，根据保险对象不同，把保险分为财产保险、责任保险和人身保险三大类。其中涉及到房地产和工程施工的保险有房屋财产、利益保险、责任保险、建安工程保险和人身意外保险等险种。

2. 房屋财产、利益保险

房屋财产保险是基础险种，房屋利益保险是依附在房屋财产保险基础上的扩大险种，是一种附加险，在投保房屋利益保险时必先投财产保险，当房屋受到保险责任范围内的灾害事故而发生损失时，如果损失已经或可以获取保险赔偿，则对由于房屋受损而带来利益损失，保险人才负责赔偿。房屋财产保险与房屋利益保险承保的风险是一致的。

（1）房屋财产保险

房屋财产保险以房屋及其附属设备为保险标的。违章建筑、危险建筑、未完工建筑和非法占用的财产不在保险之列。

被保险的房屋遭受下列自然和意外事故而发生损毁，保险公司负责赔偿。

①火灾。火灾是指在时间上或空间上失去控制的异常性燃烧。

②雷击。由雷电造成的灾害。

③爆炸。指火与热造成气体膨胀所致的破坏现象。物理性爆炸和化学爆炸都属于保险责任。

④暴风。风速在 17.2 米/秒以上。

⑤龙卷风。一种范围小而时间短的猛烈旋风，风速在每秒 100 米以上。

⑥暴雨。每小时降雨量在 16mm 以上，或连续 24 小时降雨量达 50mm 以上。

⑦洪水。山洪爆发，河水泛滥，潮水上岸造成的损失。

⑧破坏性地震。震级在 4.75 级以上且裂度在 6 度以上的地震。

⑨地面突然塌陷。地壳由于自然变异、地层收缩，因海潮、河流、大雨侵蚀或在建造房屋前没有掌握地面情况，地下有矿穴、孔穴等，致使地面突然塌陷所致保险财产损失。

⑩崖崩。石崖、土崖受自然风化、雨蚀、崩裂下塌，或山上岩石滚下或大雨使山上沙土透湿而崩塌。

⑪突发性滑坡。斜坡上不稳定的岩体或土体在重力作用下突然整体向下滑动。

⑫雪灾。因每平方米雪在超过建筑规范规定的荷载标准，以致压塌房屋、建筑物所致保险财产损失。

⑬泥石流。山地大量泥沙、石块突然爆发的洪流随大暴雨或大量冰水流出。

⑭雹灾。因冰雹降落造成灾害。

⑮空中运行物体坠落。如陨石坠落、飞行物体落下、吊车行车时物体坠落、建筑物倒塌、掉落或倾倒造成的保险财产损失视同空中运行物体坠落责任。

下列各项除外责任，保险人不负责赔偿：

①被保险人及其代表的故意行为和重大过失所导致的损失、费用等责任。

②战争。类似战争行为、敌对行为、武装冲突、没收征用、罢工、暴动引起的损失、费用或责任。

③核反应、幅射或放射性污染。

④自然磨损、氧化、锈蚀。

⑤因地基不同或未按建筑施工要求导致建筑物地基下沉、裂缝、倒塌等损失。

房屋财产保险金额由保险人与被保险人双方协商确定，通常有三种方式：一是按帐面原值，即房屋在建造或购置时所支付的货币总额；二是按帐面原值加成数，使之趋近于重置重建价值；三是按重新购置或重新建造房屋所需支出的全部费用，即重置重建价值。

房屋的投保方式不同，赔偿处理也不同。当发生全损时，赔偿金额等于保险金额且不超过重建重置价值；当发生部分损失时，赔偿金额按实际损失乘以保险金额与重置重建价值的比例计算；事故发生时的施救、保护及整理等支出的费用由保险人负责赔偿。

保险费率视房屋的建筑结构、使用性质、环境、地点、防火设备情况的不同而异，一般在 0.8%～7% 之间。

（2）房屋利益保险

房屋利益保险的标准是被保险人因自然灾害或意外事故丧失被损毁房屋的使用价值而导致的经济收入减少、损失（如租金损失）和额外费用损失：包括灾后清理费、规划要求增加的修理重建费、租用临时房屋和设备的超额租金、额外的运输费和超额的生活费用。对由于经营管理不善，违反法令所造成的利益损失，保险人不予负责。

房屋利益保险的赔偿期是指保险有效期内发生了灾害事故后，到恢复正常的一段时间，一般不超过一年。超过赔偿期的利益损失，保险人不予负责。

3. 建安工程保险

建安工程保险属于财产保险，与房屋财产保险不同的是，他承保的是未完工建筑工程。建安工程保险分建筑工程一切险和安装工程一切险两种。

建安工程一切险承保的财产以建筑工程合同为依据。包括合同规定的永久和临时工程以及在工地的物料、建筑用机器、设备和临时工房及室内存放的物件、业主或承包商在工地原有财产、附带安装项目、工地内现有建筑物和业主或承包人的其他财产、场地清理费。承保金额：建筑工程为保险标的建筑工程完成时的总价值，包括运费、安装费和关税；价值以机器、设备、装置按重置价值计算。

建筑工程保险期在保单列明的期限内自承保工程动工日或自承保项目所有材料卸至施工地点时生效，直至建筑工程完毕经验收时终止。

建筑工程保险的赔偿处理，以恢复承保项目受损前的状态为限，可以现金支付，也可以重置受损项目或进行修理。

安装工程保险的保险金额、承保责任、除外责任、保险期和赔偿处理与建筑工程保险基本相同。

4. 责任保险

责任保险以民事损害赔偿责任为保险标的。如公众责任保险和职业责任保险均属责任保险。

(1) 公众责任保险

公众责任保险承保被保险人在固定场所进行生产经营时，由于意外事故致第三者人身伤亡或财产损害，依法应由被保险人承担的经济赔偿责任。

在房地产开发和工程施工中，公众责任保险、建筑安装工程第三者责任保险和基坑挡土责任保险等，一般均以附加险的形式投保。如果建筑安装工程第三者责任险附加在建筑或安装工程险中，则不单独签发保单。

① 建筑安装工程第三者责任保险

本险种承保建筑、安装工程过程中因任何意外事故造成在工地及邻近地区的第三者人身伤亡、致疾致残或财产损失、依法应由被保险人承担的赔偿责任，包括被保险人因此而支付的诉讼费用或事先经保险人同意支付的其他费用。

建安工程第三者责任保险限额以工程期间保险人承担的最高赔偿限额来体现，责任保险赔偿限额有两种：一是每次意外事故的赔偿限额；二是保险单有效期内的累计赔偿限额。限额高低依据被保险人所从事的工程性质、管理水平及施工期间可能造成第三者人身或财产损害的最大危险程度，由双方商定且据此计算保险费，保险费率约为 2.5%～3.5%。

② 基坑挡土责任保险

本险种常作为建筑、安装工程保险的附加条款。承保对象是被保险人在保险期内，因基坑挡土支撑设施薄弱、移动、震动或受骚扰而引起的第三者受伤、致病或死亡及损害第三者土地、建筑物或其他财物所致的赔偿责任。赔偿责任依据保险单的约定载明不保责任外，承保人负责投保人的法律赔偿责任。保额根据风险程度确定。

(2) 职业责任保险

职业责任保险承保各种专业人员因工作上的疏忽或过失造成契约对方或他人的人身伤害和财产损失的经济赔偿责任。

① 建设工程勘察设计责任保险

被保险人为资格审查合格，取得勘察设计证书并领取营业执照的集体或个体勘察设计单位。保险责任为因勘察设计而造成工程重大质量事故应付的赔偿责任。但由于被保险人故意不按现行标准、规范和技术条例，或冒用持证单位的名义或将勘察设计任务转让、转托其他单位或个人；勘察设计项目违反国家规定的建设程序，勘察设计单位越级承担任务，拖延工期所致损失，不在保险人负责范围之内。

保险金额为被保险人应收的勘察设计费，保险费率为保险金额的2‰。保险期限自被保险人接受勘察设计项目签订合同开始计算，民用项目至竣工验收合格期终止，工业项目至正式投产前终止。

被保险人由于勘察设计上的错误造成工程质量事故而致经济上的损失，其受损部分的赔偿费用超过勘察设计费用50%的部分由保险人负责赔偿，但保险人最高赔偿金额不超过受损部分的勘察设计费的150%。

②建筑工程设计责任保险

投保项目为国有、集体或个体经营者，持有设计证书和营业执照，按国家规定进行设计的工程项目，保险责任同建设工程勘察设计责任保险。

除外责任为：施工质量、自然灾害、意外事故和其他不属于设计原因所致损失；未经设计单位同意擅自改变设计图纸所致损失；转由他人设计，因设计质量造成人为损失；设计单位超越自己设计范围致使工程遭受损失。

保险金额为每项工程的设计费，对民用建筑，保险费为保险金额的1.5‰，工业建筑为2‰，中外合资建设项目为5‰。保险期限为从施工之日起至工程竣工验收合格后一年期满之日的24时止。

5. 人身意外保险

业主通常要求承包商对其施工人员（包括所雇职员和工人）进行人身意外事故保险，以免因这类事故而使业主遭到索赔、诉讼和其他损失。进行人身意外保险时可以同时附加事故致伤的医疗保险，主要是指工伤的抢救和治疗。

二、投资组合

上面讲到投资风险管理的五种手段和措施，在这里，我们将对投资风险管理的另一种手段和措施——风险分散加以说明。

风险分散是通过投资组合予以实现的。在长期的投资实践活动中，人们发现保持单一的投资结构将会导致风险的过于集中化。虽然单一的投资结构常常可能带来可观的收益，但是，只要发生一次大的风险损失，就可能使多年积累的财富毁于一旦。因此，在房地产开发投资和工程施工的实践活动中，人们遵循"不要把所有的鸡蛋放在同一只篮子里"的思想，通过房地产开发投资的多元化和工程施工的互补性，形成不同地域、不同类型，长、中、短期相结合，大、中、小型相结合的方式，使得即使某一投资方案或承包工程发生风险损失，却可以从其他方面的收益中得到补偿，即"东方不亮西方亮"。这种多样化投资——既从事某一种投资，又从事其他一种或多种投资的方式，实际上就是一种投资组合。

（一）风险分散

前面我们介绍风险的类型时，曾说明，通过投资组合的方式只能分散非系统风险（亦称特定风险），而不能分散系统风险（亦称市场风险）。其原因是：从事多样化投资时，一种投资效益的降低可由另一种或几种投资效益的增加得到补偿。但是，无论多样化投资

（投资组合）的种类有多少，投资所遇到的市场风险，如经济衰退、国家政治形势的变化、通货膨胀、借款利率上扬等，这些对经济全局产生影响的因素，是不可能通过大量的投资组合方法分散掉的。

（二）投资组合与风险分散

1. 相关关系

相关关系是指变量间客观存在的非确定性的依存关系，按相关关系变量间的变动方向，可分为正相关和负相关。正相关是指一个变量变动时，会引起另一个变量同方向变动；负相关是指一个变量的变动会引起另一个变量反方向变动。"相关系数"是用于计量变量之间的相关程度的指标，其值在+1与-1之间。如果两个变量的相关系数为+1，表明他们具有完全的正相关；反之，如果两个变量的相关系数为-1，则表明他们之间具有完全的负相关。完全正相关和完全负相关，属于变量之间相关程度的两个极端。当两个现象之间相互独立，各自数量的变化不存在任何相关关系，则称为完全不相关。当两个变量之间的关系介于完全相关和完全不相关之间，则称为不完全相关。

投资组合的投资项目中，如果有关项目投资报酬之间存在着负相关（或轻度的正相关），则可使组合总体的风险水平有所降低。正是利用这样的道理，才采用投资组合的方式来分散投资的风险的。

2. 相关程度与风险分散

根据上述原理，投资组合中各投资方案预期净收益之间的相关程度与风险分散之间的关系，可概括为以下几种情况：

（1）当投资组合中各单一投资方案预期净收益之间存在着正相关时，如属完全正相关，则这些投资方案的组合不会产生任何风险分散效应；他们之间正相关的程度越小，则其组合所产生的风险分散效应越大。

（2）当投资组合中各单一投资方案预期净收益之间存在着负相关时，如属完全的负相关，则这些投资方案的组合可使其总体的风险趋近于零，即可使其中单一投资方案内含的风险全部分散掉；他们之间的负相关程度越小，则其组合所产生的风险分散效应也越小。

（3）当投资组合中各单一投资方案预期净收益之间的相关程度为零时，这时方案之间的关系为完全不相关，方案的组合所产生的风险分散效应，将比具有负相关时为小，但比具有正相关时为大。

由此可知，对于房地产开放而言，只要两个开发项目不是完全正相关，通过调整开发的投资结构，就可以降低风险程度。开发投资结构的调整措施有开发类型多样化，开发区域的多元化等等。

实际上，即使两个完全相关的投资项目，只要将开发时间合理安排，利用投资项目各开发阶段具有不同风险特性的特点，仍然可以减少风险。同时，充分利用开发项目各阶段投资数额需求的不同，以及长期、中期、短期投资项目投资风险特性迥异的特点，适时调度资金，合理安排资金在长、中、短期项目的投入，就可以获得稳定而可靠的收益。

共同投资也是一种积极的风险分散手段。共同投资是投资主体的分散，即多个从事房地产开发的公司集结资本，共同开发同一项房地产项目。共同开发投资的基本动机是分散风险，为此，要保证各方面能优势互补，利用各方面资金、土地、技术、管理、社会环境和政策等优势，实现对风险的最有效的管理，最大限度地控制风险。例如与金融部门、大财团合作，可以利用对方的资金优势；与原土地所有者合作，可以减少投资数量，避免土地的自然属性，使用属性带来的风险；与一些专业管理部门合作，可以充分利用他们的技术和管理优势；与外商合作，可以利用政策优势，获得免税、减税等优厚待遇；与当地企业合作，可以获得社会、环境优势等。

三、投资组合风险

（一）期望收益率

在本章的第二节中我们曾介绍了期望净收益值的计算。同样道理，我们可以定义投资组合情况下的期望收益率为：投资组合的期望收益率为投资组合中每个投资方案收益率的加权平均值。例如，某房地产开发公司将全部资金投入到 A、B 两个开发项目上，A 方案投入的资金为资金总额的 30%，该方案的收益率为 20%；B 方案投入的资金为资金总额的 70%，该方案的收益率为 30%。则两项投资组合的收益率为：

$$\overline{R}=30\%\times20\%+70\%\times30\%=27\%$$

当投资组合是由 N 个投资方案构成时，则该投资组合的期望收益率计算公式为：

$$\overline{R}=W_1R_1+W_2R_2+\cdots\cdots+W_nR_n$$

$$=\sum_{i=1}^{n}W_iR_i$$

式中　W_i——第 i 个投资方案投资额占总投资额的比例；

R_i——第 i 个投资方案的收益率；

n——投资方案的总个数。

（二）投资组合风险的测定

本章第二节中，我们曾说明，方差和标准差的大小可以作为衡量投资风险的基础。同样，投资组合的风险也以方差或标准差为基础来度量。但是，投资组合的方差和标准差与构成投资组合的各投资方案的方差或标准差之间的关系，要比他们的期望收益率之间的关系复杂得多。首先介绍两个投资方案组合时的方差和标准差的计算公式。设投资方案 A 和投资方案 B 的标准差分别为 σ_1 和 σ_2，则由投资方案 A 和投资方案 B 构成的投资组合的方差 σ^2 为：

$$\sigma^2=W_1^2\sigma_1^2+W_2\sigma_2^2+2W_1W_2\rho_{12}\sigma_1\sigma_2$$

标准差 σ 为：

$$\sigma=\sqrt{W_1^2\sigma_1^2+W_2\sigma_2^2+2W_1W_2\rho_{12}\sigma_1\sigma_2}$$

式中：ρ_{12}——投资方案 A 和投资方案 B 收益率间的相关系数；

$\rho_{12}\sigma_1\sigma_2$——协方差；

W_1——A 方案的投资额占全部投资额的比例；

W_2——B 方案的投资额占全部投资额的比例。

下面用一个例子说明投资组合的标准差与单一投资方案的标准差之间的关系。

设有两个投资方案 A 和 B。A 方案的期望收益率 $R_1=20\%$，标准差 $\sigma_1=30\%$，投资额占全部投资的比例 $W_1=0.4$；B 方案的期望收益率 $R_2=18\%$，标准差 $\sigma_2=20\%$，投资额占全部投资的比例 $W_2=0.6$；A、B 两方案的相关系数为 ρ_{12}。则该资产组合的期望收益率为：

$$\overline{R}=W_1R_1+W_2R_2$$

$$=0.4 \times 20\% + 0.6 \times 18\%$$
$$=18.8\%$$

标准差为：

$$\sigma = \sqrt{0.4^2 \times (30\%)^2 + 0.6^2 \times (20\%)^2 + 2 \times 0.4 \times 0.6 \times \rho_{12} \times 30\% \times 20\%}$$
$$= \sqrt{2.88\% + 2.88\% \rho_{12}}$$

从上面投资组合的期望收益率和标准差的计算中可以看出，投资组合的期望收益率与投资方案之间的相关关系无关，不论投资方案 A 与 B 间的相关系数是多少，按已经确定的比例组合起来的投资组合的期望收益率都是 18.8%。而投资组合的标准差的大小，则与两个投资方案之间的相关关系——相关系数的大小有关。因而，投资组合的风险大小，不仅与每个投资方案各自的风险大小——标准差的大小有关，而且与投资方案之间收益率的相互影响，相互联系有关。上例中，相关系数 ρ_{12} 的变化，将直接影响 A、B 两投资方案组合的风险状况。

在上例中，若 $\rho_{12} = 1.0$，即 A 方案与 B 方案完全正相关，则投资方案组合的标准差为：

$$\sigma = \sqrt{2.88\% + 2.88\% \times 1.0} = 24\%$$

若 $\rho_{12} = -1.0$，即 A 方案与 B 方案完全负相关，则投资组合的标准差为：

$$\sigma = \sqrt{2.88\% + 2.88\% \times (-1)} = 0$$

若 $\rho_{12} = 0$，即 A 方案与 B 方案完全不相关，则投资组合的标准差为：

$$\sigma = \sqrt{2.88\% + 2.88\% \times 0} = 9.38\%$$

若 $\rho_{12} = 0.5$，即 A 方案与 B 方案不完全正相关，则投资组合的标准差为：

$$\sigma = \sqrt{2.88\% + 2.88\% \times 0.5} = 20.78\%$$

若 $\rho_{12} = -0.5$，即 A 方案与 B 方案不完全负相关，则投资组合的标准差为：

$$\sigma = \sqrt{2.88\% + 2.88\% \times (-0.5)} = 12\%$$

由以上计算的结果可以看出，投资组合的风险（标准差）随相关系数 ρ_{12} 的减小而减小。当 $\rho_{12} = 1.0$ 时，投资方案 A 和投资方案 B 的收益率变化的方向和幅度完全相同，即投资方案 A 的收益率增加多少，投资方案 B 的收益率也相应的增加多少；投资方案 A 的收益率减少多少，投资方案 B 的收益率也相应减少多少。由于这种情况很少有可能，因此，当相关系数为 +1 时，计算的组合风险参考价值不大；当 $\rho_{12} = -1.0$ 时，A、B 两投资方案收益率变化的方向和幅度正好完全相反，可以最充分地抵消风险，这时投资组合的标准差为 0，意味着某些风险被全部分散掉了，但是，这不仅意味着特定风险，就是市场风险也分散掉了。显然，这是不现实的。当相关系数介于 +1 和 -1 之间时，即投资收益率之间存在着一定的相关关系，可以部分地抵消掉某些投资风险。如，当 $\rho_{12} = -0.5$ 时，投资组合的标准差为 12%，$\rho_{12} = 0.5$ 时，投资组合的标准差为 20.78%，都低于完全正相关时的 24%。这说明，投资者可以通过将不完全正相关的投资组合在一起的方式减少投资风险。

以上是两个投资方案组合的风险测定方法，三种以上投资组合的风险测定，道理与上述相同，只是计算过程较为复杂一些。这里不作详细的介绍。

（三）投资组合风险的调整

本章第二节中曾介绍过 β 系数，说明了 β 系数越大，投资风险越大；β 系数越小，投资风险越小。这里应用 β 系数的大小变化，描述投资组合风险的大小。

投资组合风险的大小，可以通过改变各方案投资额占总投资额的比例予以调整。

例如，如果有三个投资方案，其 β 系数分别为 1.6、1.2 和 0.7，如果将总投资按 40％、30％、30％ 分别投向三个方案，则三个投资方案的组合风险（β）则为：$1.6 \times 40\% + 1.2 \times 30\% + 0.7 \times 30\% = 1.21$；如果将投向三个投资方案的比例调整为 50％、20％、30％，则这三个投资方案组合的风险（β）为：$1.6 \times 50\% + 1.2 \times 20\% + 0.7 \times 30\% = 1.25$；若将投向三个投资方案的比例调整为 20％、30％、50％，则这三个投资方案组合的风险（β）为：$1.6 \times 20\% + 1.2 \times 30\% + 0.7 \times 50\% = 1.03$。由此可知，通过改变投资的比例，可以调整投资组合的风险。

思 考 题

1. 指出你所在的公司在今后的经营过程中将会出现哪些风险，应如何对待这些风险？

2. 系统风险和非系统风险的主要区别是什么？对待这两种风险应持何种态度？

3. 投资风险度量的方法有几种？各自的含义是什么？

4. 盈亏平衡点的本质是什么？其量值的大与小说明什么问题？应如何运用盈亏平衡分析判定风险？

5. 敏感性分析的基本出发点是什么？针对你所在公司的特点谈谈应如何运用敏感性分析判定风险的大小。

6. 风险管理的手段有哪些？你所在的公司经常使用哪些手段？

7. 什么是投资组合？其风险的如何测定？你所在的公司采用了何种投资组合方式？其效果如何？

练 习 题

1. 某建筑公司欲生产建筑配件，正在研究租赁具有相同功能的两种机械 A 和 B 何者有利的问题。租赁与维修费用每月 A 为 2 万元，B 为 4 万元，生产单位产品的变动费用 A 为 60 元，B 为 40 元。如何选择有利？

2. 上述公司，假如除了上述两个方案之外，尚有将产品承包给外单位加工的第三方案，那么，此时应如何选择？若承包出去时的单价为 85 元，应如何选择？

3. 上述公司，因每月所需产品数量为 800 个，因而租赁了机械 A。这种决策正确吗？假如租赁合同期为 1 年，中途不得毁约，则此时每个产品的平均费用为多少？

半年后，产品需求量突然增加了 200 个（每月总需求量为 1000 个）。若增加的产品可按每个 80 元的价格承包出去，那么，自制与承包何者有利？

4. 上述公司，当产品需求量再大幅度增加时亦可考虑改租 B 机械。此时每月需求量应为多少？假设 A 机械的租赁费用不论是继续使用还是退还，合同部分（尚有半年）都必须支付，两种机械月生产能力都可达到 2500 个。

5. 开发某种新产品，现有两个方案：初期投资额 A 方案为 500 万元，B 方案为 900 万元；单位产品的作业费用（本题中人工费用等也计作变动费用）A 为 280 元，B 为 190 元。销售单价为 500 元，估计每年可销售 1 万个，可持续 10 年，资本的利率为 12％。

求两方案销售单价、销售数量、单位产品作业费用、寿命期、初期投资额的盈亏平衡点，并进行单因素的敏感性分析，找出敏感性要素。

6. 某投资方案，现时点投资 2500 万元，此后预计寿命期为 5 年，每年年末的净收益值将依据市场状况而定，其可能的状况是：500 万元（$P = 0.4$）；1000 万元（$P = 0.3$）；1100 万元（$P = 0.3$）。若基准收益率为 12％，试计算期望的净年值和标准差。

第四章 资 金 筹 集

第一节 资金来源和筹集方式

一、筹资的意义和原则

1. 筹集资金的意义

资金是公司持续发展和从事经营活动的基本条件。筹集资金是公司理财的起点，并贯穿于公司运营的全过程。建筑与房地产开发公司创建时，首先必须筹集资本金，进行公司的设立、登记，才能开展正常的经营活动；公司在正常经营过程中，会不断地产生对资金的需求；在公司开展对外投资活动、扩大经营规模、开发新产品、进行技术改造时，都需要筹集资金。筹集资金是决定资金规模和生产经营发展速度的重要环节。公司的资金筹集、运用和分配，三者是紧密衔接不可分割的统一体；资金筹集，直接制约着资金的投入和运用；资金运用，关系到资金的分配；资金的分配，制约着资金的筹集和投入。

所谓资金筹集，就是公司依据自身生产经营状况及资金现状，根据公司未来经营策略和发展的需要，通过科学的预测和决策，采用一定的方式，从一定的渠道，向公司的投资者及债权人筹集资金，组织资金的供应，以保证公司生产经营需要的一项理财活动。

从总体上看，建筑与房地产开发公司的资金来源可分为投入资本和借入资本，前者形成公司的资本金，后者形成公司的负债。

公司的资金筹集，发源于具体动机，遵循着一定的原则，通过一定的渠道和方式进行的。

2. 筹集资金的动机

公司具体的筹资活动通常受特定动机的驱使，其具体的动机是多种多样的，有时是单一的，有时是综合的。但归纳起来主要有三类：扩张动机；偿债动机；混合动机。

(1) 扩张筹资动机

扩张筹资动机是公司因扩大生产经营规模或增加对外投资的需要而产生的筹资动机。处于景气上升和成长期的公司通常会产生这种筹资动机。这种动机的直接结果，是资产总额和筹资总额的增加。

(2) 偿债筹资动机

偿债筹资动机是公司为偿还某项债务而产生的借款动机。偿债筹资有两类：其一是调整性偿债筹资，即公司虽然有足够的能力支付到期的债务，但为了调整原有的资本结构，使其更加合理，而采取举债行为；其二是恶化性偿债筹资，即公司现有的支付能力无法偿付到期债务，不得不举债还债，说明公司的财务状况已出现恶化趋势。

(3) 混合筹资动机

混合筹资动机是因同时需要长期资金和现金而产生的筹资动机。这种动机综合了扩张筹资和偿债筹资两种动机，通过混合筹资，公司既可以扩大资产规模，又可以偿还债款。

3. 筹资原则

在现代经济中，公司不仅仅要凭借自身的资金力量，而且还要举债，才能在激烈的竞争中求得生存和发展。因此，必须认真做好资金筹集工作。为使筹资工作行之有效，应遵循如下原则。

（1）确定投资走向，提高投资效益

确定投资走向是公司投资效益能否实现的关键，尤其是房地产开发公司。房地产投资大致可分为城镇建设用地、住宅、办公楼、仓库、商业经营用房、旅馆等几大类。要想在房地产投资中获得成功，就必须深刻地分析市场，结合自身的条件，趋利避弊，慎重而明智地加以选择。

（2）科学预测和合理确定资金需求量

筹集资金的目的在于确保公司生产经营和发展所必需的资金。在筹集资金之前必须进行科学的预测，确定合理的筹资规模，资金不足，会影响生产经营和发展；而资金筹集过剩，则可能导致资金使用效果的低下。所以筹集资金应掌握一个合理界限，即按公司最低必要资金需要量进行筹集。最低必要资金需要量是指高效益投资项目必不可少的资金需用量和为保证生产经营正常、高效运行的最低需用量。

（3）选择最优筹资组合，降低筹资成本

公司可以采用的筹资渠道和方式是多种多样的，不同筹资渠道和方式的筹资难易程度、资金成本和财务风险各不相同。因而，就必须综合考察各种筹资渠道和筹资方式，研究各种资金来源的构成，以求获得最优的筹资组合，降低综合的资金成本。

（4）保证资金投放需求，衔接筹资用资时间

资金的筹措要按照资金的投放使用时间和用量合理安排，使筹集资金和使用资金在时间上相互衔接，避免取得资金过早而造成投放的闲置或取得资金滞后而贻误投放的有利时机。

（5）保持合理的资本结构和适当的偿债能力

公司的资本结构一般是由自有资本和借入资本构成的。各种资金来源组成的比例关系，称之为资本结构。资本结构既是决定公司整体的资本成本的主要因素，又是反映公司财务风险程度的主要尺度。负债的多少要与自有资本和偿债能力的需求相适应，既要防止负债过多，导致财务风险过大，偿债能力过低，又要有效地利用负债经营，提高自有资本的收益水平。

（6）遵守有关法规，维护各方合法权益

公司的筹资活动，影响着社会资金的流向和流量，涉及到有关方面的经济权益，因此，必须接受国家宏观的指导和控制，遵守公平、公开、公正的原则，履行约定的责任，维护各方的合法权益。

二、资金来源与分类

资金来源是指取得资金的渠道。企业资金包括自有资金和借入资金。认识筹资渠道的种类及每种渠道的特点，有利于企业充分利用筹资渠道，以满足不断增长的资金需求。

1. 资本金筹集的来源

公司资本金就是公司在工商管理部门登记的注册资金。国家通过《中华人民共和国公司法》和《企业财务通则》等有关法规，对企业有关资本金筹集、管理和核算，以及所有

者责、权、利等问题作出了明确规定，形成了我国的资本金制度。《企业财务通则》根据投资主体将企业资本金分为国家资本金、法人资本金、个人资本金和外商资本金。其资本金来源渠道可归纳为以下几个方面。

（1）国家资金

国家对企业的投资，历来是国有企业，包括国有独资公司的主要资金来源，现有国有企业的资金来源大部分是过去由国家以拨款方式投资形成的。按《企业财务通则》规定，这部分资金称之为国家资本金。建立资本金制度后，原有企业的固定基金、流动基金和专用基金中的更新改造基金转作为国家资本金。新建企业则为有权代表国家投资的机构以国有资产投入形成的。目前，在实际执行中哪些部门或机构可以代表国家投资，仍未形成一致的看法。国家资金具有稳定的基础和实力，今后仍然是国有企业筹集资金的重要渠道之一。

（2）企业自留资金

该项资金来源是由企业内部形成的资金，主要是资本公积金。资本公积金包括法定财产重估增值、投资者实际缴付的出资额超出其资本金的差额、企业接受捐赠的财产以及税后盈利提取的法定盈余公积和任意盈余公积等。根据《企业财务通则》，这部分资金可按法定程序转化为资本金。

（3）其他法人单位资金

它是其他法人单位包括企业法人和社团法人以其可支配的资产投入企业形成的资本金。这部分资金称为法人资本金。

（4）个人资本金

他是由社会个人或者企业内部职工以个人合法财产投入企业形成的资本金。

（5）外商资本金

他是外国投资者以及我国香港、澳门和台湾地区投资者投入企业形成的资本金，称之为外商资本金。

2. 借入资金的筹集来源

随着经济体制改革的深入，企业也由单一投资主体转变为多元化投资主体，企业借入资金渠道也发生了重大的变化。目前，企业借入资金渠道，主要有以下几个途径。

（1）银行信贷资金

他是企业按一定的利率向银行或其他信用机构借入的货币资金，以及由此引起的一种信用活动，是企业筹集资金的重要渠道。对银行来说，就是贷款。除国内银行贷款外，世界银行及国外银行在中国境内的分支机构为国内企业及外商投资企业提供的外汇贷款，也是企业不可忽视的资金补充来源。

（2）其他金融机构资金

其他金融机构是指各级政府及其他经济组织主办的非银行金融机构，如信托投资公司、经济发展投资公司、租赁公司、保险公司和城乡民间金融组织信用社等。这类机构的资金实力虽不及专业银行，且融通资金的范围也有一定限制，但由于这类机构资金的供应方式灵活方便，可作为企业补充资金的来源渠道。

（3）其他法人单位资金

企业生产经营过程中，常有一部分时间或长或短的闲置资金，这就是为企业之间相互调剂资金余缺，提供了可能和资金来源。随着企业经营机制的转变，企业间资金联合和资金融通将逐渐加强和发展。

（4）个人资金

企业可以通过发行企业或公司债券，吸收本企业内部职工或社会个人的闲置资金。

（5）企业内部资金

依据现行法规和财务制度规定的结算程序，企业内部经常形成一部分经常性的延期支付的款项，作为企业的一种固定的负债，构成企业的一项资金来源。如应付税金、应付工资、应付福利费、应付股利、预提费用等。

（6）境外资金

除前述境外投资者投入资金形成外商资本金外，还可借用外资。包括进口物资延期付款、来料加工、来料装配、来样制作、补偿贸易、国际租赁和在国外发行企业债券等。

3. 企业筹资的分类

企业从不同的筹资渠道和以不同的筹资方式筹集的资金，由于来源的方式、期限等的不同，形成各种类型。不同类型资金的结合，构成企业具体的筹资组合。通常按企业的资金来源，可分为自有资金与借入资金、长期资金与短期资金、内部筹资与外部筹资、直接筹资与间接筹资等类型。

（1）自有资金与借入资金

按资金权益性质的不同，企业的全部资金来源可分为自有资金和借入资金。合理安排自有资金与借入资金的比例关系是筹资理财的重要问题。

①自有资金

自有资金也称自有资本或权益资本；是企业依法筹集并长期拥有、自主调配运用的资金来源。根据我国财务制度，企业自有资金包括资本金、资本公积金、盈余公积金和未分配利润。

自有资金具有如下属性：

a. 自有资金的所有权归属企业的所有者，所有者凭其所有权参与企业的经营管理和分配，并对企业的经营状况承担有限责任。

b. 企业对自有资金依法享有经营权，在企业的存续期内，投资者除依法转让外，不得以任何方式抽回其投入的资本。因而，自有资金被视为"永久性资本"。

c. 企业自有资金是通过国家财政资金、其他企业资金、民间资金、外商资金等渠道，利用吸收直接投资、发行股票、留用利润等方式筹措而成的。

②借入资金

企业的借入资金亦称借入资本或债务资本，是企业依法筹集并依约使用、按期偿还的资金。借入资金包括借款、应付债券、应付票据等。

借入资金具有如下属性：

a. 借入资金体现的是企业与债权人的债权债务关系，他属于企业的债务，是债权人的债权。

b. 企业的债权人有权按期索取本息，但无权参与企业的经营管理，对企业的经营状况不承担责任。

c. 企业对借入资金在约定的期限内享有使用权，承担按期还本付息的义务。

d. 企业的借入资金是通过银行、非银行金融机构、民间等渠道，利用银行借款、发行债券、发行融资券、商业银行、融资租赁等方式筹集。

借入资金有些可按规定转为自有资金，如可转换为股票的公司债券。

（2）长期资金与短期资金

按所筹资金占用时间的长短，分为长期资金和短期资金。

长期资金，是企业战略性发展所需要的资金。主要用于新建、扩建、取得无形资产、开展长期投资、扩充营业规模或经营项目。广义的长期资金还可区分为中期资金和长期资金。通常需用期在一年以上至五年以内的资金为中期资金；五年以上的资金为长期资金。企业的资本金、长期银行借款及其他长期负债，均属长期资金。长期资金通常可利用吸收直接投资、发行股票、发行债券、长期借款、融资租赁等方式筹集。

短期资金，是指需用期限在一年以内生产经营过程中短期周转所需的资金。主要用于波动性流动资产以及零星技术改造所需的资金筹集。企业的短期资金，一般是通过短期借款、商业信用、发行融资券等方式筹集。企业的应付工资、应付税金、短期银行借款等流动负债，也属短期资金。

企业的长期资金和短期资金，有时亦可相互通融，如用短期资金来源暂时解决长期资金需要，或者用长期资金来源临时解决短期资金的不足。

（3）内部筹资及外部筹资

内部筹资是指企业内部通过计提折旧而形成的现金来源和通过留用利润等增加的资金来源。其中，计提折旧并不增加企业的资金规模，仅仅是资金形态的转化，为企业增加现金来源，其数量的多寡取决于可用于折旧的资产规模和折旧政策；留用利润则增加企业的资金总量，其数量取决于企业可分配利润和利润分配政策。

外部筹资是指企业内部筹资无法满足需要时，向企业外部筹集形成的资金来源。企业初创期，内部筹资的可能性是有限的；企业成长阶段，内部筹资往往也难以满足需求。因此，企业筹集外部资金是很重要的。

外部筹资通常都需花费筹资费用。

（4）直接筹资与间接筹资

企业的筹资活动按其是否以金融机构为媒介，分为直接筹资和间接筹资。

直接筹资是指企业不通过银行等金融机构，而直接通过与资金供应方协商借贷或发行股票、债券等方式筹集资金。在直接筹资过程中，资金供求双方借助于融资手段直接实现资金的转移，而无需银行等金融机构为媒介。

间接筹资是指企业借助银行等金融机构而进行的筹资活动，在间接筹资过程中，银行等金融机构发挥中介的作用，它预先聚集资金，再提供给筹资企业。间接筹资除银行借款这一基本方式外，还有非银行金融机构借款、融资租赁等形式。

直接筹资与间接筹资相比，两者的明显区别是：

①筹资机制不同。直接筹资依赖于资金市场机制，以各种证券为载体；间接筹资则既可以运用市场机制，也可以运用计划或行政机制。

②筹资的意义不同。直接筹资能使企业最大限度地利用社会资金，提高企业的知名度与资信度，改善企业的资本结构；而间接筹资则主要是满足企业资金周转的需要。

③筹资的范围不同。直接筹资可利用的筹资渠道和方式较多；而间接筹资的筹资渠道和方式比较单一。

④筹资效率和费用不同。直接筹资的手续比较繁索，所需准备的时间较长，文件较多，因而筹资效率较低，筹资费用较高；间接筹资手续较简便，过程较简单，因而筹资的效率较高，筹资的费用较低。

三、筹资方式

资金筹资渠道是指从何处取得资金，即取得资金的途径；筹资方式则是指如何取得资金，即取得资金的具体方法和形式。二者既有联系，又有区别。前者展示取得资金的客观可能性，后者解决采用什么方式将客观的可能性转化为现实性。一定的筹资方式，可以适用于多种资金渠道，也可能适用于某一特定的渠道；同一渠道的资金也可能采用不同的筹资方式。因此，对于各种筹资方式的特点及适用性，应进行详细分析、研究，以选择最优的筹资结构。

通常，企业的筹资方式有以下几种：(1) 吸取直接投资；(2) 发行股票；(3) 银行借款；(4) 商业信用；(5) 发行债券；(6) 发行融资券；(7) 租赁筹资。其具体内容将在以下各节中介绍。

第二节　资　本　金　筹　集

一、企业资本金

（一）资本金制度对公司理财的意义

通过《中华人民共和国公司法》和《企业财务通则》等的有关法规的规定，形成了我国的资本金制度。资本金制度，对于规范公司理财具有十分重要的意义，其具体体现是：

1. 有利于保障企业所有者权益，正确反映企业资产负债状况。建立资本金制度，明确了产权关系，充分体现了资本金保值原则，使所有者权益从制度上得到了保障，从而保证了企业的生存和发展，并可以吸纳更多的民间投资、外商投资用于经济建设。

2. 有利于正确计量企业的盈亏，真实反映企业的经营状况。资本金实际上是企业计量盈亏与否和盈亏多少的参照值，企业在资本金保值的原则下，才能准确地核算企业的财务状况。

3. 有利于健全企业自主经营、自负盈亏、自我发展和自我约束的经营机制。企业不仅在创建时需要一定数量的资本金，而且在企业的生产经营和发展的过程中也与资本金密切相关。例如，企业在发展中可以利用借款，但是，企业能否借到款和能够借到多少款，则取决于企业资本金的规模和资信状况，而资本金和企业经营状况决定着企业的偿债能力，偿债能力越强，则可能借到款的渠道越多，借到款的金额越大；另外，企业在市场上经营就必然有风险，通常企业采取的有限责任公司或股份有限公司的形式，其资本金是企业实行自我约束和最终承担经营风险的最大限度。因而，资本金是企业实现自主经营和自负盈亏的前提条件。

4. 有利于保护债权人的利益。企业资本金不能任意抽回，并应按一定比例提取法定盈余公积金，以限制其利润分配水平。这样就在法律上保证了企业的偿债能力，从而保护了债权人的利益。

5. 有利于正确反映资产、负债状况，为投资者提供准确的投资信息。企业设立资本金制度，资金按产权关系区分为负债与业主权益，从而有利于投资者分析企业的资信状况和盈利能力。

（二）资本金的确定

资本金的确定有如下三种方法：

1. 实收资本制，也称法定资本制。其主要内容是企业在设立时必须确定资本总额，投资者必须缴足资本，否则企业不能批准成立。

2. 授权资本制，企业设立时确定资本总额，但公司、企业是否成立，与资本总额是否定额认缴无关，只要投资者认缴，资本金可以分期筹集。

3. 折衷资本制，比较接近于授权资本制，即在企业设立时，确定资本总额，投资者缴纳第一次资本后，即可批准成立。通常，折衷资本制对第一次出资有较严格的规定。

从我国现行的有关法律规定和具体作法看，我国主要采用的是实收资本制，即基本要求实收资本与注册资本相一致。根据《中华人民共和国公司法》和《企业财务通则》等有关法规的规定，企业设立时注册资金就是企业填报的，经过工商管理部门核定的资金总额。对有限责任公司，注册资本为股东缴纳的股本总额；对股份有限公司，其注册资本为在工商管理机关登记的实收股本总额；外资投资企业的注册资本是其在主管机关登记注册的资本总额，是投资者已缴的出资额。

（三）法定资本金

法定资本金，是指国家规定的开办企业必须筹集的最低资本金数额。对资本金最低限额的要求，不同的国家有不同的法律规定。在我国的《中华人民共和国公司法》中，根据企业的组织形式、经营范围，对企业法定资本金作出了具体的限定。

1. 有限责任公司

有限责任公司的注册资本不得少于表 4-1 所规定的最低限额。特定行业和地区的有限责任公司注册资本最低限额要求不同于上述所定限额的，可按有关行政法规的另行规定执行。如民族区域自治地区和国务院确定的贫困地区，经批准，注册资本的最低限额可按上述规定限额降低 50%。

各类有限责任公司注册资本最低限额表（单位：万元人民币）　　　表 4-1

企　业　类　型	注册资金（资本金）最低限额
生产性公司 商业批发公司	50
商业零售公司	30
科技开发、咨询服务公司	10

2. 股份有限公司

股份有限公司的注册资本最低限额为人民币 1000 万元。

3. 外商投资企业

我国有关法规中规定，外商投资企业的注册资本（资本金）应与其生产经营的规模、范围相适应，并明确规定了注册资本金投资总额的最低比例或最低限额：投资总额在 300 万美元以下的，注册资本所占比重不得低于 70%；投资总额在 300 万美元至 1000 万美元的，不得低于 50%，其中投资总额在 420 万美元以下的，不得低于 210 万美元；投资总额在 1000 万美元至 3000 万美元的，其注册资本所占比重不得低于 40%，其中投资总额在 1250 万美元以下的，注册资本不得低于 500 万美元；投资总额在 3000 万美元以上的，不得低于 1/3，其中投资总额在 3000 万美元以下的，注册资本所占比重不得低于 1200 万美元。

根据《股份有限公司规范意见》规定，有外商投资的公司的注册资本不低于人民币 3000 万元。

（四）资本金筹集

1. 筹集方式。企业资本金筹集的方式，可以多种多样，既可以吸收货币资金，也可以吸收实物、无形资产等方式的投资；股份制企业尚可通过发行股票筹集资金。关于股票筹资将在后面详加介绍。

2. 资本金的出资期限。企业应按照有关法律、法规和合同、章程的规定，及时筹集资本金。按我国有关规定，有限责任公司的股本总额由股东一次认定；外商投资企业则可分期筹资。采用一次性筹集的，应当在营业执照签发之日起六个月内缴清；合同规定分期投资的，投资者的第一期出资，不得低于各自认缴出资额的 15%，并应在营业执照签发之日起 3 个月内缴清。分期筹集的，最长不得超过 3 年，即最后一期出资应当在营业执照签发之日起 3 年内缴清，其中第一次筹集时投资者出资不得低于 50%，并且第一次筹集部分在营业执照签发之日起三个月内缴清。

3. 吸收直接投资

吸收直接投资是指企业以协议等方式吸收国家、其他企业、个人和外商等直接投入资金，形成企业资本金的一种筹资方式，是非股份制企业筹措自有资本的一种基本方式。企业采用吸收直接投资方式筹措自有资本，必须符合一定的条件要求，主要是：采用吸收直接投资方式筹集自有资本的企业，应当是非股份制企业，包括国有企业、集体企业、合资或合营企业等，股份制企业按规定应以发行股票方式取得自有资本；企业通过吸收直接投资而取得的实物资产或无形资产，必须符合企业生产经营、科研开发的需要，在技术上能够消化应用；企业通过吸收直接投资而取得的非现金资产，必须进行公正合理的估价。

我国现行法规规定，企业在吸收无形资产（不包括土地使用权，下同）投资时，其投资比例一般不得超过注册资本的 20%，如果吸收的无形资产情况特殊，含有高新技术，确需超过 20% 时，应经审批部门批准，但最高不得超过 30%。其中，按照国家有关法律、法规规定，合资、合作经营企业吸收投资者的无形资产出资没有比例限制；外商投资企业吸收的无形资产的出资一律不得超过企业注册资金的 20%。

企业不得吸收投资者的已设立有担保物权及租赁资产的出资。投资者已设立有担保物权的资产是指已作为抵押、担保的资产，这类资产投资者虽有产权，但没有处分权；租赁资产则是指投资者租入的资产，虽有使用权，但不拥有产权，不能用于对外投资。因此，投资者以实物、无形资产对外投资，须出具有资产所有权和处置权的证明。

（1）吸收直接投资的种类

吸收直接投资可以有多种类型，企业可以根据规定选择采用，以筹集所需的资本金。

按吸收直接投资所形成的资本金的构成，可分为：吸收国家直接投资，主要为国家财政拨款，由此形成国家资本；吸收企业、事业单位等法人的直接投资，由此形成法人资本金；吸收企业内部职工和城乡居民的直接投资，由此形成个人资本金；吸收外国投资者和我国港澳台地区投资者的直接投资，由此形成外商资本金。

按吸收直接投资者的形式，可分为：吸收现金投资；吸收非现金投资。非现金投资主要有两类形式：一是吸收实物资产投资，即投资者以房屋、建筑物、设备等固定资产和材料、燃料、产品等流动资产作价投资；二是吸收无形资产投资，即投资者以专利权、商标权、商誉、非专利技术、土地使用权等无形资产作价投资。

（2）吸收非现金投资的估价

企业吸收的非现金投资，主要指流动资产、固定资产和无形资产，应按照评估确定或合同、协议约定的金额计价。

企业吸收的流动资产，包括材料、燃料、产成品、在制品、自制半成品、应收款项和有价证券等。对于材料、燃料、产成品等，可采用现行市价法或重置成本法进行估价；对于在制品、自制半成品，可按完工程度折算成相当于产成品的约当量，再按产成品的估价方法估价；对于应收款项和有价证券，应针对具体情况，采用合理的估价方法。

吸收固定资产投资，主要是指机械设备、房屋建筑物等。对于合资或联营中吸收的机械设备，一般采用重置成本法和现行市价法估价；对于有独立生产能力的机械设备，也可采用收益现值法估价。其估价值应包括机械设备的直接成本和间接成本。房屋构筑物的估价，可采用多种方法进行，例如，市场比较法、重置成本法、收益还原法等，视具体情况采用。

企业吸收的无形资产投资，主要有专利权、专有技术、商标权、商誉、土地使用权、特许经营权、租赁权、版权等。对于能够单独计算自创成本或外购成本的无形资产，如专利权、专有技术等，可以采用重置成本法估价；对于无法确定研制成本或购买成本，在市场上又不能找到交易实例，但又能为企业带来持续收益的无形资产，如特许经营权、商标权、商誉等，可采用收益现值法估价；对于在现时交易市场上有交易实例的无形资产，如专利权、租赁权、土地使用权等，可采用现行市价法估价。

4. 资本公积金

资本公积金是一种资本储备形式，或者说是一种准资本，他们可以按照一定的法律程序转化为资本金。其主要来源为：

（1）投资者实际缴付的出资超出其资本金的差额。包括股票溢价和资本溢价。股票溢价，是指股份有限公司发行股票时，按超出股票面值的价格发行——溢价发行，其取得的收入中，相当于股票面值的部分作为资本金，而超出面值的溢价收入在扣除发行股票时所支付的佣金手续费等支出后，即股票溢价净收入作为资本公积金。资本溢价，对于有限责任公司，投资者的出资额是投资者对企业享有权利与承担风险责任的依据。这类企业在创立时，投资者缴付的出资额作为资本金处理，但是如果有限责任公司在重组前有新的投资者加入，为了维护原有投资者的权益，新加入的投资者的出资额，并不一定全部转化为资本金，而可能将部分出资按照双方协议，或合同的约定作为资本公积金处理。

（2）法定资产重估增值。按照国家法律、法规，企业实行股份制，吸收外商投资，对外联营投资，企业兼并、合并、改组、拍卖以及国家统一组织的清产核资时，均应按规定进行资产重估；国家法律法规无规定的，则不能进行重估。所谓法定资产重估，就是按照国家法律法规规定进行的资产重估，其重估价值大于帐面净值的差额，作为资本公积金。

（3）资本汇率折算差额。是指资本帐户与实收资本帐户采用的折合汇率不同而产生的折合记帐本位币差额。为了体现资本不变的原则，其差额不得调整资本帐户，而作为资本公积金处理。

（4）接受捐赠的资产。企业接受捐赠，是指赠方出于各种考虑给企业的一种无偿赠与。对企业而言，接受捐赠与接受投资一样，也是接受其他单位、个人投入资金，但又不同于一般的接受投资，因为捐赠方不谋求对企业资产的任何权利，也不对企业承担任何责任。因此，捐赠方不是企业的所有者，接受捐赠不能作为资本金，但接受捐赠又引起了企业权益的增加，属于所有者权益，应当作为资本公积金处理。

二、股票筹资

股票是股份公司为筹集自有资本而发行的有价证券，是持股人拥有公司股份的凭证。股票持有人即为公司的股东，他代表股东在公司中拥有的所有权。发行股票是股份公司筹集自有资本的基本方式。

（一）股票的特点与分类

1. 股票的特点

（1）股票持有人——股东与公司的利益是一致的。股票一般没有期限，认购后不能退股，能否获利取决于公司的经营状况。股东通常负有以下义务：遵守公司章程；按时缴纳所认缴的资本；以其缴纳的出资额为限对公司承担责任；在公司核准登记后，不得擅自抽回出资。

（2）持有普通股的股东有权参与企业的经营决策。

（3）股票可以转让，在金融市场上买卖，赠与或继承。

（4）股票在金融市场上买卖，使其具有一定的市场价格，但他的价格与其面值往往不同。面值在发行时就已确定，而其价格除取决于公司经营状况外，还受多种因素的影响，因而其价格具有很强的波动性。

2. 股票的分类

股份公司根据筹资和投资者的需要，发行各种不同的股票，可按不同标准加以分类。

（1）按股东的权利和义务分类

按股东的权利和义务，股票分为普通股股票和优先股股票。

普通股股票是公司发行的代表股东享有平等权利、义务，没有特殊限制，股利不固定的股票。一般来讲，股份有限公司只发行普通股。

优先股股票是公司发行的优先于普通股股东分享股利和公司剩余财产的股票。

（2）按票面有无记名分类

股票按票面有无记名分为记名股票和无记名股票。

记名股票要在股票和公司股东名册上记载股票持有人的姓名和住所。记名股票一律用股东本名，由机构或法人持有时，记载机构或法人名称。我国公司法规定，公司向发起人、国家授权投资的机构、法人发行的股票，应为记名股票；向社会公众发行的股票，可以为记名股票，也可以是无记名股票。记名股票在转让时要由持有人背书，并在公司股东名册上更改股东名称，否则受让人无法行使股东权利。

无记名股票是在股票票面上不记载股东的姓名或名称的股票，股东姓名或名称也不记入公司的股东名册，公司只记载股票数量、编号及发行日期。无记名股票的转让、继承无需办理过户手续，只要持有股票，即取得股东身份并可行使股东权利。

（3）按股票购买和交易的币种及上市地点的不同分类

按股票购买和交易的币种不同，分为 A 股和 B 股。A 股为人民币普通股票，由国内投资者用人民币购买和交易，外资股东不得购买和交易。B股为人民币特种股票，以人民币标明股票面值，由外资股东用外币购买和交易，国内投资者不得购买。

按股票上市地点的不同，分为H股、N股、……等等。目前，我国已有几十家股份公司在香港、纽约等证券交易所上市。这些公司上市发行的股票分别以上市地点的货币标明其面值并进行交易，因此，根据其上市地点的英文缩写称他们为H股（香港上市）、N股（纽约上市），等等。

（4）按票面是否标明金额分类

按票面是否标明金额可分为有面额和无面额股票。

有面额股票是公司发行的票面标有金额的股票。持有这种股票的股东，对公司享有权利和承担义务的大小，以其所拥有的全部股票的票面金额之和占公司发行在外股票总面额的比例大小决定。我国公司法规定，股票应当标明票面金额。

无面额股票是不标明票面金额，只在股票上载明所占公司股东总额的比例或股份数，因而也称"分权股份"或"比例股"。之所以采用无面额股票，是因为股票的价值实际上是随公司财产的增减在变动的。发行无面额股票，有利于使投资者在购买股票时，注意计算股票的实际价值。

（5）按投资主体的不同分类

按投资主体的不同，可分为国家股、法人股、个人股和外资股。

国家股是有权代表国家投资的政府部门或机构以国有资产投入公司形成的股份。国家股由国务院授权部门或机构持有，并向公司委派股权代表。

法人股是企业法人以其依法可支配的资产向公司投入而形成的股份，或是有法人资格的事业单位和社会团体以国家允许用于经营的资产向公司投入而形成的股份。

个人股为社会个人或公司内部职工以个人合法财产投入公司而形成的股份。

外资股为外国和我国香港、澳门、台湾地区投资者以购买人民币特种股票向公司投资而形成的股份。

国家股、法人股、个人股和外资股虽然同为普通股，但彼此间的权利和义务关系有所不同。如同为上市公司的普通股股东，只有个人股东和外资股股东手中的股票在交易所上市转让，国家股和法人股不能在交易所上市转让。

（6）按发行时间的先后分类

根据发行时间的先后可分为新股和旧股。旧股是指股份公司自成立至发行新股之前已发行的股票，新股是指股份公司目前新发行的股票。

（二）股票发行的条件

根据国家有关法律法规和国际惯例，股份公司发行股票必须具备一定的发行条件，取得发行资格，办理必要的手续。

1. 发行股票的一般条件

（1）股份公司无论出于何种目的，采用何种发行方式，在发行股票之前都必须向有关部门呈交申请文件，包括：

①股份公司章程。股份公司发行股票必须制定股份公司章程，章程的主要内容应包括：公司的名称、住所、经营范围、设立方式、股份总数、每股金额和注册资本、股东的权利和义务、公司的组织管理体制、利润分配办法、公司的解散事宜与清算办法等。

②发行股票申请书。股份公司发行股票应事先向证券主管机构等有关部门提出申请。发行股票申请书除应有公司章程的基本内容外，还应包括：拟发行股票的名称、种类、股份总数、每股金额和总额、发行对象和范围、发行股票的目的和所筹集资金的用途、经营估算、分配方式等。

③招股说明书。股份公司发行股票，必须订立招股说明书，向社会公开募集股份时必须公告招股说明书。招股说明书除附有公司章程外，还应载明如下事项：发行人认购的股份数、每股票面金额和发行价格、无记名发行股票的发行总数、认股人的权利和义务、股票发售的起止期限等。

④股票承销协议。股份公司向社会公开发行股票，应当由依法设立的证券经营机构承销，并签订承销协议。内容应包括：股票承销商的名称、地址、法定代表人、承销金额、承销机构及组织系统、承销方式及当事人的权利和义务、承销费用、承销起止日期、承销剩余部分的处理办法等。

⑤会计师事务所审计的财务会计报告，资产评估机构出具的资产评估报告及资产评估确认机构关于资产评估的确认报告等。

(2) 股份公司发行股票，分为设立发行和增资发行。根据我国《公司法》，不论是设立发行，还是增资发行，都必须遵循以下要求：

①股份有限公司的资本划分为股份，每股金额相等；

②公司的股份采取股票的形式；

③股票的发行实行公开、公平、公正的原则，必须同股同权，同权同利；

④同次发行的股票，每股的发行条件和价格应当相同。投资主体认购的股份，每股应当支付相同金额；

⑤股票的发行价格可以按票面金额，也可以超过票面金额，但不得低于票面金额，即可以按面额发行或溢价发行，但不许折价发行；

⑥溢价发行股票必须经国务院证券管理部门批准，所得溢价款列入公司资本公积金。

2. 设立发行股票的特定条件

设立发行股票是指在股份公司设立或经改组、变更而成立股份公司时，为筹集资本而进行的股票发行，即股份公司首次发行股票。公司首次发行股票，应具备一些特定的条件，满足一定的要求。

(1) 设立股份有限公司首次发行股票，需具备的特定条件是：

①发起人认缴和社会公共募集的股东达到法定资本的最低限额；

②发起设立的，需由发起人认购公司应发行的全部股份；

③募集设立的，发起人认购的股份不得少于公司股份总数的35%，其余股份应向社会公开募集；

④发起人应有5人以上，其中须有过半数人在中国境内有住所；

⑤发起人以工业产权、非专利技术作价出资的金额不得超过股份有限公司注册资本的20%。

(2) 国有企业改组为股份有限公司时，其发起人可以少于5人，但应当采取幕集设立方式发行股票，严禁将原企业的国有资产低价折股，低价出售或无偿分给个人。

(3) 有限责任公司变更为股份有限公司时，折合的股份资本总额应当等于公司的净资产额；原有限责任公司的债权、债务由变更后的股份有限公司承继；变更后的股份有限公司为增加资本，首次向社会公开募集股份时，需具备向社会公开募集股份的有关条件。

3. 股份有限公司增资发行新股的特定条件

增资发行新股是指股份公司成立后欲增加资本而进行的股票发行，是首次发行（设立发行）股票后的再次发行股票。按我国《公司法》的规定，应具备下列条件：

（1）前一次发行的股份已募足，并间隔一年以上；

（2）公司在最近三年内连续盈利，并可向股东支付股利，但以当年利润分派新股不受此限；

（3）公司在最近三年内财务会计文件无虚假记载；

（4）公司预期利润率可达同期银行存款利率。

（三）股票的发行程序

股票的发行程序有严格的法律规定，未经法定程序发行的股票无效。设立发行和增资发行的程序有所不同，分别是：

1. 设立发行股票的程序

（1）发起人认定股份，交付出资。股份有限公司的设立，可以采取发起设立和募集设立两种方式。若采用发起设立方式，须由发起人认购公司应发行的全部股份；若采用募集设立方式，须由发起人至少认购公司应发行股份的法定比例（不少于35％），其余部分向社会公开募集。不论采用何种方式，发起人均须认定其应认购的股份。

发起人可以用现金出资，也可以用实物、工业产权、非专利技术、土地使用权作价出资，后者必须进行合理评估作价，并折合为股份。

在发起设立方式下，发起人以书面认定公司章程规定认购的股份后，应即缴纳全部股款；以实物、工业产权、非专利技术、土地使用权抵作股款的，应依法办理其财产权的转移手续。发起人交付全部出资后，应当选举董事会和监事会，由董事会办理设立登记事项。

（2）提出募集股份申请。发起人向社会公开募集股份时，必须向国务院证券管理部门递交募股申请，并报送批准设立公司的文件；公司章程；经营估算书；发起人姓名或名称、发起人认购的股份数、出资种类及验资证明；招股说明书；代收股款银行的名称及地址；承销机构的名称及有关协议等文件。

证券管理部门审查募股申请后，认为符合《公司法》规定条件的，予以批准；否则，不予批准。

批准后如发现不符合《公司法》规定的，将被撤销。尚未募集股份的，停止募集；已经募集的，认股人有权按所缴股款并加算银行同期存款利息，要求发起人返还和补偿。

（3）公告招股说明书，制作认股书，签订承销协议。募股申请获得批准后，发起人应在规定期限内向社会公告招股说明书，并制作认股书。招股说明书应附有发起人制订的公司章程，载明发起人认购的股份数、每股的票面金额和发行价格、无记名股票的发行总数、认购人的权利义务、募股的起止期限、逾期未募足时认股人可撤回所认股份的说明等。认股书应载明招股说明书所列事项，由认股人填写所认股数、金额、认股人住所，并签名、盖章。

发起人向社会公开发行股票，应由依法设立的证券承销机构承销，并签订承销协议；还应向银行签订代收股款协议。

（4）招募股份，缴纳股款。发行股票的发起人或其股票承销机构，通常以广告或书面通知的方式招募股份。认购者认股时，需在由发起人制作的认股书上填写认购股数、金额、认股人住所，并签名、盖章。

发起人公开向社会招募股份时，有时会出现所认购总股数超过发起人拟定招募总股数的情况，此时可采用抽签方式决定哪些认购者的认股书有效。

认股人应在规定的期限内向代收股款的银行缴纳股款。无论股票有无面额、股票面额大小，股款一律按发行价格一次缴足。认股人应在缴纳股款时，交付认股书。收款银行应向缴纳股款的认股人出具需由发起人签名盖章的股款缴纳收据，并负责向有关部门出具收缴股款的证明。缴足股款后，发起人应委托法定机构验资，并出具验资证明。

（5）召开创立大会，选举董事会、监事会。发行股份的股款募足后，发起人应在法定期限（30天）内主持召开创立大会。创立大会由认股人组成，应有代表股份总数半数以上的认股人出席方可举行。

创立大会通过公司章程，选举董事会和监事会成员，并有权对公司设立费用进行审核，对发起人用于抵作股款的财产作价进行审核。

（6）办理公司设立登记，交割股票。经创立大会选举产生的董事会，应在创立大会结束后30天内，办理申请公司设立的登记事项。

股份有限公司登记成立后，即向股东正式交付股票。公司登记成立前不得向股东交割股票。

股票采用纸面形式或由国务院证券管理部门规定的其他形式。股票应载明公司名称、公司登记成立的日期、股票种类、票面金额及代表的股份数、股票的编号。发起人的股票还应标明发起人股票字样。股票应由董事长签名，公司盖章。

2. 增资发行新股的程序

股份有限公司成立以后，为扩大经营，筹措新的资本而发行新股份。其发行的基本程序是：

（1）作出发行新股决议。根据我国《公司法》，公司发行新股须由股东大会决定，包括新股种类及数额、新股发行价格、发行的起止日期、向原有股东发行新股的种类及数额等。

（2）提出发行新股申请。公司作出发行新股的决议后，董事会必须向国务院授权部门或省级人民政府申请批准。向社会公开募集的新股，须国务院证券管理部门批准。

（3）公告招股说明书，制作认股书，签订承销协议。公司经批准向社会公开发行股票时，必须公告新股招股说明书和财务会计报表及附表，并制作认股书，尚需与证券经营机构签订承销协议。

（4）招认股份，缴纳股款，交割股票。

（5）改选董事、监事，办理变更登记。公司发行新股募足股款后，应立即召开股东大会，改选董事、监事。这是由于公司股份增加、股份比例结构变化引起的增额性改选。

最后，公司必须向登记机关办理变更登记，并向社会公告。

（四）股票的发行方法

股票的发行方法具体有以下几种：

1. 有偿增资。有偿增资是指投资人须按股票面额或市价，用现金或实物购买股票。有偿增资又可分发为公募发行、股东优先认购、第三者分摊等具体形式。

公募发行即向社会公众公开招募认股人认购股票。它又分为直接公募和间接公募两种。

（1）直接公募发行是发行公司通过证券商等中介机构，向社会公众发售股票，发行公司承担发行责任和风险，证券商不负担风险而只收取一定的手续费。

（2）间接公募发行是发行公司通过投资银行发行、包销，投资银行承担发行风险，由投资银行先将股票购入再售给社会公众。

股东优先认购是发行公司对现有股东按一定比例配给公司新发行股票的认购权，准许其优先认购新股。凡发行新股时在股东名册上记载的股东，均有优先认购新股的权利。股东可以优先认购的新股股数与现持有的旧股股数的比例相同。股东如不认购，则可转让其认购权。

所谓第三者分摊，是指股份公司在发行新股时，给予与本公司有特殊关系的第三者以新股摊认权。

2. 股东无偿配股。是指公司不向股东收取现金或实物财产，而是无代价地将公司发行的股票配与股东。公司采用这种作法的目的不在增资，而是为了调整资本结构，提高公司的社会地位，增强股东的信心。通常有三种具体作法：无偿支付；股票派息；股票分割。

无偿支付是指股份公司用资本公积金转赠股东，按股东现有股份比例无偿支付新股票。

股票派息是股份公司以当年利润分派新股代替对股东支付的现金红利。

股票分割是指将大面额股票分割为若干股小面额新股票。

3. 有偿无偿并行增股。采用这种办法时，股份公司发行新股交付股东时，股东只需支付一部分股款，其余部分由公司公积金抵交，即可获取一定数量的新股。这种作法兼有增加资本和调整资本结构的作用，可鼓励股东缴纳股款购入新股。

（五）股票的承销方式

股份公司公开向社会发行股票有自销和委托承销两种。

1. 自销方式

是指股份公司自行直接将股票出售给投资者。自销方式可以节约股票发行费用，但发行风险全部由发行公司自行承担。这种推销方式一般仅适用于发行风险较小，手续较为简单，数额不多的股票发行。

2. 委托承销方式

是指发行公司将股票销售业务委托给证券承销机构代理。我国《公司法》规定，公司向社会公开发行股票，不论是募集设立时首次发行股票，还是设立后再次发行新股，均应由依法设立的证券经营机构承销，在我国主要是证券公司，信托投资公司等。

承销方式具体包括包销和代销两种。

（1）股票发行包销，是由发行公司与证券经营机构签订承销协议，全权委托证券承销机构代理股票的发售业务。

发行公司选择包销办法，可以促进股票顺利出售，及时筹足资本，还可免于承担发行风险；不利之处是要将股票以略低的价格售给承销商，且实际支付的发行费用较高。

（2）股票发行代销，是由证券经营机构代理股票发售业务，与包销不同，若实际募股份数达不到发行股份数，承销机构不负承购剩余股份的责任，而是将未售出的股份归还给发行公司，发行风险由发行公司自行承担。

根据我国有关股票发行法规的规定，公司拟公开发行股票的面值总额超过人民币3000

万元或者预期销售总金额超过人民币 5000 万元的，应由承销团承销，其中主承销商由发行人按照公开竞争的原则通过竞标或协商的方式确定。

（六）股票发行价格的确定

股票的发行价格，是股份公司发行股票时，将股票出售给投资者的价格，即投资者认购股票时所支付的价格。股票发行价格通常由发行公司根据股票面额、股市行情和其他相关因素决定。在以募集设立方式设立公司首次发行股票时，由发起人决定；在公司成立后再次增资发行新股时，由股东大会或董事会决定。

股票的发行价格通常有等价、市价和中间价三种。

1. 等价

等价就是以股票面额为发行价格，即股票的发行价格与其面额相等，亦称平价发行。等价发行股票通常较容易推销，但发行公司不能取得溢价收入。

2. 市价

市价亦称时价，即以公司原发行同种股票的现行市场价格为基准选择增发新股的发行价格。由于考虑到股票的现行市场价值，因此，采用市价发行股票，可以促进股票的顺利发行。

3. 中间价

中间价是取股票市场价格与面额的中间值作为股票的发行价格，具有等价和市价的特点。

当股票的发行价格超过其面额时，为股票的溢价发行；当股票的发行价格低于其面额时，为折价发行。采用市价或中间价发行股票，可能属于溢价发行，也可能属于折价发行。如属溢价发行，则发行公司取得的发行价格超过股票面额的溢价款列为资本公积金。

按我国《公司法》的规定，股票发行价格可以按票面金额（等价），也可按超过票面金额（溢价），但不得低于票面金额（折价）发行。

（七）股票上市

股票上市是指股份有限公司公开发行的股票，符合规定条件，经过申请批准后在证券交易所作为交易的对象。经批准，在证券交易所上市交易的股票，称为上市股票；其股份有限公司称为上市公司。

1. 股票上市的意义

股份公司申请股票上市的目的是为了增强本公司股票的吸引力，形成稳定的资金来源，能在更大的范围内筹集大量的资本。对上市公司而言，股票上市主要有如下意义：

（1）提高公司发行股票的流动性和变现性，便于投资者认购、交易；

（2）提高公司的知名度；

（3）促进公司股权的社会化，防止股权过度集中；

（4）有利于确定公司增发新股的发行价格；

（5）便于确定公司的价值，促进公司实现股东财富最大化目标。

2. 股票上市的条件

股票上市条件也称股票上市标准，是对申请上市公司所作的规定或要求。

我国《公司法》规定，股份有限公司申请其股票上市，必须符合下列条件：

（1）股票经国务院证券管理部门批准已向社会公开发行；

（2）公司股东总额不少于人民币 5000 万元；

（3）开业时间在三年以上，最近三年连续盈利；原国有企业依法改组而设立的，或者本法实施后新组建成立，其主要发起人为国有大中型企业的，可连续计算；

（4）持有股票面值达 1000 元以上的股东人数不少于 1000 人；公司股本总额超过人民币 4 亿元的，其向社会公开发行股份的比例为 15％以上；

（5）公司在最近三年内无重大违法行为，财务会计报告无虚假记载；

（6）国务院规定的其他条件。

3. 股票上市的决策

为实现上市目标，股份公司应在申请上市前，对公司状况进行分析，对上市股票的股利政策、上市方式和上市时机作出决策。

（1）公司状况分析。申请股票上市的公司，应分析公司及其股东的状况，权衡股票上市的利弊。如果公司面临的主要问题是资本不足，现有股东风险过大，则可通过股票上市予以解决；如果公司目前存在的问题是，一旦控制权外流，就将导致公司经营的不稳定，从而影响公司长远稳定发展，则可以放弃上市计划。

（2）股利决策。上市股票的股利决策包括股利政策和股利分派方式决策。股利决策既影响上市股票的吸引力，又影响公司的支付能力。

股利政策通常包括固定股利额、固定股利率、正常股利和额外股利等。固定股利额可以给市场提供稳定的信息，从而有利于保持上市股票价格的稳定性，增强投资者的信心，有利于投资者有计划地安排股利的使用，但同时也成为固定的财务负担。固定股利率可与公司盈利水平相衔接，但使股利额不稳定。由于正常股利额加额外股利的政策既能保持股利的稳定性，又能体现股利与盈利之间的关系，因而为上市公司广泛采用。

股利分派方式主要有现金股利、股票股利、财产股利等。现金股利在公司具有充足的现金时才宜采用；股票股利可在公司现金短缺时选用；财产股利通常是指公司以其投资的短期有价证券代替现金分派股利，由于这种证券的变现能力强，股东可以接受，且公司无需支付现金，可以暂时弥补公司现金的不足。

（3）上市方式选择。股票的上市方式有公开出售、反向收购等。申请上市的公司应依据股市行情，投资者和公司具体情况予以选择。

公开出售是股票上市的最基本方式。申请上市的公司通常采用该方式上市。它有利于满足公司增加现金资本的需要，有利于原股东转让其所持有的部分股份。

反向收购是指申请上市的公司收购已上市的较小公司的股票，然后向被收购的公司股东配售新股，以此达到筹资的目的。

（4）上市时机选择。通常，股票上市的最佳时机，应选择公司预计来年将取得良好业绩的时候。

4. 股票上市的暂停、恢复与终止

（1）股票上市的暂停与恢复。各国一般都规定，上式公司出现下述情况之一者，将被暂停股票上市：

①公司发生变化，不再具备上市条件；

②公司不按规定公开其财务状况或其财务会计报告有虚假记载；

③公司发生信用危机，如因信用问题而被停止与银行的业务往来关系；

④盈利能力下降或连续亏损等。

公司在规定的暂停上市期限内，如能消除有关原因，则可以恢复上市。

（2）股票上市的终止。上市公司在规定期限内，尚不能消除被暂停上市的原因，甚至产生严重后果者，将被终止上市，取消上市的资格。

①公司财务会计报告有虚假记载，后果严重的；

②公司有重大违法行为，后果严重的；

③公司股票连续若干月成交量较少，或没有成交的；

④公司连续若干年没有分配股利的；

⑤盈利能力下降，甚至连续几年亏损不能扭转的；

⑥公司决议解散、被依法责令关闭或被宣告破产的；等等。

三、普通股与优先股

（一）普通股

1．普通股的特点

（1）普通股的股东享有公司的经营管理权。普通股股东是公司的所有权人，他们控制着企业，选举董事会、监事会。监事会负责监督和检查公司的状况，并定期向股东汇报。普通股东有权修改公司章程和规定，审定公司的重大决策，公司董事会有义务将重大变动如实向公司股东们报告。普通股股东还有权决定兼并或拍卖公司资产，发行普通股、优先股等。

普通股股东对公司事务的最终控制权表现在对董事会成员的选举上。股东可以在股东大会上行使投票权，如股东本人因故不能参加股东大会，可以委托代理人代理行使投票权。投票代理人是被股东临时指定参加投票的受托人。代理人应按股东的意愿代理投票。

投票权分为累积投票和非累积投票权两种。非累积投票权，是指股东的每股股票拥有一票的投票权。累积投票权也是一股一票，股东股票的总票数也是持有的股票数乘以需选举的董事人数。非累积投票权时，投在某位候选人身上的票数不得超过持有的股票数。与此不同，累积投票权时，股东可以将这些票数集中使用在少数董事候选人身上，以确保代表自己利益的候选人能够当选。

有很多公司的管理者，他们控制着公司，但他们持有的公司股份并没有达到控股地步，这些管理人员为了继续有效地控制公司或按照他们的设想管理公司，就要说服部分股东，取得足够数量的股东代理权，以便在股东大会上占有控股地位。

（2）经营收益的剩余请求权。普通股股利分配在优先股之后进行，普通股股东只拥有经营收益的剩余请求权。其分配依公司盈利情况而定：若公司收益减少，不足以支付利息支出时，则普通股股东不但得不到任何收益，还要用以前的收益偿还利息；若公司取得了巨额利润，普通股股东也可享有相当丰厚的收益，而债权人则仍然只享有固定的利息收入。普通股股东的收入随公司经营收入的变化而变化，他们承担着公司的主要经营风险。

归普通股股东享用的那部分利润，公司可以以股息的形式直接发放给股东，也可以留在公司内部，作为扩大公司经营之用。股息发放与否，发放数额及方式由公司董事会讨论批准。一般来讲，一部分利润作为股息发放该股东，一部分利润作为保留利润留在公司内部，由于保留利润的增加，公司的价值也相应增加，股票价格上涨。股息发得多，保留利润就少，资本收益也少；股息发得少，保留利润就多，资本收益就高。所以，股东收益的高低与股息多少无关，只与公司税后利润的多少有关。

（3）优先认股权。普通股股东是公司资产的所有者和风险的主要承担者，因此，公司在增发新股时，为保持他们对公司的控制权，他们有权优先认股，以保持他们在公司股份中所占的比例。股东不想增购新股时，他们也可将认股权转让他人，或在市场上出售。

在认购优先认股权的股票时，公司董事会要限定股权登记日期，在此之前购买的股票附有优先认股的权利，称为附权股股票。在此之后购买的股票，不再附有优先认股的权利，称为除权股股票。

（4）股票转让权。股份公司的股东有权按照自己的意愿随时转让手中的公司股票。上市公司的股东可以在交易所市场上转让手中的股票，非上市公司的股东只能在场外交易市场上转让手中的股票。

（5）剩余财产清偿权。在公司因故解散清算时，普通股股东有权按照其出资比例分得公司的剩余财产。因这种清偿权是在所有其他有关人员的清偿要求得到满足之后才能实现，故称为剩余财产清偿权。

2. 普通股筹资的优点

（1）普通股筹资没有固定的股利负担，公司有盈利，并认为适于分配股利时，就可以分给股东；公司盈利少，或虽有盈利但资金短缺或有更有利的投资机会时，也可以少支付或不支付股利。是一种有弹性的融资方式。

（2）普通股股东没有固定的到期日，无需偿还，是公司的永久性资本，公司无需为偿还资金而担心，除非公司清算时才予偿还。这对于保证公司对资金的最低需要，促进公司持续稳定经营具有重要意义。

（3）由于普通股股本没有固定的到期日和固定的股利负担，因此，普通股筹资的风险小。

（4）发行普通股筹资，可降低公司的负债比例，提高公司财务信用，增强公司今后的融资能力。

3. 普通股筹资的缺点

（1）普通股的筹资成本高于债券的筹资成本。债券的利息是在所得税前支付，普通股票持有者的收益是在所得税之后，且投资普通股票的风险高于债券，投资者要求的收益率也高，因此，普通股票的资本成本高。

（2）利用普通股筹资，出售新股票，增加新股东，可能会分散公司的控制权；同时，新股东对公司已积累的盈余具有分享权，这就会降低普通股的每股净收益，从而引起普通股市价的下跌。

（3）发行股票筹资需要增加企业的透明度，需要公布企业的资金使用计划和发展计划等一系列重要信息，而这些信息可能被竞争对手所利用。

（二）优先股

根据多数国家的法律，优先股可以在公司设立时发行，也可以在公司增资发行新股时发行。有些国家的法律规定，优先股只能在特定的情况下，如公司增发新股或清偿债务时方可发行。在操作方面与普通股无较大差别。

优先股是介于普通股与公司债券之间的一种证券，从一些国家法律上看，优先股没有最后的终止日期，优先股股东不能要求公司收回优先股股票。同时，优先股股息也不能计入成本，在税收上得到好处。从这两点看，他与普通股的性质是相同的。另外，债权人也将优先股看作是公司股权的一部分。另一方面，优先股有固定的股息率，在公司清算时，又以面值为限，较普通股优先得到偿还的权利。优先股也没有参与公司经营和投票的权力。因而，其性质又与债券相同。

1. 优先股的权利特征

与普通股相比，优先股具有如下特征：

(1) 优先分配固定股利权。一些国家的股份公司的章程规定，在公司未发放优先股股息之前，不得发放普通股股息，且其股利一般是固定的。有时，为了保护优先股股东的利益，公司还规定在某些特殊情况下不得发放普通股股息。从优先股股东利益分配上的这种特殊权利上看，普通股股东才是公司风险的真正承担者。

(2) 优先分配公司剩余财产权。当公司由于经营不善或其他原因导致公司解散或破产时，在偿还全部债务和付清清理费用之后，如有剩余资产，优先股股东有权按票面价值先于普通股股东得到偿还。

(3) 一般优先股股东无表决权。在公司股东大会上，优先股股东一般没有表决权，通常也无权过问公司的经营管理，只有在涉及优先股股东权益问题时享有表决权。因而，优先股股东不大可能控制整个公司。

(4) 优先股可由公司赎回。发行优先股的公司，按照公司章程的有关规定，依据公司的需要，可以以一定的方式将所发行的优先股收回，以调整公司的资本结构。

2. 优先股的分类

优先股与普通股不同，其种类较多，不同种类的优先股，在具体权利上有所区别。

(1) 累计优先股与非累计优先股

累计优先股是指欠发的股息可以累积到以后的年度一起发放，积欠的股息一般不加息，公司只有在发放积欠的全部优先股股息后，才能发放普通股股息。

非累积优先股是指欠发的股息不再补发的优先股。若公司某年因故无法支付优先股股息，今后盈利时只需付清当年的优先股股息后就可发放普通股股息，以前积欠的优先股股息不再补发。

(2) 参与优先股和非参与优先股

参与优先股是指优先股股东在获取定额股息之后，还有权与普通股股东一起参加剩余利润的分配。其中全部参与优先股，可与普通股股东等额地参与剩余利润分配，部分参与优先股则只能按规定在一定限额内参与剩余利润的分配。非参与优先股，只能领取固定股息，不能参与剩余利润的分配。

(3) 可转换优先股与不可转换优先股

可转换优先股的股东，有权根据优先股发行时的规定，在将来一定时期内转换为普通股。如普通股价格上升，优先股股东可以行使这一权利将其股票转换为普通股，从中获利，如果普通股价格下跌，优先股股东便不行使这一权力，继续享受优先股的优惠。可转换优先股使其股东在公司不稳定时受到保护，在公司盈利时可分享成功的果实，处于很有利的地位。但这种优先股在出售时价格较高，公司可筹集到更多的资金，因而普通股股东并不因此而遭到额外的侵害。

不可转换优先股没有上述权利。

（4）可赎回优先股和不可赎回优先股

可赎回优先股是指公司按照发行的规定，可在将来某一时期按规定的价格赎回发行的优先股。这种优先股与可转换优先股的权力恰恰相反，可转换优先股的选择权属优先股股东，可赎回优先股的选择权在公司。由于这一原因，该种优先股的价格稍低。

不可赎回优先股是指公司无权按上述方法赎回的优先股。

（5）有表决权优先股和无表决权优先股

有表决权优先权是指优先股股东有权参与公司的管理，能够参加股东大会并选择董事。这种优先股在实际中不多见。其表决权根据发行时的规定有所不同。

永久表决权。优先股股东与普通股股东具有同等地位，能永久参加股东大会，选举董事会成员。但有些国家公司章程规定，优先股股东每股票数仅为普通股股东的一定百分比。

临时表决权。在某些特定情况下授予优先股股东以表决权，如在优先股股息未能如期发放，拖欠严重时，优先股股东对公司经营有一定的表决权。

特别表决权。在公司准备增加资产时，可能给予优先股股东一定的表决权，以保护他们的利益，特别是他们的各项优先权。

无表决权优先股则没有上述权利。

3. 发行优先股的动机

优先股在证券市场上很少发行，很多公司根本不发行优股股票。但是，优先股有其特征，公司发行优先股股票，除能满足筹集资本的目的外，往往还有其他动机。

（1）由于优先股股东一般没有表决权，因而发行优先股就可以避免公司股权分散，保证公司的原有控制权。

（2）公司在需要现金资本时发行优先股股票，在现金充足时可以将可赎回的优先股收回，从而可以调节现金的余缺。

（3）公司在安排借入资金与自有资本的比例关系时，可较为方便地利用优先股的发行与调换进行调整，以改善公司的资本结构。

（4）公司发行优先股，有利于巩固自有资本的基础，维持甚至增加公司的举债能力。

4. 优先股筹资的优点

（1）优先股一般没有固定的到期日，不用偿还本金。对可赎回优先股，公司可根据需要，决定收回或者不收回，用以调剂资金需求，改善资本结构。

（2）股息的支付既固定又有一定的灵活性。固定的股利支付不构成公司的法定义务，可视公司经营状况决定。即使公司财务状况不佳，暂不支付优先股股利，优先股股东也不能象公司债权人那样迫使公司破产。

（3）当公司既想从外界筹集资金，又想保持原有股东的控制权时，发行优先股股票尤为适宜。

（4）优先股股本属自有资金，发行优先股股票可增强公司信誉，提高举债能力。

5. 优先股筹资的缺点

（1）优先股的股息属于资产收益，要从税后利润中支付，因而其筹资成本较高。

（2）由于优先股在股息分配，资产清算等方面具有优先权，因而使普通股股东在公司经营不稳定时的收益受到影响，有时可能形成公司较重的财务负担。

第三节　长期负债筹资

任何一个公司在生产经营活动中，除了自有资本外，都必须筹集一定比例的负债资金。负债是指公司承担的能够以货币计量，需要以资产或者劳务偿还的债务。

按负债偿还期的长短，可将其分为短期负债和长期负债。短期负债是指在一年内或者超过一年的一个营业周期内偿还的债务；长期负债是指偿还期在一年或超过一年的一个营业周期以上的债务。

负债筹资，主要是指通过向银行或向其他金融机构借款、发行公司债券和融资租赁等筹集期限在一年以上的资金。

本节以长期借款筹资、长期债券筹资和融资租赁为主予以说明。

一、长期借款筹资

（一）长期借款的种类

长期借款是指企业向银行等金融机构以及向其他单位借入的，期限在一年以上的各种借款。长期借款有各种分类：

1. 按提供贷款的机构分类

长期借款按提供贷款的机构，可分为政策性银行贷款、商业性银行贷款和其他金融机构贷款。

（1）政策性贷款是指执行国家政策性贷款业务的银行（通称政策性银行）提供的贷款，通常为长期贷款。

（2）商业性银行贷款包括短期贷款和长期贷款，其中长期贷款一般具有以下特点：期限长于一年；企业与银行之间要签订借款合同，含有借款企业的具体限制条件；有规定的借款利率，可固定，也可随基准利率的变动而变动；主要实行分期偿还方式，一般是等额偿还，也有到期一次偿还的方式。

（3）其他金融机构对企业的贷款一般较商业银行贷款的期限更长，要求的利率较高，对借款企业的信用要求和担保的选择也比较严格。

2. 按借款的用途分类

（1）固定资产投资贷款。指银行（主要是建行）发放的用于企业购建固定资产的贷款，他主要包括基建贷款和基本建设储备贷款。基建贷款是用于企业基建投资的贷款。企业要取得基建贷款，其投资项目首先要列入国家年度基建计划和银行贷款计划，并提交经过批准的项目建议书、可行性研究报告及有关文件。基建储备贷款是建设单位为以后年度工程储备国内材料、设备而向银行申请的基本建设贷款。

（2）技术改造贷款。指银行为支持企业在技术进步的前提下，对原有固定资产进行更新改造、引进新技术、开发新产品、使用新材料、推广新工艺所需资金不足而发放的贷款。包括国有企业一般技术改造贷款、专项技术改造贷款、技术改造贴息贷款和城镇集体企业技术改造贷款。

（3）其他贷款。如科技开发贷款、支持地方经济开发贷款，以及其他专项贷款。

3. 按有无抵押品作担保分类

（1）抵押贷款是指以特定的抵押品为担保的贷款。作为贷款担保的抵押品可以是不动产、机械设备等实物资产，也可以是股票、债券等有价证券，他们必须是能够变现的资产。如果贷款到期时企业不能或不愿偿还贷款时，银行可取消企业对抵押品的赎回权，并有权处理抵押品。抵押贷款有利于降低银行贷款的风险，提高贷款的安全性。

（2）信用贷款是指不以抵押品作担保的贷款，即仅凭借款企业的信用或其保证人的信用而发放的贷款。信用贷款一般仅贷给那些资信程度高的企业，由借款企业出具签字的文书。由于这种贷款风险高，银行通常收取较高的利息，并往往附加一定的条件限制。

（二）长期借款的程序

企业办理长期银行借款的程序是：

1. 提出长期借款申请

企业申请借款必须符合贷款原则和条件。

目前我国银行贷款一般遵循的原则是：计划原则；物资保证原则，即贷款应有适销对路的产品物资作保证；有偿性原则，即按期如数归还；区别对待、择优扶植原则；以销定贷原则。

企业申请贷款一般应具备的条件是：借款企业实行独立核算、自负盈亏、具有法人资格；借款企业的经营方向和业务范围符合国家政策，其用途属于银行贷款办法规定的范围；借款企业具有一定的物资和财产保证，担保单位具有相应的经济实力；借款企业偿还本金的能力；借款企业财务管理和经济核算制健全，资金使用效益和企业经济效益良好；借款企业在银行开立有帐户，办理结算。

企业提出的借款申请，应陈述借款原因、金额、用款时间与计划、还款期限与计划。

2. 银行审批

银行接到借款申请后，根据有关政策和贷款条件，依据审批权限对借款企业进行审查，核准企业申请的借款金额和用款计划。其审查的内容是：企业的财务状况；企业的信用状况；借款投资项目的可行性；企业盈利的稳定性；企业的发展前景；借款的担保品等。

3. 签订借款合同

经银行审核，借款申请获批准后，银行与借款企业双方可进一步协商贷款的具体条件，签订正式的借款合同，规定贷款的数额、利率、期限和一些限制性条款。

4. 企业取得借款

借款合同签订生效后，企业可在核定的贷款指标范围内，根据用款计划和实际需要，一次或分次将贷款转入企业的存款帐户，以便支用。

5. 企业归还借款

贷款到期时，借款企业应依照贷款合同的规定按期清偿贷款本金与利息或续签合同。

通常，归还贷款的方式主要有三种：

（1）到期日一次归还。在这种方式下，还贷集中，借款企业需于贷款到期日前做好准备，以保证全部清偿到期贷款。

（2）定期偿还相等份额的本金。即在到期日之前定期（如每一年或二年）偿还相同的金额，至货款到期日还清全部本金。

（3）分批偿还，每次金额不一定相等。

贷款到期经银行催收，借款企业如不归还贷款，银行可根据合同规定，从借款企业的存款帐户中扣还贷款本息及罚息。

借款企业如因暂时财务困难，需延期归还贷款时，应向银行提交延期还贷计划，经审查核实，续签合同，按计划归还贷款。逾期期间银行一般按逾期贷款计收利息。

（三）借款合同的内容

借款合同是规定借贷当事人双方权利和义务的契约。借款方提出的借款申请经贷款方审查认可后，双方即可在平等协商的基础上签订借款合同。借款合同依法签订后，即具有法律约束力。当事人双方必须严格遵守合同条款，履行合同规定的义务。

借款合同必须采用书面形式。借款申请书、有关借款的凭证、协议书和当事人双方同意修改借款合同的有关书面资料，也是借款合同的组成部分。

1. 借款合同的基本条款

借款合同应具备下列基本条款：(1) 借款种类；(2) 借款用途；(3) 借款金额；(4) 借款利率；(5) 借款期限；(6) 还款资金来源及还款方式；(7) 保证条款；(8) 违约责任等。

其中，保证条款是规定借款方申请借款应具有银行规定比例的自有资金，并有适销适用的财产物资作贷款的保证，借款方无力偿还贷款时，贷款方有权处理作为贷款保证的财产物资；必要时还可规定保证人，保证人必须具有足够代偿借款的财产，借款方不履行合同时，由保证人连带承担偿还本息的责任。

2. 借款合同的限制条款

由于长期贷款的风险高，因此，除合同基本条款外，为了归避风险，银行对借款企业都有一些限制性的条款。归纳起来有如下三类：

(1) 一般性限制条款。包括：

①持有一定的现金及其他流动资产，保持合理的流动性及还款能力；

②限制现金股利的支出；

③限制资本支出的规模；

④限制借入其他长期债务。

(2) 例行性限制条款，多数贷款合同都有这类条款，一般包括：

①定期向银行报送财务报表；

②不能出售太多的资产；

③债务到期要及时偿付；

④禁止应收帐款的出售或贴现；

⑤违约的处罚办法等。

(3) 特殊性限制条款。例如，规定公司主要领导人购买人身保险，规定借款的用途不得改变等。这类条款只在特殊情况下才生效。

上述限制条款是国外的通行做法。目前我国借款合同对这方面的规定还不够严格、具体。随着市场经济的发展，贷款业务的增加和风险的加大，这类限制条款也会逐渐增多。

（四）长期借款筹资的优缺点

1. 长期借款筹资的优点

(1) 借款筹资速度快。发行各种证券筹集长期资金，需要做好发行前的各种工作，尚需一定的发行时间，因此时间较长。而利用长期借款筹资，一般所需时间较短，程序较简单，可迅速地获取现金。

(2) 借款成本较低。利用长期借款筹资，其利息可在所得税前列支，故可减少企业的实际成本负担，因而比股票筹资的成本要低得多，与债券相比，借款利率一般低于债券利率；由于借款是在借款企业与银行之间直接进行，因而大大减少了交易成本。

（3）借款弹性大。在借款之前，借款企业与银行直接商定贷款的时间、数额和利率。在借款期间，如果企业财务状况发生某些变化，亦可与银行再商定，变更借款数量和条件。因此，借款筹资对企业具有较大的灵活性。

对于下述情况，采用长期借款方式更为有利：规模较小，历史较短的小企业；资金需求量较少时；资金需用时间较短时。

2. 长期借款的缺点

（1）风险大，类似于债券。

（2）限制条款较多，且可能影响企业以后的筹资和投资活动。

（3）筹资数量有限，一般不能象债券、股票那样一次筹集到大量资金。

二、长期债券筹资

公司债券是一种长期的债务合同，他规定借款人必须按特定的日期向债券持有人支付定额利息，并在到期日偿付本金。公司债券是提供给社会公众的，它发行时，有各种不同的投资者个人和投资机构购买债券，债务证券是证券交易所的一个重要的证券品种。按照我国公司法和国际惯例，股份有限公司和有限责任公司发行的债券称为公司债券，又称公司债。

（一）公司债券的种类

1. 记名债券与无记名债券

（1）记名债券是在券面上记有持券人姓名或名称。对于这种债券，公司仅对记名人偿本，持券人凭印鉴支取利息。记名债券的转让，由债券持有人以背书等方式进行，并向发行公司将受让人的姓名或名称载于公司债券存根簿。

（2）不记名债券是指在券面上不记持券人的姓名或名称，还本付息以债券为凭据，一般实行剪票付息。其转让由债券持有人将债券交付给受让人后即发挥效力。

2. 抵押债券与信用债券

（1）抵押债券又称有担保债券，是发行公司以其特定财产为担保品的债券。按担保品的不同，又可分为不动产抵押债券、动产抵押债券、信托抵押债券。信托抵押债券是指公司以其持有的有价证券为担保而发行的债券。

抵押债券还可按抵押品的先后担保顺序分为第一抵押债券和第二抵押债券。在公司解体清算时，只有在第一抵押债券持有人的债权已获清偿后，第二抵押债券持有人才有权得到清偿。由于第二批抵押债券的风险大于第一抵押债券的风险，因此，前者的利率高于后者。

（2）信用债券又称无担保债券，是指发行公司没有抵押品担保，全凭信用发行的债券。这种债券通常是由信誉良好的公司发行，其利率一般略高于抵押债券。

3. 固定利率债券与浮动利率债券

（1）固定利率债券的利率在发行债券时即已确定并载于债券券面。

（2）浮动利率债券的利率水平在发行债券之初不固定，而是根据有关利率如银行存贷利率水平等予以确定。

4. 参与公司债券与非参与公司债券

（1）参与公司债券是指持有人除可获得预先规定的利息外，还享有一定程度参与发行公司的盈余分配的权利，其参与分配的方式与比例必须事先确定。

（2）非参与公司债券是指持有人没有参与发行公司盈余分配的权利。公司债券大部分是非参与债券。

5. 一次到期债券和分次到期债券

（1）一次到期债券是指发行公司在债券到期日一次集中清偿全部债券本金。

（2）分次到期债券分两种：一种是分批到期偿还；另一种是对同一债券的本金分次偿还，在债券到期日清偿本金。

6. 收益公司债券、可转换公司债券、附认股权债券

（1）收益公司债券是指发行公司承诺到期偿还本金，但利息要等有关投资产生收益时才支付，根据有关条款，收益公司债券的利息可累积起来一并支付。

（2）可转换公司债券是指该债券可按规定的条件转换成公司的普通股票。但它的等级较低，即它对公司资产的要求权在比它等级高的债券之后。

（3）附认股权债券是指发行的债券附带允许债券持有人按特定价格认购股票的长期选择权。该认股权通常随债券发放，具有与可转换公司债券相类似的属性。其票面利率通常低于一般的公司债券。

7. 上市债券与非上市债券

上市债券是经有关机构审批，可以在证券交易所买卖的债券，发行公司债券上市需具备规定的标准，提出申请，并办理相应的手续。

（二）发行债券的资格与条件

1. 发行债券的资格

按我国《公司法》的规定，股份有限公司、国有独资公司和两个以上的国有企业或者其他两个以上的国有投资主体投资设立的有限责任公司，具有发行债券的资格。

2. 发行债券的条件

按我国《公司法》的规定，发行公司债券必须符合以下条件：

（1）股份有限公司的净资产额不低于3000万元，有限责任公司的净资产额不低于人民币6000万元；

（2）累计债券总额不超过公司净资产的40%；

（3）最近三年平均可分配利润足以支付债券一年的利息；

（4）筹集的资金投向符合国家产业政策；

（5）债券的利率不得超过国务院限定的利率水平；

（6）国务院规定的其他条件。

此外，发行公司债券所筹集的资金，必须按审批机关批准的用途使用，不得用于弥补亏损和非生产性支出。

如发行可转换公司债券，还应符合股票发行的条件。

发行公司发生下述情况之一的，不得再次发行公司债券：

（1）前一次发行的公司债券尚未募足的；

（2）对已发行的公司债券或者其债务有违约或者延迟支付本息的事实，且仍处于继续状态。

（三）发行债券的程序

1. 发行债券决议

我国股份有限公司、有限责任公司发行公司债券，由董事会制订方案，股东会作出决议；国有独资公司发行公司债券，应由国家授权投资的机构或者国家授权的部门作出决定。

2. 申请发行债券

我国规定，公司申请发行债券应经国务院证券管理部门批准。我国《公司法》规定，申请发行债券时，应提交下述文件：公司登记证明；公司章程；公司债券募集办法；资产评估报告和验资报告。

3. 公告债券募集办法

发行公司债券申请经批准后，公开向社会发行债券的，应当向社会公告债券募集办法。按我国《公司法》规定，其主要内容应包括：公司名称；债券总额和债券票面金额；债券的利率；还本付息的期限和方式；债券发行的起止日期；公司净资产额；已发行的尚未到期的公司债券总额；公司债券的承销机构等。

4. 签订委托发行合同

公司债券发行方式有私募发行和公募发行两种，前者极少采用。采用公募发行方式时，发行公司应与承销团签订承销协议。承销团的承销方式有代销和包销。代销是指由承销机构代为推销债券，在约定期限内未售出的余额将退还发行公司，承销团不承担发行风险；包销是由承销团先购入发行公司拟发行的全部债券，然后再售给社会上的投资者，如在约定期限内未能全部售出，余额由承销团负责认购。

若要发行国际债券，必须委托中国国际信托投资公司、中国银行、中国投资银行等机构办理。

5. 应募人应募

按我国《公司法》规定，公司发行的债券上必须载明公司名称、债券票面金额、利率、偿还期等事项，并由董事长签名、公司盖章。

由证券承销机构发售公开发行债券时，投资者直接向承销机构付款认购，承销机构代收债券款，交付债券；然后，发行公司向承销机构收缴债券款并结算预付的债券款。

（四）债券评级

债券的等级对公司和投资者都非常重要，它反映债券还本付息能力的强弱和债券投资风险的高低，债券的等级高，表明该债券的风险小，相应的资本成本也低，因此，债券等级对债券的风险起一种标识的作用。

债券的评级是由专门的债券评信机构作出的。最著名的穆迪公司和标准普尔公司建立了各自的评估系统来鉴别公司债券的等级，他们制定的等级标准也为世界各国所采用。债券等级分为3等9级（见表4-2）。

目前在各评级机构评价债券等级时，还使用"＋"或"－"对债券的级别加以修正。

1. 债券等级的重要性

债券的评级无论对投资者还是对发行债券的公司都是非常重要的。

对投资者而言，债券的级别直接反映了他的投资风险，为投资决策提供了依据。投资者可以依据其偏好投资不同级别的证券，但是，证券监督管理机构常常限制一些投资机构，只能投资那些高等级的证券，对于低等级的证券投资者的广泛性将受到限制。

对债券发行公司而言，债券级别往往意味着筹资成本和筹资数量的不同。债券级别高的，投资者要求的风险补偿小，筹资成本低；债券级别低的，投资者要求的风险补偿大，筹资成本就高。

债券等级比较 表4-2

标准普尔公司		穆迪公司	
AAA	最高级	Aaa	最高质量
AA	高级	Aa	高质量
A	上中级	A	上中质量
BBB	中级	Baa	下中质量
BB	中下级	Ba	具有投机因素
B	投机级	B	通常不值得正式投资
CCC	完全投机级	Caa	可能违约
CC	最大投机级	Ca	高度投机性，经常违约
C	规定盈利付息但未能盈利付息	C	最低级

同时，公司债券的级别还反映出公司在其行业和市场中的地位。大型公司的债券等级往往较高，其市场占有率也较高。

2. 公司债券的评级方法

债券等级评定时，需要采用定性和定量分析相结合的方法，评级中应考虑的主要因素有：

（1）偿债能力。主要用流动比率和速动比率指标，该两个比率与偿债能力成正比。

（2）债券合同中的相关条款。债券如果有抵押品作保证，且抵押财产的价值高于债务总额，则该债券的等级将会高些；如果债券有其他公司作担保，特别是小公司的债务得到大公司的担保时，则该债券的等级即是那个大公司的等级；债券是否有偿债基金作为债券有秩序偿还的保证，也是债券等级考虑的因素；在其他条件相同的情况下，投资者一般认为期限短的债券风险小于期限长的债券。

（3）资产管理状况，可以用应收帐款平均收款期、库存周转率、固定资产使用率和总资产使用率等指标考核。

（4）财务结构和资本结构状况，主要用一切负债与股东权益比、一切负债与资产总额比、长期负债与股东权益比、长期负债与资产总额比及利息保障倍数比率指标考核。公司的财务结构和资本结构越合理，则公司债券的等级就越高些。

（5）盈利能力状况。主要用股东权益收益率、总资产收益率、销售利润率等指标考核。

（6）公司的市场价值状况。公司的市场价值主要用每股价格与每股收益比、每股价格与每股销售额比、每股市场价格与每股帐面价值比、每股收益与每股价格比、每股股息与每股价格比及每股股息与每股收益比等指标反映。公司的市场价值越高，则公司债券的等级越高。

（7）公司经营所依赖的资源。如果公司经营所依赖的资源有供应短缺的可能性，则将成为债券降低评级的因素。

（8）公司的海外业务。公司的海外业务，包括公司所依赖的海外市场是否具有稳定、长期和成长性，以及海外经营所在国的政治经济气候是否稳定看好。特别是对海外收入占公司总收入的比重很大的公司，在债券评级时将影响债券的等级。

（9）其他因素。其他因素，包括公司的社会负担，公司劳资关系、公司产品生产时对环境的影响，退休债务、涉及的法律诉讼等，甚至现任经理人员的业绩、品德等，都是债券评级中应考虑的因素。

（五）公司利用债券筹资的优缺点

1. 债券筹资的优点

（1）成本较低。与股票的股利相比，由于债券的利息允许在所得税前支付，故公司负担的债券成本通常较股票成本低。

（2）债券持有人一般只收取固定的利息，而更多的收益用于分配给股东或留用公司经营，从而增加股东和公司的财富。

（3）由于债券持有人一般不享有参与发行公司的管理决策权，因此，不会稀释公司每股的收益和股东对公司的控制权。

（4）在公司发行可转换债券以及可提前赎回债券的情况下，便于公司根据实际情况合理地调整资本结构。

2. 债券筹资的缺点

（1）财务风险较大。由于无论公司经营状况如何，发行公司必须承担按期还本付息的义务，因而给公司带来很大的财务负担，在公司不景气时，有时甚至导致破产。

（2）限制条件严格。发行债券的限制条件一般较长期借款、租赁筹资等的限制条件多且严格，因而限制了公司对债券筹资方式的使用，甚至会影响公司今后的筹资能力。

（3）筹资数量有限。我国《公司法》规定，发行公司流通在外的债券累计总额不得超过公司净资产的 40%。

（六）债券与股票的区别

债券与股票都是股份有限公司筹集长期资本的手段，但两者大不相同，其表现是：

1. 经济性质不同。股票是所有权证明，而债券则是债权、债务关系的证明。股东持有股票就具有了股份公司的经营决策权、剩余财产分配权以及新股认购权等；而债券体现的只是借贷关系，债券持有人只有一种到期接受债务人还本付息的权利，而对公司的资产没有所有权。

2. 收益不同。股票是一种高风险、高收益的证券；但债券则安全性高，收益较股票低。

3. 偿还期不同。发行债券属于借款性质，在发行时就规定了偿还日期；而发行股票属于权益的转移，购买股票后随着企业的存续而永久保留。

4. 价格波动不同。债券与股票的价格在发行和转让时有明显的不同。债券的价格波动不大，主要按债券利率计算；而股票的价格却受多种因素的影响，波动性很大。

三、融资租赁

租赁是出租人以收取租金为条件，在契约或合同规定的期限内，将资产租借给承担人使用的经济行为。根据有关税法，支付租金可享受减税。

租赁可分为营运租赁和融资租赁。营运租赁是由出租人向承租企业提供租赁设备，并提供设备维修保善和人员培训等服务性业务。营运租赁期限较短，在租赁期内支付的租金总额小于租赁资产的原始成本，且可视情况随时终止合同。融资租赁，是由租赁公司按照承租企业的要求融资购买设备，并在契约或合同规定的期限内提供给承租企业使用的信用性业务。融资租赁，一般期限较长，在租赁期内支付的租金总额大于所租资产的原始成本，且不可随便终止合同。

承租企业利用融资租赁方式的主要目的是为了融通资金，是承租企业筹集长期借入资金的特殊方式。

（一）融资租赁的主要形式

1. 全方位服务式租赁。这是指承租人获得所租资产后，由出租人负责维修保养、保险并缴纳财产税。这种方式承租人须支付较多的租金。

2. 净租赁。这是指承租人获得所租资产后，由自己负责维修保养、保险并缴纳财产税。此时，承租人支付的租金较低。

3. 直接租赁。是指承租人请出租人从制造商处购入所需资产，然后承租该资产。

4. 售后租回。这是融资租赁的特殊形式，它有两种含义：一是当公司资金不足而又急需某种设备的情况下，先出资从制造厂家购置自己所需的设备，然后转卖给租赁公司，公司再从租赁公司租回设备使用；二是当公司进行技术改造或扩建时，如资金不足，可将本公司原有大型设备或生产线先卖给租赁公司，获得现金，以解决急需，但卖出的设备等不拆除，公司在卖出设备等的同时即向租赁公司办理租赁手续，由公司继续使用，直到租金付清后，以少量代价办理产权转移，最后设备等仍归公司所有。

5. 举债租赁。当出租人不能单独承担资金密集型项目（如油轮、飞机等）的巨额投资时，以待购设备作为贷款抵押品，以转让收取租金权力作为贷款的额外保证。从银行、保险公司、信托公司等金融机构获得项目的 $60\%\sim80\%$ 贷款，其余 $20\%\sim40\%$ 由出租人自筹解决。最后由出租人购进，供承租人使用并按期支付租金，出租人以租金归还贷款。这种方式手续繁杂，涉及的当事人多。在国际上，这种租赁可以享受全部加速折旧或投资减税的优待，不仅可以扩大出租人的投资能力，而且可以取得较高利润，且租金水平较其他租赁方式低。

（二）融资租赁的优缺点

融资租赁的优点是：

1. 融资租赁是一种融资与融物相结合的筹资方式，因而不需像其他筹资方式那样，待筹集到足够的货币资本后才去购买长期资产，可使公司尽快形成生产经营能力。

2. 融资租赁有利于及时引进设备，加速技术改造，增强竞争能力。由于租金可按期计入成本，而租入设备又可计提折旧，因而公司能享受税收的利益。

3. 融资租赁限制条件少，具有很大的灵活性。融资租赁合同一般不规定公司流动资本，不限制资产的变更和股息的支付方式，公司可选择租金的支付方式，因而具有很大的灵活性。

4. 由于多数租赁协议规定设备陈旧过时的风险由出租人承担，因此承租人可免受此风险。

5. 全部租金通常在整个租期内分期支付，可适当降低不能偿付的风险。

融资租赁的缺点：

1. 租金高。虽然融资租赁没有明显的利息成本，但出租人获取的租金往往要高于债券利息。

2. 损失资产的残值。一般租赁期满，资产的残值归出租人享有，除非购买资产。

3. 难以改良资产。承租人未经出租人同意，不得擅自对租赁资产予以改良。

4. 承租公司在财务困难时，固定的租金支付将成为沉重的财务负担。

第四节　流动负债筹资

建筑与房地产企业在生产经营过程中，有许多不可估计的内部和外部的因素会令公司出现临时的短期的资金问题。短期信用是公司处理此类问题最适宜的方式。短期信用是凭公司自身的地位、信誉和经济实力而筹措的不需要任何担保的短期资金的方式。主要有融资、短期银行贷款、商业票据三种基本形式。

一、融资

自然性融资是企业在生产经营或商品交易过程中自发形成的资本来源。主要包括应付费用和商业信用。

1. 应付费用

应付费用是指在本期预先提取但尚未支付的费用，或已经形成但尚未支付的款项。如应付工资、应付税金、预提费用、应付利息等等。企业使用这些自然形成的资金无须支付任何代价，故企业均乐于利用它们。一般来说，影响应付费用利用程度的因素，是应付费用的发生额和应付费用支付的间隔期。企业生产和销售规模越大，应付费用发生额也就越大，可利用的自然形成的资金也就越多；应付费用从发生到支付的间隔时间越长，企业可利用的资金时间越长。应付费用融资额可按下述公式计算：

$$\frac{\text{应付费用}}{\text{融资额}} = \sum\left(\frac{\text{应付费用日}}{\text{平均发生额}} \times \frac{\text{应付费用支付间隔日数}}{2}\right) \tag{4-1}$$

【**例题 1**】　某房地产公司预计每月职工工资总额为 420,000 元，工资每月支付一次。则应付工资融资额为：

$$\text{应付工资融资额} = \frac{420,000}{30} \times \frac{30}{2} = 210,000(\text{元})$$

2. 商业信用

商业信用是指商业交易中因延期付款或预收货款而形成的借贷关系，属于企业之间的一种直接信用行为，企业以赊购方式向其他公司进货，就会形成一项新的负债——应付帐款。它在企业的短期负债中占有很大的比例。商业信用的主要形式是赊购商品和预收货款，表现为购货欠帐和延期交贷，或购货公司开出期票或商业承兑票据以示承诺等。

商业信用随商品交易的产生而产生，只有参与交易的双方交换商品与交换货币相分离时才发生。商业信用往往是与公司的资金需求是同步的。当公司施工工程量或销售增加时，公司自然增加购货，应付帐款随之增加；反之亦然。延长信用期间以及公司扩大进货额与销售额都会使公司因应付帐款数额增加而获得新增加的信用资金。商业信用是自然性融资的主要来源，因为在规定的信用期限内，获得信用的企业不必支付利息，相当于得到一笔无息贷款。

（1）商业信用的成本

提供商业信用的企业为早日收回赊销资金，一般都会在付款条件上采用一定的现金折扣等优惠形式。为此企业就要计算并权衡放弃现金折扣而承担机会成本——商业信用成本是否合适。

在计算放弃取得折扣的成本时，可采用近似估计的方法和较为精确的方法。计算放弃取得折扣的年成本百分比的估计值公式为：

$$\frac{\text{商业信用成本}}{\text{百分比近似值}} = \frac{\text{折扣百分比}}{1-\text{折扣百分比}} \times \frac{360}{\text{信用天数}-\text{折扣期限}} \qquad (4-2)$$

该公式是从单利的角度来考虑的。如果从复利的角度来考察，可以得到较为精确的成本，其计算公式为：

$$\frac{\text{商业信用成本}}{\text{百分比实际值}} = \left(1+\frac{\text{折扣百分比}}{1-\text{折扣百分比}}\right)^{[360/(\text{信用天数}-\text{折扣期限})]} - 1 \qquad (4-3)$$

两个公式中，"折扣百分比"代表每一元信用的成本，即对方给予的现金折扣率。"1－折扣百分比"代表放弃取得折扣所能取得的资金，"360/（信用天数－折扣期限）"表示每年需承担放弃取得折扣的成本的次数。

【例题2】 信用条件"2/10，N/30"，其放弃折扣的机会成本为：

$$\frac{\text{商业信用成本}}{\text{百分比近似值}} = \frac{2\%}{1-2\%} \times \frac{360}{30-10} = 36.73\%$$

$$\frac{\text{商业信用成本}}{\text{百分比实际值}} = \left(1+\frac{2\%}{1-2\%}\right)^{\left[\frac{360}{30-10}\right]} - 1 = 43.8\%$$

计算结果表明：如果买方放弃10天内支付货款享受2%的现金折扣，相当于以承担36.7%年利率为代价，融通可延期20天的资金使用权。复利计算折扣成本比用单利计算复杂得多，但是精确度要高。

由于折扣条件不同，放弃取得折扣而引起新增信用的成本也会不同。表4-3给出了不同信用条件下，放弃取得折扣的信用成本百分比近似值。

表 4-3

信　用　条　件	不取得折扣的信用成本%
1/10　n/20	36%
1/10　n/30	18%
2/10　n/20	73%
3/15　n/45	37%

从上表可以看出，公司如果放弃取得现金折扣，付出的信用成本是非常可观的。因为这种信用成本往往比短期银行贷款的成本高许多。因此，应尽可能享受此种优惠。

（2）商业信用对税前利润的影响

【例题3】 假设上例中银行可提供利率为12%的短期贷款，企业赊购材料全部在当期（本年内）生产并实现销售的产品中销耗。若现金折扣额为3500元，企业不利用从银行贷款为提前支付应付帐款，而放弃现金折扣，对企业税前利润的影响可通过下式计算：

$$\frac{\text{税前利润}}{\text{增（减）额}} = \frac{\text{现金折扣额}}{\text{放弃折扣的机会成本}} \times \frac{\text{贷款}}{\text{利率}} - \text{现金折扣金额} \qquad (4-4)$$

用上例数据代入得：

$$\frac{\text{税前利润}}{\text{增（减）额}} = \frac{3500}{36.73\%} \times 12\% - 3500$$

$$= 1143 - 3500 = -2,375(元)$$

计算结果表明，如果企业赊购入的这批货物是生产用材料，并全部耗用于当期（年）生产及销售的产品中，由于放弃了折扣，使生产耗用的材料成本包含了未享有现金折扣的3500元，比通过向银行贷款来选择现金折扣所要支付的利息1143元相比，还多出2357元。因而税前利润也由此相应地减少了1455元。

（3）商业信用的分类

按照信用折扣的是否取得，可将商业信用分为无成本的商业信用和有成本的商业信用。

购货公司支付的因超过折扣期限而丧失的折扣费用是供货公司向购货公司提供超过折扣期限的信用资金而索要的报酬。因此，折扣从本质来说，就是利息。对购货公司而言，丧失折扣就得支付利息费用；对供货公司而言，得到了购货公司丧失的折扣就是获得利息收入。

了解了折扣的含义后下面讨论一下无成本和有成本的商业信用。

①无成本的商业信用。是指折扣期间内所取得的商业信用。它的金额指扣除折扣额后的净购价。在附有折扣条件情况下，购货公司在折扣期间支付货款，只需支付净购货款，不需支付购货款的全额即毋需支付折扣成本。这实质上就是供货公司向购货公司提供一定数量在折扣期间无偿使用的资金，因此把折扣期间内所取得的信用称为无成本的商业信用。

②有成本的商业信用。是指超过折扣期间所获得的商业信用。购货公司如果超过折扣期限支付货款，此时已失去优惠折扣，购货公司不仅要支付净购货额，而且还要支付折扣成本。该公司所要支付的折扣成本，实际上就是因延期使用销货公司提供的资金而向销货公司提供的利息。因此，凡超过折扣期间的商业信用就称为"有成本的商业信用"。

前文提过，大多数公司的销货条件对购货公司提供商业信用的成本往往很高。因此，有效财务管理的企业都会避免使用有成本的商业信用而尽量使用无成本的商业信用。但是，有些购货公司可以通过延长信用期间来降低有成本的商业信用的成本。例如，某房地产公司购入一批商品，信用条件为2/10，n/30。如果该公司延期至60天后付款，那么它的有成本的商业信用百分比近似值为：

$$成本的近似值 = \frac{2\%}{1-2\%} \times \frac{360}{60-10} = 14.7\%$$

在通常情况下，特意延长付款期限是不足取的。买方这样做会严重损害自身的声誉，在生意场上留下后遗症。因此，买卖双方须严格履行合同，恪守商业信用。

二、短期银行借款

1. 短期银行贷款的形式

短期银行贷款是企业融通资金的又一项重要来源。施工与房地产企业短期银行贷款是在生产经营过程中用以满足短期资金需要，向银行或其他金融机构借入，期限在一年以内的各种借款。主要有季节性储备借款、小型技措借款、土地开发及商品房借款等。

（1）季节性储备借款

季节性储备借款是为了施工与房地产企业季节性的超额储备材料所需的流动资金而向银行等金融机构借入的款项，包括季度工作量扩大超定额储备借款和季节性材料超定额储备借款。此类贷款一般由企业财务主管部门预估季节性资金需要量，并与银行共同协商，确定贷款额度。此类借款，一般须在六个月内偿还。

（2）小型技措借款

施工企业的技措借款是为了提高企业施工生产能力、降低工程产品成本等采取技术措施而向银行等金融机构借入的款项。这项借款一般都用措施项目投产后所增的利润来归还。如果小型技措工程能在短期内完工，并以投产后所增加的利润在一年内归还本息，属于短期借款。否则属于长期借款。

（3）土地开发及商品房借款

土地开发及商品房借款是房地产开发企业重要的资金来源，不能挪作他用。企业向建设银行申请该项借款的额定一般不超过企业年度开发工作量的30%。借款期限一般不超过两年，在一年内期限的借款均作为短期借款。建设银行按借款合同所列用款计划，一次或分次将贷款从贷款户转入企业的存款户，并开始计算利息。

2. 短期银行借款的成本

短期银行借款成本的高低主要取决于商业银行确定的贷款利率和贷款形式、补偿性存款余额占贷款总额的比重大小。

（1）银行贷款的利息成本

贷款形式的不同会导致名义利率和实际利率的差异。

①单利法

企业按一年期借款，到年末连本带利一起偿还，贷款的实际利率与名义利率一致。如果借款的期限小于一年，企业承担的实际利率就会大于银行的名义利率。若用 n 表示一年内贷款期数，则实际利率的计算公式如（4-5）示：

$$单利法实际利率 = \left(1 + \frac{年名义利率}{n}\right)^n - 1 \qquad (4-5)$$

【例题 4】 名义利率为 9%，借款期限为 90 天，即 $n=4$（$n = \frac{360}{90} = 4$）。则：

$$单利法实际利率 = \left(1 + \frac{9\%}{4}\right)^4 - 1 = 9.31\%$$

②贴现法（贴息法）

银行进行贷款时会要求预先从贷款中扣去利息，借款者实际得到的金额是借款面值扣去利息后的余额，而到期还款必须按借款的面值偿还。这种类型的贷款称为贴现贷款或贴息贷款。企业由此而承担的实际利率同样也会大于银行的名义利率。其计算公式如（4-6）示：

$$贴现法实际利率 = \frac{名义利率}{1 - 名义利率} \qquad (4-6)$$

【例题 5】 名义利率为 10%，贷款期限为一年，则：

$$贴现法实际利率 = \frac{10\%}{1 - 10\%} = 11.1\%$$

若贴现贷款的期限小于 1 年，则其实际利率可用下式来计算：

$$\begin{array}{c}贴现法实际利率 \\ （不足一年）\end{array} = \left(1 + \frac{名义利率/n}{1 - 名义利率/n}\right)^n - 1 \qquad (4-7)$$

【例题 6】 将上例的贷款期限改为 90 天，其他条件不变，则实际利率为：

$$贴现法实际利率 = \left(1 + \frac{10\%/4}{1 - 10\%/4}\right)^4 - 1 = 10.66\%$$

从以上分析可以看出，当以贴现方式来借款时，实际借款利率会高于名义利率，且借款期限越长则实际利率越高。

(2) 补偿性存款余额的实际利率

银行核准贷款时通常会要求借款人按贷款额的一定比例保留在银行存款帐上，作为补偿性存款，那么企业可动用的贷款额就会小于所申请的贷款额，从而增加了实际贷款利息。计算公式为（4-8）示：

$$\text{补偿性存款余额的实际利率} = \frac{\text{名义利率}}{1 - \text{补偿性存款占借款比重}(\%)} \qquad (4-8)$$

【例题 7】 某施工企业需要 72,000 元资金，向银行申请借款，银行要求其保持贷款额的 10% 为存款余额，名义利率为 12%。

显然企业应向银行申请 80,000 元贷款额，才能够提出 72000 元作为可用资金，但支付利息时要以 80000 元作为本金。

$$\text{补偿性存款余额的实际利率} = \frac{12\%}{1 - 10\%} = 13.33\%$$

如果是要求有补偿金额的贴现贷款，仍据前例资料，则其实际利率公式为：

$$\text{贴息贷款补偿性存款余额实际利率} = \frac{\text{名义利率}}{1 - \text{名义利率} - \text{补偿余额比重}} \qquad (4-9)$$

代入数据 $\frac{12\%}{1 - 12\% - 10\%} = 15.38\%$

三、商业汇票

商业票据是公司进行短期融资的另一重要来源。可分为商业汇票和商业本票两大类。这里主要讨论商业汇票。

商业汇票是在商品交易过程中，购销双方按购销合同，延期付款而签发的、反映债权债务关系的一种信用凭证。汇票由持票人向购货公司或其委托的银行要求在票据上签章，作为到期付款的承诺，称为承兑。经过承兑的汇票称为承兑汇票。按照承兑人的不同，可将承兑汇票分为商业承兑汇票和银行承兑汇票。承兑人为购货公司时，称为商业承兑汇票。承兑人为银行时，为银行承兑汇票。

汇票承兑的期限，应由交易双方商定，一般为 3 至 6 个月，最长不超过 9 个月，特殊情况可适当延长。商业汇票的签发必须以合法的商品交易为基础，严格禁止无商品交易的空头汇票。以合法的商品交易为基础签发的商业汇票，具有票据的自偿性，即票据到期可以凭该票据项下的商品价值的实现来偿付。

商业汇票还可以分为附息和不附息两种，附息商业汇票利率通常比其他融资方式，如银行贷款的利率低。由于采用商业汇票的融资方式不仅无息或低息，而且还会免去诸如向银行贷款经常遇到的规定额度限制、不能满足企业资金周转的窘境，并可节省许多申请手续费用。因此商业汇票结算不失为一种较好的短期融资方式而备受推崇。

商业汇票是可转让的票据，持票人在票据未到期前如急需资金，可自由地转让给他人或向银行贴现。票据贴现是短期融通资金的一种形式，指汇票持有人将未到期的汇票，通过背书，转让给银行，要求银行按一定的利率从票据价值中扣取借款日起到票据到期日为止的利息后，将余额付给贴现企业。贴现利息就是票据的到期值与贴现收到的金额之间的差额。贴现利息的数额根据票据到期值按贴现率及贴现日期计算。计算公式为：

$$贴息 = 汇票到期值 \times 贴现日期 \times \frac{月贴现率}{30}$$

$$贴现实收金额 = 汇票到期值 - 贴息$$

* 贴现日期为汇票到期日与办理贴现日的间隔时间

【例题 8】 某房地产公司持有 3 月 10 日收到当日开出的 90 天期，月利率 1‰面额 100000 元的商业汇票，于 4 月 10 日向银行贴现，贴现率为月息 1.25‰。此时：

$$票据到期值 = 100000 + 100000 \times 1‰ \times 3 = 103000（元）$$

$$贴息 = 103000 \times 1.25‰ \times 2 = 2，575（元）$$

$$贴现所得额 = 103000 - 2275 = 100425（元）$$

商业票据的贴现成本就是付出的贴现利息。

第五节 资本成本与资本结构

资本结构决策是公司筹资决策的核心，资本成本和杠杆利益是资本结构决策的两个基本依据。资本结构决策的目的是在可承受的适度风险的前提下，确定最佳的资本结构——筹资组合，从而降低资本成本，获取杠杆利益。

一、资本成本

资本成本是项目或公司在筹集资金时所支付的代价，也称资金成本。包括筹资费用和资金使用费用。

筹资费用是指在筹集资金过程中发生的各种费用。如委托金融机构代理发行股票、债券而支付的注册费和代理费用等，向银行借款而支付的手续费等。

使用费用是指因使用资金而向资金提供者支付的报酬。如使用发行股票筹集的资金时，要向股东们支付红利；使用发行债券和银行贷款借入的资金时，向债权人支付的利息；使用租入的资产时，要向出租人支付租金等。

资本成本可以用绝对数表示，也可以用相对数表示。由于不同情况下筹集资金的总额不同，为了便于比较，资本成本通常以相对数来表示，即用资本成本率来表示。其计算公式是：

$$K = \frac{D}{P - F} \tag{4-10}$$

或

$$K = \frac{D}{P(1 - f)} \tag{4-11}$$

式中 K——资本成本率（又称资金成本）；

P——筹集资金总额；

D——使用费用；

F——筹资费用；

f——筹资费费率（即筹资费占筹集资金总额的比率）。

上述公式中的 $P-F$ 的含义是：筹资费用属一次性费用，不同于经常性的使用费用；筹资费用是在筹资时支付的，可视作筹资数量的扣除额，因而筹资净额是 $D-F$。$\frac{D}{P-F}$ 表明资本成本同利息率或股利率在含义上和在数量上的差异。

资本成本是选择资金来源，拟定筹资方案的主要依据，也是评价投资项目是否可行的主要经济指标。

资本可分为权益资本和债务资本，相应的，资本成本就分为权益资本成本和债务资本成本。债务资本成本一般指长期负债，如向银行的长期借款、发行公司债券筹集资金时发生的成本；权益资本成本又称自有资本成本，如有优先股成本、普通股成本等。

由于公司的资本是由不同的资金来源构成的，不同的资金来源，其资金的成本又不同，为了便于分析和研究问题，资本成本又分为个别资本成本、综合资本成本。个别资本成本是指每一类资金来源自身的成本；综合资本成本是指公司全部长期资本的总成本。

债务成本和权益成本的计算方法有很大的不同，下面按该两类的个别资本成本加以说明，并以此为基础介绍综合资本成本的计算。

（一）债务成本

债务成本主要有长期借款成本和债券成本。按各国所得税法的规定，债务的利息一般允许在企业所得税前支付，因而使企业的实际支出相应减少，企业实际负担的利息仅为：利息×（1－所得税税率）。

1. 长期借款成本。对于每年年来支付利息，贷款期末一次全部还本的借款，其借款成本率的计算公式是：

$$K_l = \frac{I(1-T)}{G-F} = \frac{Gi(1-T)}{G-Gf} = \frac{i(1-T)}{1-f} \qquad (4-12)$$

式中　K_l——借款成本率；

　　　G——借款总额；

　　　I——贷款年利息（i 为贷款的年利率）；

　　　F——贷款费用；

　　　f——贷款费用率；

　　　T——所得税税率。

【例题 9】　某企业获得长期借款 1200 万元，年利率为 7.65%，期限为 5 年，每年年末付息一次，到期一次还本。筹集该项借款的费用率为 0.15%，企业所得税税率为 33%。则该项借款的成本率为：

$$K_l = \frac{1200 \times 7.65\% \times (1-33\%)}{1200 \times (1-0.15\%)} = 5.20\%$$

长期借款的筹资费用主要是借款手续费，该值通常很小，因而有时可以忽略不计。此时长期借款的成本率就可按下式计算：

$$K_l = i(1-T)$$

利用该式计算例题 9 的长期借款成本率，则有：

$$K_l = 7.65\% \times (1-33\%) = 5.13\%$$

2. 债券成本。企业发行债券后，所支付的债券利息列入企业的费用开支，因而使企业少缴一部分所得税，两者抵销后，实际上企业支付的债券利息仅为：债券利息×（1－所得税税率）。债券的筹资费用即债券发行费用，包括申请发行债券的手续费、债券注册费、印刷费、上市费用以及推销费用等。发行债券的筹资费用一般较高，其中有些费用按一定的标准（定额或定率）支付，有的并无固定的标准。

债券的发行价格有溢价、等价和折价三种。债券利息按面额和票面利率确定，为了正确地计算债券成本，债券的筹资额应按具体价格计算。债券成本的计算公式是：

$$K_b = \frac{I(1-T)}{B(1-f)} \tag{4-13}$$

式中　K_b——债券成本率；

　　　I——债券年利息；

　　　B——债券筹资额（按发行价格确定）；

　　　f——债券筹资费用率。

【例题 10】　某公司发行总面额为 2000 万元的债券，总价格为 2200 万元，票面利率为 8％，发行费用为发行价格的 4％，公司所得税税率为 33％，则该债券的成本为：

$$\frac{2000 \times 8\% \times (1-33\%)}{2200 \times (1-4\%)} = 5.08\%$$

该例中的总价格 2200 万元＞总面额 2000 万元，因而是溢价发行。如果是等价发行，则债券的成本为：

$$\frac{8\% \times (1-33\%)}{1-4\%} = 5.58\%$$

如果是折价发行，例如总价格为 1800 万元，则该债券成本为：

$$\frac{2000 \times 8\% \times (1-33\%)}{1800 \times (1-4\%)} = 6.20\%$$

由于债券的利率水平通常高于长期借款，同时其发行费用又较高，因而其成本一般高于长期借款的成本。

3. 租赁成本。公司租入某项资产，获得该项资产的使用权，并定期支付租金，由于租金列入公司成本，可以减少应付所得税。因此，租赁成本的计算公式为

$$K_l = \frac{E(1-T)}{P_l} \tag{4-14}$$

式中　K_l——租赁成本率；

　　　P_l——租赁资产价值；

　　　E——年租金额。

【例题 11】　某公司租赁大型设备，其年租金为 200 万元，设备的价值为 1200 万元，公司的所得税税率为 33％。则该租赁资产的租赁成本率为：

$$K_l = \frac{200 \times (1-33\%)}{1200} = 11.17\%$$

（二）权益成本

权益成本主要有吸收直接投资成本、优先股成本、普通股成本、留用利润成本等。由于各种权益形式的权利责任的不同，因而计算方法也不同。

与债务成本不同，股票的股利是从所得税后的净利中支付的，因而不减少公司应缴的所得税。

1. 优先股成本。公司发行优先股股票筹资，需支付的筹资费用有注册费、代销费用等，其股息也要定期支付，但他是在公司税后利润中支付的，因此，优先股筹资的资本成本率的计算公式为：

$$K_p = \frac{D_p}{P_0(1-f)} \qquad (4-15)$$

或

$$K_p = \frac{P_0 \cdot i}{P_0(1-f)} = \frac{i}{1-f} \qquad (4-16)$$

式中　K_p——优先股成本率；

　　　D_p——优先股年股利；

　　　P_0——优先股筹资额；

　　　f——优先股筹资费用率；

　　　i——优先股股利率。

其中，优先股筹资额应按优先股的发行价格确定。

【例题 12】　某公司发行优先股股票，票面价值为 1000 万元，筹资费费率为 4%，股息年利率为 10%，则其成本率为：

$$K_p = \frac{1000 \times 10\%}{1000 \times (1-4\%)} = \frac{10\%}{1-4\%} = 10.42\%$$

由于优先股的风险比债券大，所以他的股息率比债券利率高，其筹资费率也比债券高，且发放优先股股息不能减少所得税，因而优先股成本高于债券成本。

2. 普通股成本。普通股成本的确定方法，与优先股成本的确定方法基本相同。如果普通股每年的股利固定不变，则其成本率的计算公式为：

$$K_c = \frac{D_c}{P_0(1-f)} = \frac{P_0 i}{P_0(1-f)} = \frac{i}{1-f} \qquad (4-17)$$

式中　K_c——普通股成本率；

　　　D_c——每年固定的股利总额；

　　　P_0——普通股筹资额；

　　　f——普通股筹资费费用率；

　　　i——固定的年股利利率。

但是，普通股的股利往往不是固定不变的，通常有逐年上升的趋势。若假定每年股利增长率是固定的比率 g，第一年的股利为 D_c，则第二年为 $D_c(1+g)$，第三年为 $D_c(1+g)^2$，……，第 n 年为 $D_c(1+g)^{n-1}$，普通股成本率的计算公式可表述如下：

$$K_c = \frac{D_c}{P_0(1-f)} + g = \frac{i}{1-f} + g \qquad (4-18)$$

其符号的含义同上。

【例题 13】　某公司发行普通股的总价格为 800 万元，筹资费用率为 4%，第一年的股利率为 10%，以后每年增加 5%，则其成本率为：

$$K_c = \frac{800 \times 10\%}{800 \times (1-4\%)} + 5\% = \frac{10\%}{1-4\%} + 5\% = 15.42\%$$

3. 留用利润成本。留用利润是企业税后利润中留在企业内部用于再投资的部分，他往往被看作是一种无需花费成本的公司资金的来源。但事实并非如此，留用利润是普通股所代表的资本的增加额，用于投资时所要求的报酬等价于普通股，相当于机会成本。因而留用利润在实质上与普通股相同，也应有资本成本。但留用利润没有筹资费用的负担，其计算公式是：

$$K_r = \frac{D_c}{P_0} + g \tag{4-19}$$

式中，K_r 表示留用利润成本，其他符号含义同前。

（三）综合资本成本

综合资本成本是指公司全部长期资本的总成本，通常是以各种个别资本占全部资本的比重为权数，对个别资本成本进行加权平均而确定的，因而也称为加权平均资本成本。其计算公式为：

$$K_w = \sum_{i=1}^{n} K_i W_i \tag{4-20}$$

式中　K_w——综合资本成本（加权平均资本成本）；

　　　K_i——第 i 种个别资本成本；

　　　W_i——第 i 种个别资本占总资本的比重，即权数。

【例题 14】　某公司共有长期资本（帐面价值）2000 万元，其中长期借款 400 万元、债券 300 万元、优先股 200 万元、普通股 600 万元、留用利润 500 万元，其成本分别为 5.84%、6.46%、10.20%、14.80%、15.26%。该公司的综合成本计算可按以下步骤进行：

首先计算每种个别资本占全部资本的比重：

长期借款：$W_1 = \dfrac{400}{2000} = 0.20$

债券：$W_b = \dfrac{300}{2000} = 0.15$

优先股：$W_p = \dfrac{200}{2000} = 0.10$

普通股：$W_c = \dfrac{600}{2000} = 0.30$

留用利润：$W_r = \dfrac{500}{2000} = 0.25$

最后计算综合资本成本，即加权平均资本成本：

$K_w = 5.84\% \times 0.20 + 6.46\% \times 0.15 + 10.20\% \times 0.10 + 14.8\% \times 0.30 + 15.26\% \times 0.25$
$= 11.59\%$

在该例中，各项长期资金来源的比重是根据帐面价值计算的。由于通货膨胀等原因，帐面价值往往不能准确地反映实际价值。用市场价值计算资金来源的比重比较准确，但由于市场价值变动频繁，常需重新计算比重。

二、杠杆理论

杠杆理论主要是指经营杠杆理论、财务杠杆理论和总杠杆理论。

（一）经营杠杆

1. 固定成本与变动成本

根据成本特性的不同，产品成本可分解为固定成本与变动成本两部分。

固定成本是指在一定产量范围内，不随产品产量变化而变化，保持一个常量的成本。

变动成本是随着产量的变化而变化的成本。

2. 经营杠杆

经营杠杆是指企业息税前收益（EBIT）随企业销售额变化而变化的程度，常用 DOL 表示。其计算公式为：

$$DOL = \frac{息税前收益变化百分比}{销售收入变化百分比}$$

$$= \frac{\Delta EBIT/EBIT}{\Delta S/S}$$

由于 EBIT ＝销售收入－总成本

$$= P \cdot Q - (V \cdot Q + F)$$

$$= (P-V) Q - F$$

$$S = P \cdot Q$$

$$\Delta EBIT = \Delta Q (P-V)$$

式中　P——单位产品销售价格；

　　　Q——产品销售量；

　　　V——单位产品变动成本；

　　　F——固定成本（不含利息支出）；

　　　S——销售收入

因而：$$DOL_Q = \frac{\Delta EBIT/EBIT}{\Delta S/S} = \frac{\Delta Q (P-V) / [(P-V) Q - F]}{P \cdot \Delta Q/PQ}$$

$$= \frac{Q (P-V)}{Q (P-V) - F} \tag{4-21}$$

经营杠杆 DOL 越大，EBIT 随销售收入变化而变化的幅度越大。上式中的 DOL_Q 表示按销售数量确定的经营杠杆系数。

【例题 15】 某公司生产某产品的固定成本总额为 140 万元，变动成本率为 55%，当销售额为 780 万元时，息税前的利润为 120 万元，则其经营杠杆系数为：

$$DOL_Q = \frac{780 \times (1 - 55\%)}{780 \times (1 - 55\%) - 140} = 1.66$$

经营杠杆系数表明：当销售额为 780 万元时，销售额每变动 1%，公司的 EBIT 将变动 1.66%。

在单位产品平均售价、单位产品可变成本和固定成本不变的情况下，销售量与息税前收益成正比，经营杠杆系数越大，对经营杠杆利益的影响就越大，经营风险也就越高。

（二）财务杠杆

由于负债经营而导致公司所有者收益变化幅度的增加即为财务杠杆作用，财务杠杆用财务杠杆系数 DFL 衡量。

$$DFL = \frac{EPS 变化的百分比}{EBIT 变化的百分比} = \frac{\Delta EPS/EPS}{\Delta EBIT/EBIT}$$

式中　DFL——财务杠杆系数；

　　　ΔEPS——普通股每股利润的变动额；

　　　EPS——普通股每股利润。

若用 I 表示利息、T 表示公司所得税税率、N 表示流通在外的普通股股份数，则有：

$$EPS = (EBIT - I) (1-T) /N$$

$$\Delta EPS = \Delta EBIT (1-T) /N$$

由此有：
$$DFL = \frac{EBIT}{EBIT - I} \qquad (4-22)$$

【例题 16】 某公司全部资本为 1100 万元，债务资本比率为 0.4，债务利率为 12%，所得税税率为 33%，在息税前利润为 100 万元时，财务杠杆系数为：

$$\frac{100}{100 - 1100 \times 0.4 \times 12\%} = 2.12$$

计算结果表明，该公司目前情况下，当息税前利润增长 1% 时，普通股每股利润增长 2.12%；当息税前利润下降 1% 时，普通股每股利润将下降 2.12%。财务杠杆系数是息税前利润、利息、资本结构的函数，当他们发生变化时，财务杠杆系数就会变动。通常，财务杠杆系数越大，对财务杠杆利益的影响就越大，财务风险也就越大。

（三）总杠杆

由上述分析可知，经营杠杆是通过扩大销售额影响息税前的利润；而财务杠杆则是通过扩大息税前的利润影响每股利润。二者最终都影响到普通股的收益。如果公司同时利用经营杠杆和财务杠杆，则其影响会更大。

经营杠杆和财务杠杆的共同作用程度，可以用总杠杆系数 DTL 表示。他是经营杠杆系数和财务杠杆系数的乘积。即：

$$DTL = DOL \cdot DFL$$
$$= \frac{EBIT + F}{EBIT - I} \qquad (4-23)$$

通过经营杠杆、财务杠杆和总杠杆的分析，可以得到以下结论：

1. 股东权益受经营风险和财务风险两种风险因素的影响。其中经营风险主要受公司产品的需求状况、生产要素的供给状况、固定成本与变动成本的比例关系及对市场的应变能力等因素的影响；财务风险则主要受公司的资本结构的影响。

2. 在营业利润水平高于债务利息率时，负债经营可以提高股东的收益水平；在营业利润水平低于债务利息率时，负债经营将降低股东的收益水平。股东收益水平变化幅度的增加，就是财务杠杆引起的财务风险。

（四）资本结构

上面我们曾指出，在营业利润率高于负债利息率时，利用财务杠杆可以提高股东的收益水平，但这样做同时也增加了股东所承担的风险。那么，这种收益和风险的增加会给公司带来什么样的后果，即通过改变公司的资本结构能否为公司股东带来实质性的好处，这就是资本结构理论所要讨论的主要问题。

1. 资本结构的定义

资本结构是指公司资产总额中负债所占的比例。若用 D 表示公司的负债总额，A 表示公司的资产总额，则资本结构即可表示为 D/A。由于公司的资产只能通过负债与股东权益两种来源获取，若用 E 表示公司股东权益总额，则有 $A = D + E$。此时，公司的资本结构可表示为：$D/(D+E)$ 或 D/E，后者又称为负债权益比。

2. 资本结构中的债务资本的作用

在资本结构决策中，合理地利用债务筹资，调整债务资本的比率，对公司是有重要的影响的。

（1）利用债务资本可以降低公司资本成本；

（2）利用债务筹资可以获得财务杠杆利益。但是，运用债务筹资，虽然可以发挥财务杠杆的作用，但同时也给公司带来一定的财务风险，包括定期付息还本的风险和导致所有者收益下降的风险。

3. 最佳资本结构

所谓最佳资本结构是指公司在一定时期内使其加权平均资本成本最低，同时公司价值最大的资本结构，公司应以此作为目标资本结构。

根据现代资本结构理论的分析，公司最佳资本结构是存在的，在资本结构的最佳点上，公司的加权平均资本成本达到最低，同时公司的价值达到最大。

思 考 题

1. 自有资金和借入资金具有什么属性？直接筹资和间接筹资的主要区别是什么？
2. 资本金制度对公司理财具有什么意义？我国《公司法》和《企业财务通则》对资本金的主要规定是什么？
3. 资本公积金的主要来源有哪些？
4. 普通股和优先股筹资的优缺点是什么？
5. 按偿还期的长短负债分为几种？债券筹资有何优缺点？
6. 何谓资本成本？债务成本和权益成本有何不同？
7. 什么是经营杠杆和财务杠杆？其表达的含义是什么？

练 习 题

1. 某公司获得长期借款 3200 万元，年利率为 8.66%，期限为 10 年，每年年末付息一次，到期一次还本。该项长期借款的费用率为 1.25%，所得税税率为 33%。则该项借款的成本率为多少。

2. 某公司发行总面额为 5000 万元的债券，票面利率为 10%，发行费用为发行价格的 3%，公司所得税税率为 33%。试求当总价格分别为 5500 万元、4500 万元和 5000 万元时的债券成本率为多少。

3. 某公司发行优先股股票，票面价值为 1500 万元，筹资费费率为 4%，股息年利率为 10%，则其成本率为多少？

4. 某公司发行普通股股票，共 3000 万元。筹资费费率为 4%，第一年的股利率为 10%，以后每年增加 4%，则其成本率为多少？

5. 某公司共有长期资本（帐面价值）8000 万元，其中长期借款 2000 万元，年利率 10%，筹资费费率 1.20%；优先股 1000 万元，筹资费费率 3%，年股息率为 12%；普通股 4000 万元，年股息率为 8%，此后每年增加 5%；留用利润为 1000 万元，其成本率为 14%。则该公司的综合成本率为多少？设所得税税率为 33%。

6. 某公司生产某产品的固定成本为 300 万元，变动成本率为 48%，当销售额为 1800 万元时，息前税前利润为 290 万元。此时其经营杠杆系数为多少？其含义是什么？

7. 某公司全部资本为 5600 万元，债务资本比率为 0.52，债务利率为 10%，所得税税率为 33%，当息税前利润为 200 万元时，财务杠杆系数为多少？其含义是什么？

第五章 营 运 资 金

企业资金的总体是由流量和存量交织而成。因而建筑与房地产公司的理财活动，既要着眼于资金运动过程，进行资金流量的管理，也要着眼于资金运动于一定时点的状态，进行资金存量的管理。二者相辅相成，缺一不可。

第一节 资金流量管理

一、财务计划

（一）财务计划的概念

建筑与房地产公司的财务计划又称财务预算，是指总括反映公司在经营期内预计经营成果、资金的流入和流出、资本支出以及预期财务状况。主要内容包括：预计财务目标，预计资本支出及预计财务收支状况等。

财务计划是公司全面计划的核心内容，是实现公司经营目标的最直接有效的管理手段。财务计划作为公司管理工作的总纲，其最终目的就是全面实现公司经营管理的目标，其具体体现一般包括维持公司生存的经营指标（收入、成本费用、利润、资金等），以及公司扩张、发展的资本支出预算。通过计划的切实有效的实施，确保预期财务目标的实现。

建筑与房地产公司财务计划具有如下特征：

（1）以经济效益最优为目标；

（2）以生产经营的最佳业绩为导向；

（3）以计划的有效执行为准绳。

（二）建筑与房地产公司财务计划的构成

根据建筑与房地产公司财务活动的内容和财务管理的实际需要，建筑与房地产公司的财务计划一般由以下几个部分组成：

1. 经营（财务）目标计划

经营（财务）目标计划是以预计经营成果及预计财务状况的有关内容为基础编制的，主要有以下表式：

（1）成本计划表

本表反映预期降低成本目标及成本水平，包括工程成本计划表、产品成本计划表、作业成本计划表、开发产品成本计划表等，根据经营部门提供的经营计划及采取的降低成本措施计算编制。各种成本计划可进一步分别按成本责任中心和成本项目编制，以便有效地进行成本控制，使降低成本落到实处。

（2）利润计划表

本表反映计划期内利润的形成及利润分配，是预计经营成果的重要指标，是公司预计积累及现金流入的重要源泉。根据经营计划、成本计划及期间费用预算计算编制。

（3）. 预计财务状况表（预计资产负债表）

本表反映期初、期末财务状况。通过预期经营成果和实现预期财务收支，预计未来财务状况的改善作业。

2. 资本支出计划

资本支出计划，又称专项投资计划。本表反映为资源的有效配置和利用而安排的未来长期资产投资项目。包括固定资产更新、改造、新建及扩建；专利技术、专有技术等无形资产项目；债券及股权等长期投资项目；以及搭建临时设施项目等。主要是为公司资本的保值、增值作出决策。

3. 财务收支计划

财务收支计划，又称现金计划。反映计划期为实现经营目标及资本支出计划对公司存量资金及对外筹资、运用目标等进行决策，是公司预期的资金流量表。财务收支计划目标的实现，是实现经营目标及资本保值、增值目标的体现。

财务计划组成内容之间的关系如图 5-1 所示。

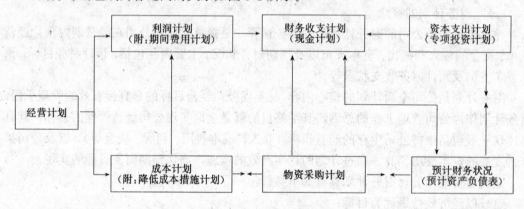

图 5-1. 财务计划组成图

（三）财务收支计划

建筑与房地产公司的财务收支计划也叫财务收支预算，是指导和组织财务工作的基本文件。它规定了计划期内公司财务收支的状况和公司施工生产和开发经营活动的财务成果，同时也反映了计划期内应向国家预算上缴的款项和向银行取得及偿还的款项，反映了公司与国家预算和银行之间的关系。

财务收支计划是公司财务计划的重要组成部分。它是以施工计划、附属企业生产计划和开发产品计划为基础，并根据技术组织措施计划、材料供应计划、机械化施工计划、劳动工资计划和成本计划等进行编制的。财务收支计划不仅综合反映各项有关计划的财务成果，而且对这些计划有积极的影响。通过财务收支计划的编制，可以全面地计算和分析施工生产、开发经营活动的经济效益，并可以从提高经济效益的角度，对各方面计划工作提出具体的要求，从而促使各项计划制订得更加合理、更加先进。

（四）编制财务收支计划要注意的几个问题

1. 财务收支指标的确定，要以企业的施工定额为基础

财务收支计划是利用货币指标对企业的物质资料占用、工程施工耗费、施工成果和产

品开发成果有计划地综合地加以控制的一种管理办法，因而它同以实物指标和劳动时间指标直接控制的工程施工耗费和物质资料占用的各项定额有着内在的联系。这里所说的定额，主要是指各项材料储备定额、材料消耗定额、劳动定额、机械台班定额等。

施工企业的定额有预算定额和施工定额之分。预算定额是按建筑生产部门平均消耗水平制订的部门平均定额。各个施工企业由于施工条件和经营管理水平的不同，它们所能达到的定额水平也不相同，因此，各个企业在编制财务收支计划时，都要以企业施工条件和经营管理水平制订的施工定额为依据。

2. 财务收支指标必须与施工、产品开发及其他计划指标密切结合。

财务收支计划是建筑与房地产公司计划的重要组成部分。它与公司的施工计划、技术组织措施计划、产品开发计划、机械施工计划、材料供应计划、劳动工资计划等共同构成统一的计划体系。在这里，施工计划与开发计划起主导作用，决定着公司经济活动的规模，各项计划都以施工计划或开发计划为基础，彼此之间有着相互联系和相互制约的关系。财务收支计划具有综合的性质，它全面反映公司的经济活动、工程施工、经营的经济效益。因此，财务收支计划应该根据施工计划、开发计划及其他计划来编制，并与施工、开发及其他有关计划保持协调。这样编制的计划，才能符合实际。但是必须指出，财务收支计划对于其他各项计划，不能仅是消极的综合反映，而是应该有积极的影响。因为通过财务计划工作，可以综合计算和全面考察施工经营活动的经济效益，借以反映问题、揭露矛盾，对公司各有关方面的工作提出要求。如工程量的大小，材料消耗定额和劳动生产率的高低，都会直接影响工程的成本和公司的利润。通过利润和工程成本降低额指标的检查和分析，就可揭示其他有关计划指标是否先进，从而提出改进施工、劳动、材料等方面管理工作的要求，并积极影响其他有关计划指标，使企业的各项计划制订得更加合理、更加先进。

3. 财务指标的确定，必须既积极先进，又切合实际，同时要有具体的措施来保证。

编制财务收支计划的过程，是挖掘企业内部潜力的过程，也是促使各种矛盾转化的过程。这就要求我们在制订财务指标时，必须认真研究资金运动规律，做好调查研究工作，把内部条件、外部条件、有利条件、不利条件、人的因素、物的因素查清摸透，全面考虑公司的物质技术条件，进行切实细致的计算，使财务计划指标既积极先进，又切实可行。但计划的切实可行，并不是客观条件的简单综合，而是在计划编制过程中，积极设法克服不利的条件，改变不利的因素，使不利的条件和因素转变为有利的条件和因素，并留有适当余地。

要使财务指标切实可行，还必须把计划指标与具体措施结合起来，在确定财务计划指标时，需要拟订具体的技术组织措施，作为实现财务收支计划的保证。

二、年度财务收支计划

施工与房地产公司年度财务收支指标的平衡，是通过编制年度财务收支计划总表来实现的，年度财务收支计划总表是年度财务计划中最主要也是最综合的部分，它以收支平衡表的形式，集中反映企业财务收支以及与国家预算、银行等方面的关系。年度财务收支计划总表有两种编制方法：一种是按资金的投入和退出数额编制；另一种是按资金的收支全额编制。

（一）按资金的投入、退出数额编制

财务收支计划总表按资金的投入退出数额编制，就是不反映公司计划年度财务收支总额，只反映从外部投入和退出的资金。主要反映上交国家所得税、对投资者分配利润、借入和归还银行借款、发行和回收企业债券、对外投资和收回等。对收入不是反映工程结算收入和其他业务收入的金额，而以扣除成本、管理费用、财务费用和工程结算税金后的企业纯收入及利润来反映。

现将其格式举例如表 5-1 所示：

财务收支计划总表

单位：万元

1997 年度

表 5-1

收入项目	本年计划数	支出项目	本年计划数
一、本年实现利润	398.66	一、上交所得税	131.44
加：1. 固定资产折旧提取	204.60	二、支付应付利润	213.59
2. 无形资产摊销		三、归还流动资金借款	62.00
3. 临时设施摊销		四、固定资产投资支出	
4. 流动资金借款		五、专项工程支出	446.40
5. 固定资产投资借款	260.40	六、归还固定资产投资借款	
二、其他收入		七、收回应付债券	
1. 债券资金收入		八、对外投资支出	
2. 收回对外投资		九、退还所有者资金	
3. 收入所有者资金			
收入合计	854.66	支出合计	853.43
年初结存货币资金	42.16	年末结存货币资金	43.39
总　　计	896.82	总　　计	896.82

1. 有关利润及其分配项目

施工与房地产公司计划年度利润及其分配项目的设置，与各个时期的财务体制有关。根据现行财务制度的规定，公司实现的利润，要先上交所得税，然后提取盈余公积金和公益金，再对投资者分配利润。对实行利润上交办法的国有施工及房地产公司应将分配利润上交国家财政。所以，在财务收支计划总表中，应在收方设置"本年利润总额"项目，付方设置"上交所得税"、"支付应付利润"项目。又因计算计划年度利润的成本中，已包括计划年度提取的折旧费和无形资产摊销，而从财务收支角度来看，固定资产折旧和无形资产摊销已在固定资产和无形资产购建取得年度列支，计划年度不需要支出，所以在计划年度财务收支总表收方除了列示实现利润总额外，还要将计入成本但不要支出的固定资产折旧费和无形资产摊销列作财务收入，在收方设置"固定资产折旧提取"、"无形资产摊销"项目加以反映。

2. 有关银行借款及其归还项目

施工与房地产公司的银行借款，主要用于补充流动资金和专项工程支出。

施工与房地产公司所需的流动资金，要按年核定定额，并根据企业可用于流动资金周转的自有资金，确定计划年度应向银行借款或发行企业债券补充的数额。如计划年度能用自有资金补充流动资金，或采用加速流动资金周转措施降低流动资金定额，使可用于流动资金周转的资金大于流动资金定额数时，则可将多余流动资金归还银行借款，所以在财务收支计划总表的收方要设置"流动资金借款"项目，在付方要设置"归还流动资金借款"项目。

建筑与房地产公司如果要在计划年度购建、改造固定资产，应确定固定资产投资的资金来源。固定资产投资的资金来源主要有以下几个渠道：一是用公司自有资金，即历年提取盈余公积和提取固定资产折旧；二是向银行举借基本建设投资借款和技措借款；三是发售公司债券；四是出售购入股票债券，收回对外投资。但从建筑与房地产公司目前状况来看，主要是靠银行借款。在这种情况下，应在财务收支计划总表收方设置"固定资产投资借款"项目，在付方设置"专项工程支出"项目，用以反映固定资产购建改造支出。施工企业借入固定资产投资借款，在固定资产购建、改造完成投入使用以后，可用企业税后利润和提取折旧归还。计划年度按照借款合同，如要偿还借款的，应在财务收支计划总表付方设置"归还固定资产投资借款"项目。

3. 有关公司债券的发售和收回项目

建筑与房地产公司要购建、改造固定资产、补充流动资金、在自有流动资金不足而又得不到银行借款时，如具备发售公司债券的条件，可发售公司债券来筹集资金。在这种情况下，财务收支计划总表收方应设置"债券资金收入"项目，用以反映计划年度发售公司债券筹集的资金。公司发售的债券，应按期收回，向持券人支付债券本息。计划年度按规定如有收回到期公司债券、支付债券本息的，应在财务收支计划总表付方设置"收回应付债券"项目，反映计划年度收回企业债券支付的债券本息。

4. 有关对外投资及其收回项目

建筑与房地产公司在计划年度如有多余资金，将它用以购买股票、债券或对其他企业投资，以谋求一定数量的收益或借以积累整笔资金为今后扩大施工生产经营规模、进行技术改造之用时，应在财务收支计划总表付方设置"对外投资支出"项目，用以反映计划年度的对外投资数额。企业在计划年度，如因补充流动资金或购建、改造固定资产需要，将以前年度购入股票、债券出售、收回对外投资时，应在财务收支计划总表设置"收回对外投资"项目加以反映。

施工与房地产公司的资本金，一般不得任意增减。计划年度如因施工生产规模扩大，经决定由所有者增加资金时，可在财务收支计划总表收方增设"收入所有者资金"项目加以反映。公司如因生产经营规模缩小，经决定在计划年度发还所有者一部分资金时，可在财务收支计划总表付方增设"退还所有者资金"项目加以反映。

（二）按资金的收入全额编制

财务收入计划总表按资金的收支全额编制，就是按计划年度的财务收支全额来编制。因为按资金的投入和退出数额编制的财务收支计划总表，虽可反映公司的财务成果，公司同国家预算的交款关系、公司同银行的信贷关系及公司同投资者的关系，但不能反映公司计划年度全年财务收支总额。如全年的工程结算收入、产品销售收入、其他业务收入、材料采购支出、工资支出、其他生产费用支出等的总额。因而难以用来平衡全年财务收支。所以在实际工作中，对于财务收支计划总表，往往按财务收支全额编制。由于这种按财务收支全额编制的财务收支计划总表与下面介绍的月度财务收支计划表基本相同，故在此不加详述。

三、月度财务收支计划

编制年度财务收支计划，只是为加强公司的财务管理提供了条件，重要的还在于组织年度财务收支计划的执行。因此，年度财务收支计划编制以后，就应当积极组织计划的执行，以保证计划指标的完成。

月度财务收支计划是年度财务收支计划的执行计划。它集中地反映了企业在计划月度内各项财务收支的数额，体现工程施工、材料供应和工程点交结算等经营活动与资金收支的平衡关系，据以组织财务活动、进行资金调度、平衡当月收支，达到以月保季、以季保年，既便于掌握计划完成的进度，又可保证年度财务计划的完成。

建筑与房地产公司要自负盈亏，自我发展，必须用自己的收入来弥补自己的生产支出，并获得盈利。而每个公司的收入和支出都是多方面的，在时间先后上也不尽相同。要使收入与支出在数额上和时间上相适应，必须进行全面安排和灵活调度。月度财务收支计划就是全面安排公司收入和支出的重要工具，并作为组织日常资金调度的依据。通过月度财务收支计划的编制和执行，就能把公司各方面的财务活动有机地联系起来，使收入和支出相互协调，防止发生收支脱节现象，保证施工生产与产品开发所需的资金，及时完成税款上交任务和按期归还银行借款。

月度财务收支计划的内容，可以根据公司财务管理的要求来确定，一般包括以下各方面。

在收入方面主要有：

1. 工程结算收入（或房地产经营收入）　它是公司在月度内资金收入的主要来源，包括报告月末点交工程款和计划月度月中收取工程款（或土地转让收入、商品房销售收入、代建工程结算收入、出租开发产品租金收入等）。因为月末点交工程款，一般要到下月初才能进行结算收款，所以应包括报告月末点交、在计划月初结算的工程款，而不包括计划月末点交，在下月初结算的工程款。如果公司对工程款采用分次预收、竣工后一次结算的办法，则在工程结算收入中应包括计划月度预收工程款。在这种情况下，计算计划月度工程结算收入时，应扣除当月应归还预收工程款。

2. 产品销售收入　根据附属工业企业计划月度产品销售量和销售价格计算填列。

3. 其他业务收入　包括除产品销售收入以外的机械作业收入、材料销售收入、无形资产转让收入、固定资产出租收入等（房地产企业的其他业务收入还包括商品房售后服务收入），根据有关部门提供的计划月度收入数填列。

4. 营业外收入　包括处理固定资产、临时设施净收益等，根据有关部门提供的计划月度收入数填列。

5. 收回应收款　根据报告月度应收款的余额，考虑计划月度应收款的催收情况和可能收回数填列。

6. 流动资金借款　根据流动资金借款计划，填列由银行贷款的流动资金。

7. 固定资产投资借款　根据基本建设投资借款计划和技措借款计划，填列计划月度向银行的贷款。

8. 债券资金收入　根据计划月度发售企业债券扣除发售手续费和债券印刷费后的净收入填列。

9. 收回对外投资　根据计划月度出售或转让股票、债券，收回对外投资的数额填列。但不包括收回实物投资。

10. 收入所有者资金　根据增资决定，填列计划月度投资者应缴的资金。

在支出方面主要有：

1. 材料采购支出　由供应部门根据计划月度施工生产计划、材料消耗定额，结合材料库存，按照保证施工生产和合理储备、节约使用资金的原则，提出材料采购计划。财务部门应结合计划月度收入情况和储备资金的占用情况，对供应部门提出采购计划进行审核，以防盲目地、过多过早地采购，形成积压，然后据以填列。在发现可能发生超额储备时，应当建议压缩材料采购。

2. 工资支出　根据计划月度工资总额计划数填列。

3. 职工福利费支出　根据计划月度职工福利费提取数结合实际开支情况填列。

4. 其他生产费用支出　包括机械租赁费、水电费、土方运输费、办公费、差旅交通费、劳动保护费、业务招待费等生产费用支出。根据工程施工任务、有关取费标准，以及职工人数，费用开支标准等计算填列。

5. 营业外支出　根据月度实际需要的开支数填列。

6. 对外投资支出　根据计划月度用以购买股票、债券的投资及其他企业单位的投资支出数填列，但不包括用实物和无形资产的投资。

7. 专项工程支出　根据计划月度用以购买专项工程所需设备材料采购款、预付承包单位款、支付工程款填列。

8. 归还应付款　根据计划月度应该偿还并可能偿还的应付款数额填列。

9. 上交工程结算税金及附加　根据计划月度上交的营业税、城市维护建设税和教育费附加填列。

10. 上交所得税　根据报告月度、季度应纳税所得额和所得税率计算、在计划月度应上交的所得税填列。

11. 支付应付利润　根据利润分配方案，填列对投资者支付的利润。

12. 归还流动资金借款　根据计划月度能够归还银行的流动资金借款数填列。

13. 归还固资产投资借款　根据还款计划，填列计划月度归还银行的基本建设投资借款和技措借款。

14. 收回应付债券　根据计划月度对到期企业债券支付的债券本息数额填列。

15. 退还所有者资金　根据减资决定，填列计划月度应退还的所有者资金。

月度财务收支计划表列示如表 5-2 所示。

月度财务收支计划表　　　　　　　　　　　　　单位：万元

1997 年 2 月　　　　　　　　　　　　　　　　　　表 5-2

收方　　　　　　　　　　　　　　　　　　　　　　　　　　　付方

收　方　项　目	本月计划数	付　方　项　目	本月计划数
工程结算收入	126.00	材料采购支出	81.45
产品销售收入	10.80	工资支出	19.80
其他业务收入	3.60	职工福利费支出	2.77
营业外收入		其他生产费用支出	23.22
		营业外支出	0.18
收回应收款	2.88	对外投资支出	
流动资金借款		专项工程支出	21.60
固定资产投资借款	18.00	归还应付款	4.50

收　方　项　目	本月计划数	付　方　项　目	本月计划数
债券资金收入		上交工程结算税金及附加	4.16
收回对外投资			
收入所有者资金			
		上交所得税	
		支付应付利润	
		归还流动资金借款	
		归还固定资产投资借款	
		收回应付债券	
		退还所有者资金	
收入合计	161.28	支出合计	157.50
月初结存货币资金	12.60	月末结存货币资金	16.38
总　　　计	173.88	总　　　计	173.88

四、公司财务收支的日常管理

正确地编制计划仅仅是计划管理的第一步。为了保证财务收支计划的顺利实现，关键在于加强日常管理工作，充分发挥人的主观能动性。财务收支的日常管理，就是根据月度财务收支计划，组织日常财务收支的调度和平衡。

从一个月份来说，加强财务收支的日常管理，以保证月度财务收支计划实现，主要有两方面含义：其一是实现计划预定的数额；二是实现计划实现的时间，从而保证月度财务收支数额上的平衡和时间上的相适应。

在计划执行过程中，要积极组织收入，合理控制支出，采取有效措施，以保证收支预算的实现。由于财务收支指标是公司生产经营活动及其成果在财务上的综合表现，因此企业的财务指标没完成，实际上意味着生产经营上计划预定的主要数量和质量指标没有完成；而且基于财务对生产的反作用，财务上的困难又会给企业的生产经营带来困难，影响再生产活动的正常进行，促使财务状况进一步恶化。正因为这样，在日常的财务管理工作中就应把增收、节支、开源、节流以及确保收支指标的实现始终放在首位。在收支总指标的可以实现条件下，还要尽可能保证收支活动在时间安排上相适应。

在财务收支的日常管理中必须充分发挥财务部门的综合管理作用，做好以下各项工作：

1. 建立财务指标分管责任制

建立财务指标分管责任制，就是将确定的月度财务收支指标，分别下达给各有关部门掌握，各有关部门又将指标层层落实到各基层单位，明确责任，保证完成。例如：供应部门负责执行材料采购支出指标和多余材料销售收入指标，并在满足施工生产材料需要的前提下，保证储备资金的占用额不超过定额；劳动工资部门负责执行工资支出指标，保证工资总额按照规定使用，附属企业及其所属车间负责执行产品出产量指标和有关生产费用支出指标，并保证在产品资金定额的实现，等等。财务部门要依靠各有关部门、单位、职工的共同努力，在完成各项分管指标的基础上，保证企业月度财务收支计划的实现。然后还要把各项财务收支指标的考核同竞赛、评比、奖励有机地结合起来，更有效地促使各部门、各单位改进施工生产经营管理，加强经济责任，关心分管财务收支指标的完成，使月度财务收支计划管理建立在更可靠的基础上，发挥更大的作用。

2. 根据资金收支规律，编制财务收支旬计划，控制资金占用和费用开支。

为了保证月度财务收支计划的顺利实现，还应根据各个收支项目的月度计划数和资金收支规律，结合企业各个月度的具体情况，分旬编制旬计划，积极组织收入，合理安排支出，减少不必要的开支，借以达到收支平衡的目的，并确保收支数额在时间上相互协调。

财务收支计划中的各项收支项目，各有自己的特点。尽管表面上看起来错综合复杂，但其中也有一定的规律可循。具体表现在：

(1) 有的财务收支是按一定的周期有规律地重复发生的。例如工资、水电费的支付周期通常是一个月；材料采购支出的周期则由供应周期决定；工程结算收入的周期，是由工程价款结算办法决定的，在采用半月预支、按月结算办法时，它的周期是半个月，在采用竣工一次结算办法时，它的周期是与各项工程的施工周期一致的。

(2) 有些财务收支指标在数额上具有依存关系。如材料采购支出依施工生产任务和单位工程产品消耗定额而变动；工资支出依职工人数、平均工资和施工生产任务完成情况而变动；工程结算收入依工程结算数量而变动；上交所得税依企业利润而变动等。

在财务收支日常管理中，还要分清主次，明确收支管理的重点。一般情况下，在收入方面主要是工程结算收入或房地产经营收入；在支出方面，主要是材料采购支出，工资支出和上交营业税、所得税。明确财务收支重点，掌握财务收支活动规律，就可更好地计算和安排各项收支的数额和时间，使企业的收入和支出，不仅在数额上而且在时间上能够相互协调，从而提高预见性，减少盲目性。

为了实现财务收支指标的平衡，还要随时核算和控制各项收支。根据某些在财务收支管理上富有成效的企业的经验，对于收支频繁的项目，应设立卡片进行核算和管理。具体的做法是：由财务部门根据已批准的月度财务收支计划，给有关部门、单位签发"财务收支登记卡"，填列有关项目的计划支用数，支用时登记实际支出数，以监督和控制各部门、各单位的用款不超过计划。如果各部门、各单位因施工生产计划和产品开发计划变动或其他特殊情况必须追加计划指标时，要按规定程序办理追加手续，经有关主管人员审批后，才能在财务收支登记卡上增加计划支出数。财务部门对于超过计划或追加计划的支出数，有权拒付。这样，就能控制一些计划外、预算外开支，促使各部门、各单位节约使用资金，减少资金占用和生产费用开支，提高资金利用效果，增加企业盈利。

3. 加强与各分管部门之间的联系、协作，做好预报、预测和分析工作。

在月、旬财务收支计划执行中，财务人员应当经常深入基层，深入施工生产经营管理的各个环节，与有关分管部门、单位密切协作，及时了解施工生产经营管理情况，协助他们解决在执行财务指标分管中出现的问题。如协助施工技术部门制订降低工程成本的技术组织措施，协助预算部门编好施工预算，做好工料分析，并根据工料分析和降低工程成本的技术组织措施，控制工料消耗，不断降低施工费用；协助材料供应部门弄清材料构件库存，掌握施工生产用料的变化情况，使材料采购和储备既能保证施工生产需要，又能节约资金，严格执行材料采购支出计划指标。各分管部门和单位对于施工生产经营过程中可能出现的问题，也应事前与财务部门联系，以便妥善安排财务收支。

为了随时掌握各项财务收支的实际进度，还要做好财务收支指标执行情况的预报和预测工作。因为随着施工生产经营活动的进行，企业财务收支之间经常会出现不平衡的情况，财务部门应根据施工生产和供应等方面的变化情况，预测资金收支的变化动态，加强资金调度工作，及时组织财务收支的平衡，使企业施工生产、开发经营活动顺利地进行。

财务收支预报工作一般可按旬（或 5 日）统计各项收支的完成情况，分析主要收支指标的执行进度，编制财务收支旬报（或 5 日报），分送企业领导和各有关分管部门。财务收支旬报的格式列示如表 5-3 所示：

财务收支旬报

表 5-3

19××年×月×旬

单位：元

收入项目	本月计划数	至旬末的实际数	支出项目	本月计划数	至旬末的实际数
工程结算收入 产品销售收入 ⋮			材料采购支出 工资支出 其他生产费用支出 ⋮		

在编报财务收支旬报（或 5 日报）的同时，还要将实际数和计划数进行对比分析，预测财务收支的发展趋势，及时发现问题，对有关部门、单位提出意见，要求他们采取有效措施，改善施工生产经营管理，完成财务收支指标。

每月终了，财务部门应根据财务收支计划和有关核算资料，将各项财务收支项目的实际数与计划数进行比较，看哪些项目完成了计划，哪些项目没有完成计划。然后，会同分管部门深入工地、班组、仓库，进一步分析影响各项目收支计划完成的原因。通过检查和分析，找出差距，查明原因，拟订改进工作的措施，为编制下月财务收支计划提供必要的资料。

第二节　流动资金存量管理

流动资金存量管理，着重于资金在企业内部的现金、有价证券、应收帐款和存货上的合理配置，力求从"流动性"与"盈利性"的统一中，科学地确定并保持资金在各有关项目上最优的配置水平。

一、现金管理

1. 持有现金的目的

广义的现金是指公司拥有的现款和流通票据，包括库存现金，银行存款，银行本票和银行汇票等。公司置存一定数量的现金，主要是为了满足三个方面的需要：交易性需要、预防性需要和投机性需要。

交易性需要是指公司需要现金支付日常业务开支。它包括材料采购、工资费用的支付、税金的缴纳等。尽管公司平时也会从业务收入取得现金，但难以做到投入和付出在数量和时间上相协调。如果不持有适当数量的现金，就会影响进行正常交易的连续性，或在一定情况下，丧失享有现金折扣的良机。

预防性需要是指公司持有现金以备意外事项之需。经营风险较大或工程结算收入变动幅度较大的公司，现金流量通常难以准确测算，因此持有一定数量的现金以防不测尤其重要。但并非所有经营活动和应付意外的准备都需要持有现金，其中有部分可以用有价证券这种准现金来充当。

投机性需要是指置存现金用于有利可图的购买机会。比如遇到廉价的材料或是有适当机会购入价格有利的有价证券等。

由此可见，每个公司都应持有一定量的现金。如果缺乏必要的、流动性最强的资产，不仅难以应付日常的业务开支，坐失良好的购买机会，还会给公司的信誉造成一定的影响。但是，现金的持有量并非越多越好。现金属于非收益性资产，若现金持有量过多，势必会使一部分现金由于无法投入正常周转而成为闲置资金，丧失应有的获利功能。

2. 最佳现金持有量的确定

确定公司一定时期内最佳现金持有量的原则是：持有最佳现金余额所花费的代价最低，最能给公司带来良好的经济效益。其主要方法有：存货模式、随机模式等。

下面分别加以介绍。

（1）存货模式

存货模式是指在公司最合理现金持有量确定时，用公司管理存货的经济批量的原理来确定的现金存量。此法主要解决的是现金资产的持有量与一定时期内公司有价证券最佳变现次数的关系。此方法必须要求公司有较完整的财务预算，在一定时期内公司现金需要量可预知的基础上，便能用此方法来确定最合理的现金资产的平均存量。

使用存货模式时，首先是建立在一个假定条件，即企业在一定时期内现金的流出与流入量均匀而且可预测。公司期初持有一定量的现金，若每天平均流出量大于流入量，到一定时间后现金的余额降至零时，公司就得出售有价证券进行补充，使下一周期的期初现金余额恢复最高点，而后这笔资金再供生产逐渐支用，待其余额降至零后又进行补充……如此周而复始。现金流动模式图如图 5-2 所示：

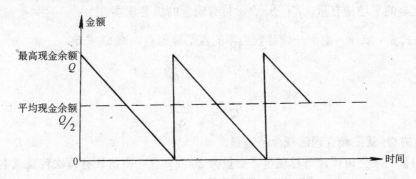

图 5-2　现金流动模式

上面提到，当公司现金持有量趋于零时，就需要将有价证券转换为现金，用于日常开支。但转换有价证券需要支付诸如佣金费用等费用成本。一定时期内变换有有价证券的次数越多，其固定成本就越高。同时，公司置存现金也要付出一定代价，因为保留现金便意味着放弃了投资于有价证券获得较高利息收益的机会。在有价证券收益率不变的条件下，保持现金的余额越多，形成的机会成本愈大。持有现金机会成本与转换有价证券成本二者之间关系如图 5-3 所示。

由图 5-3 可看出，最合理的现金持有量应该是现金持有机会成本线和转换成本线相交点所对应的 Q 点。此时现金总成本也必然是最低的。由此，可得最合理现金持有量的总成

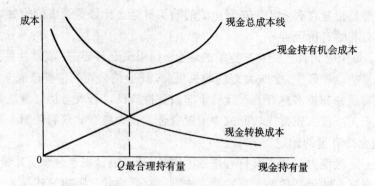

图5-3 持有现金机会成本与转换有价证券成本关系图

本的计算公式如下：

$$TC = E\left(\frac{S}{Q}\right) + K\left(\frac{Q}{2}\right) \qquad (5-1)$$

式中　TC——现金持有的总成本

　　　E——每次有价证券的转换成本

　　　S——一定时期需要现金总量

　　　Q——一定时期的现金持有量

　　　K——有价证券的利息率

其中：$\left(\dfrac{S}{Q}\right)$ 表示有价证券转换次数，$E\left(\dfrac{S}{Q}\right)$ 表示一定时期有价证券转换总成本。$\left(\dfrac{Q}{2}\right)$ 为现金的平均持有量。$K\left(\dfrac{Q}{2}\right)$ 表示持有现金的机会成本。

对公式5-1求导，由于一阶导数为零的点是极值点，对 Q 求导：

$$(TC_Q)' = \frac{K}{2} - \frac{ES}{Q^2} = 0$$

$$Q^* = \sqrt{\frac{2ES}{K}} \qquad (5-2)$$

这里的 Q^* 就是最合理的现金持有量。

【例1】　某公司预计每月现金需要量为200000元，有价证券每次转换成本为100元，有价证券年利率为12%，那么该公司每月最佳现金持有量为：

$$Q^* = \sqrt{\frac{2ES}{K}} = \sqrt{\frac{2 \times 100 \times 200000}{12\% \div 12}} = 63245.6 \text{ 元}$$

每月有价证券交易次数为

$$\frac{S}{Q^*} = 200000/63245.6 = 3.16 \text{（次）}$$

现金持有量存货模式能较为准确地测算出公司一定时期现金的合理存量和有价证券转换次数，是财务管理中现金管理的重要手段。但是此方法在运用时要求公司一定时期内现金收支均匀、稳定，其需求总量是可以预测的，短期有价证券可以随时转换，并知道其报酬率和每次转换成本的情况下适用。因此，如果公司一定时期内现金收支情况发生较大变化的；此方法的计算结果可能不十分精确，但可以作为判断合理现金存量的基本标准，再结合历史经验，来正确推断最合理的现金持有量。

2. 随机模式

随机模式是适用于公司未来的流量呈不规则波动、无法准确预测的情况下采用的一种控制模式。随机模式下，可以根据历史资料，来测算一个控制范围，即制订一个现金存量的上下限，当现金存量达到控制范围上限时，即将现金购入有价证券，使公司现金持有量下降。相反，当现金存量接近控制下限时，便要出售有价证券，转换成现金。如公司现金持有量保持中限时，则可保持现金和有价证券的原有存量数。

现金控制范围上下限的确定，主要取决于现金持有机会成本和有价证券的转换成本。如假设 H 为上限，L 为下限，其控制图如图 5-4 所示：

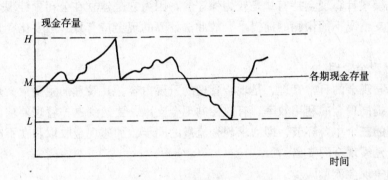

图 5-4　现金控制图

如图所示，当公司现金持有量达到 H 时，应用现金购入 $(H-M)$ 的有价证券，使现金存量下降，当现金持有量下降到 L 时，便应出售 $(M-L)$ 的有价证券，使现金存量上升。这样，便能确保现金持有量保持在 H 和 L 的控制范围内波动。

公司可根据历史资料测算出一定时期内现金波动的标准差 σ（计算方法略），便能测算出控制范围内现金的合理存量，即现金与有价证券进行转换的最佳点。其计算公式如下：

$$M=\sqrt[3]{\frac{3E\sigma^2}{4K}} \tag{5-3}$$

式中　M——最合理库存现金量

E——有价证券每次转换成本

σ——一定时期现金波动的方差

K——一定时期有价证券利率

此模式可使现金持有的机会成本和有价证券转换成本合计的总成本为最低。根据惯例，一般上限　$H=3M-2L$ $\tag{5-4}$

平均现金存量为 $\dfrac{H+M}{3}+L$。

【例2】　某公司日净现金的标准差为 900 元，有价证券年利率为 10%，每次有价证券转换的固定成本为 85 元，最低现金控制存量 L 为 2500 元。若一年按 360 天计算，其现金最合理持有量和现金控制上下限及平均持有量，可计算如下：

$$M=\sqrt[3]{\frac{3\times85\times900^2}{4\times0.1/360}}=5707 \text{ 元}$$

现金最合理持有量应为 5707 元。

现金存量控制上限：

$$H = 3M - 2L = 3 \times 5707 - 2 \times 2500 = 12121 \text{ 元}$$

现金的平均存量：

$$\frac{H+M}{3} + L = \frac{5707+12121}{3} + 2500 = 8443 \text{ 元}$$

当该公司现金持有量达到或接近 12121 元时，应购买 6414 元（12121－5707）有价证券。当现金持有量下降到 2500 元时，则可出售 3207 元（5707－2500）有价证券。使现金持有量保持在 5707 元左右波动。

用随机模式计算现金持有量是较为保守的，因为它是建立在公司预计现金需求总量和未来现金收支情况不能预测的前提下。故此法计算的现金持有量一般要比存货模式计算的结果要大。

3. 日常现金管理

加强公司现金的日常管理，是现金管理的重要内容。其管理的主要意义是加速现金的周转速度，提高现金的利用效率，有效控制现金支出。要达到这一管理要求，就必须要抓好现金管理的三个主要环节，即力求现金流量的同步、加速现金收取和在不影响公司信誉的前提下，延缓现金的支出。

（1）力争现金流量同步

如果公司能尽量使其一定时期内的经营活动、投资活动和各项理财活动所发生的各项现金流入和流出的发生时间和数量趋于一致和均衡，则不但能确保现金收支的平衡，保证在一定时期内有充分的现金流入量来满足其现金流出的需求，而且能使其所持有的现金余量降低到最低水平，起码能使企业为交易目的持有的现金大大降低，从而提高公司的现金利用率，获取良好的收益。

所以，在日常现金收支业务的管理中应坚持力争现金流量同步的观点，合理安排和调整好各期现金的收付事项，既要努力降低各期现金持有量，加速现金周转，又要做到确保公司随时保持相应的支付能力，防止财务危机的出现。

（2）加速现金的收取

建筑与房地产公司的现金的收取主要来自工程结算收入或开发经营收入。加速收款主要是尽可能缩短从客户汇款或开出支票到公司收到客户汇款或将其支票兑现的过程。现介绍国外几种常见的加速收款的方法：

①银行业务集中法

银行业务集中法（Concentration banking system）是指公司分别在许多点建立收款中心来加速资金的收取过程。其目的在于缩短从顾客邮寄付款支票到公司利用资金的时间。公司预先通知客户把货款寄给该地区所属收款中心，各地区的收款中心收到顾客邮寄的支票，就委托当地银行负责兑现支票，然后由各地收款银行将所收款项统一划拨给公司所在地银行。这种分散收款方法同传统的集中收款方式相比有这样两个优点：

第一，缩短帐单和支票的往返邮寄时间。这是因为帐单由客户所在地的收款中心开出，并寄给当地客户，所需的时间明显小于直接从公司所在地邮寄帐单给客户的时间；同时，客户付款的支票邮寄到离它最近的收款中心的时间也比直接邮寄到公司所在地的时间短。

第二，缩短支票兑现所需的时间。这是因为各地收款中心收到客户的支票并交当地银行，公司就可向该地区银行支取使用。

第三，便于应收帐款的及时清理。有利于对应收帐款的直接催收，而且能大大节约催付应收帐款的成本。

采用此种方法也有其不足之处，按规定各收款中心在当地银行开设的帐户应保持一定的存款余额，设立的收款中心越多，这部分"冻结资金"的机会成本也就越大。

②锁箱法

所谓"锁箱法"(Lock box system）是指公司在邮局租用一个加锁的专用信箱，同时委托当地的代理银行开箱收取顾客邮寄的支票。其目的在于减少企业收到客户支票并提交托收银行的时间。其具体做法是，公司根据开出帐单的方式来选择各地区的代理银行。然后在这些地区的邮局租用加锁信箱，公司应预先通知客户把支付款项的支票投寄某号信箱，并由当地代理银行每天定时开箱，将顾客邮寄来的支票兑现转存入企业的帐户。代理行应定期将存款单、付款单及其他单据交送公司审核，这就避免了企业对支票进行内部处理以及亲自把支票提交银行的时间。锁箱法的主要优点是：它能够使支票较快地存入银行，并较快地成为公司可动用的银行存款。但是锁箱法也有明显的缺点：由于代理银行除承担一般的支票清算业务以外，还为公司提供其他额外服务，所以要向代理银行支付相应的报酬。这就需要进行锁箱法的成本效益分析。

③其他方法

公司如果碰到巨额支票，可采用一些特殊的处理方法。如由专人负责处理，用特定的传递手段。也可将大额支票直接提交付款银行转帐。公司如果下属机构较多，还应严格控制这些机构之间的现金往来调拨，密切注视所属机构占用过多资金的现象。有些公司同时在多家银行开设帐户，会增加闲置资金的可能。若能取消某些不必要的银行帐户，就可腾出大量资金用于其他的经营活动。

（3）严格控制现金的支出

现金支出控制包括金额上和时间上的控制。公司常用的方法有如下几种：

①浮支的利用

"操纵浮支"(playing the float），是使现金利用率达到最高限度的一个手段。从现金支出来看，所谓"浮支"是指利用支票开具与支票兑现之间存在的时间差向银行开出的支票总额超过了其存款帐户上结存的余额。这里必须注意它与"开空头支票"是不同的。因为当公司在开出支票的时候，银行还没有把支票金额从该公司的存款帐户中加以注销。而在这同时，另一笔收入将先于进入银行存款。这就需要公司能准确地估算出浮支的金额，掌握银行存款收支的时间差，巧妙地利用浮支来减少银行存款的余额，以便用最少的资金来进行业务活动。特别要注意的是，在使用现金浮支量时，一定要控制使用时间，防止发生银行存款的透支，这不但会使公司信誉下降，还会遭到银行的处罚，而使公司蒙受损失。

②延缓应付款的支付

公司在不影响自己信誉的前提下，应尽可能地推迟应付款的支付期，充分运用供应商所提供的信用优惠。例如公司在采购材料时，其付款条件为开票后10天付款，可享受现金折扣2%，30天内按发票金额付款。公司应安排在开票后的第10天付款，这样既可最大限度利用现金，又可享受现金折扣。如果公司确实急需资金，或短期调度资金花费代价较大，则也可放弃折扣优惠，应在信用期的最后一天支付。

汇票也是一种延缓支付的工具。公司凭供货单位开支的汇票支付货款可以推迟用银行存款实际支付汇票金额的时间。这就便于购货单位在汇票到期日前仍能自由支配其银行存款。

③工资的支付方式

工资的支付一般有两种方式，一是直接以现款支付，另一是发放支票，然后由职工自己去银行提取现款。在第一种方式下，公司可以集中对现金加以控制，比较容易达到控制的目标。现在有许多信用条件较完善的地区已开始试行给职工签发支票，有的企业甚至直接将个人工资直接存入银行。这种情况下，尽管公司无法集中对工资进行控制，但确能使企业利用其中一部分工资基金参与经营周转。因为企业职工不大可能在一天内将支票同时到银行兑现。所以，公司可以在银行只备有少量存款以供职工的兑取。公司可根据以往的经验来绘制工资支票兑现百分率分布图，从而既保证工资的兑现，又不在银行占用过多的存款。

假定某公司工资支票的兑现是在一个星期内呈递减趋势，开出工资支票当天兑现率为50%（假定在星期一），以后依次为25%、15%、7%、3%，可绘制工资支票兑现百分率分布图如下，见图5-5所示：

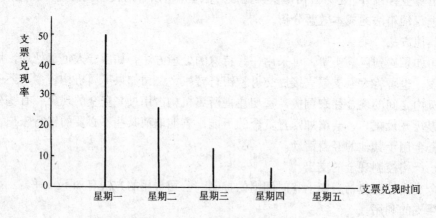

图5-5　工资支票兑现百分率分布图

利用同样的方法，我们可对股东兑现股利的现金支出实施控制，以使该存款数压至最低限度。

④控制现金管理的成本

前面介绍的几种控制现金支出的方法都有一个适度范围。因为任何控制措施都要花费一定的代价，这一代价就是现金管理成本，其本身也构成了现金的支出。一般来说，只要改进管理所带来的边际收益大于管理本身所发生的边际成本，则这笔开支是有价值的。反之，还是放弃为好。

⑤建立现金考核指标分管责任制

公司应按部门和单位制定全面和完整的现金收支计划，明确各部门现金收支和现金利用的分级管理责任制。建立相应的考核指标，下达给各有关部门，并落实到基层。明确各部门、单位和个人现金收支的责权范围，将现金收支的控制做得全面细致，定期或不定期的考核，保证现金收支计划的完成和有关指标的正确执行，提高公司整体现金管理水平。

二、有价证券管理

1. 投资有价证券的目的

当企业持有的现金超过正常经营活动的需要量时，选择最多的投资去向，是购买有价证券。企业将其闲置的现金用于有价证券投资，主要目的有二：

(1) 短期有价证券可充当现金，满足公司的紧急需要。

有价证券具有极强的变现能力，一般可视为现金的等同物。因此持有有价证券，并不影响资产的流动性。许多公司，各种短期有价证券都被用来代替其大部分的现金余额，用以应付临时性的现金需求。当现金流出量大于流入量时，公司就可将有价证券转换成现金，以补充现金的不足。另外，在特定情况下，短期有价证券可代替作为交易用现金、预防用现金或投机用现金，或同时取代这三者。其中预防的目的是最主要的。由于企业持有相当数量的有价证券，使公司资产有很高的流动性，大大提高了向银行和金融机构举借的信用程度，从而很容易借到其短期所需要的资金。

(2) 短期有价证券能作为一种短期投资，为公司创造效益。

以短期有价证券作为短期投资通常在以下三种情况下进行：

①公司是处在季节性和周期性经营情况下，在一年中某些时期常常有多余的现金，而某些时期会出现现金的短缺，则公司可用剩余的现金去购入短期有价证券，而在需用现金时再将其出卖变现。

②为了应付一些财务上能预计的未来资金需要。如公司将进行重大更新项目或公司发行的债券及其他金额较大的负债即将到期偿付。

③为了应付一些财务上无法预计的突发事件的资金需要。如因工程质量而引起的索赔；法律诉讼引起的败诉赔款；工程款不能及时收回而造成资金的临时短缺等。

2. 短期有价证券投资的选择标准

为便于公司在投资种类较多的短期有价证券时作出合理的决策，下面介绍选择短期有价证券投资时要注意的基本标准：

(1) 违约风险的衡量。所谓违约的风险主要是指证券发行者不能按期支付利息和偿付本金的风险。这主要根据证券评估的结论来判断。有价证券的投资应选择风险最小的证券。而风险小，报酬率也会偏低。所以公司要追求安全性高的投资，就得以放弃一定收益为代价。

(2) 利率和购买力因素。这是指由于市场利率变动引起有价证券的贬值和由于通货膨胀而引起回收证券投资后实际货币购买力的下降。这两种风险对企业证券投资的影响是很大的，尤其当利率和通货膨胀预期在短期内变化很大情况下，会直接影响证券投资的实际价值。进行短期投资时，必须要审慎，以免遭遇此类风险。

(3) 市场变现能力。企业持有短期有价证券的目的，不只是为了获取收益，通常也为了提供流动性准备，以便应付特殊或不测的现金需要。如将变现能力差的投资项目作为短期投资，则会引起决策失误，导致公司陷入财务困境之中。

(4) 到期日。是指短期投资的有价证券期限。对大部分持有有价证券企业来讲，一般希望把可能的风险限制在一个确定的范围，即尽量减少不确定性。较短的到期日也可避免证券投资中的利率变动风险和通货膨胀风险。但以多长到期日最为合适，则应由公司财务人员根据具体情况来选择决定。

3. 短期有价证券投资的形式

公司短期有价证券投资的主要形式有以下几种：

(1) 银行承兑汇票。这是由出票人签发的，并经银行承兑的远期汇票，系用于对外及对内交易的资金融通。公司购入此类汇票的投资风险较小，并能获取高于同期存款利率的利息收益，在急需资金时也能背书转让或向银行贴现，灵活方便。

(2) 商业票据。是指由金融公司或某些信用卓著的公司开出的无担保短期票据，是一种远期的商业票据。有时也以折扣的方式发售。公司购入期限较短的商业票据，一般都持有到期日，以期获取大于存款利率的利息收入。

(3) 国库证券。是由国家财政部门发售的短期、中期和长期债券，是由国家财政担保的有价证券，信誉最高。公司购入国库证券后，如急需现金也可在二级市场上转手出售，极为方便，所以成为短期投资的重要内容。

(4) 地方政府机构证券。是各地方政府或地方各金融机构发放的有价证券，一般由地方政府和金融机构出面担保。由于政府机构的证券一般均有发达的二级市场，故对投资者来讲，要购入或转让均十分方便。

(5) 可转让存单。也可称为流通存单，是用来证明持单人在开单银行有一笔一定金额和利率的定期存款。对于可转让存单投资者来讲，违约风险是发行存单的银行倒闭。但在我国，这种可能性较小。

(6) 购回合同。是指政府和各种有价证券的经销商，为了更有效地推销各种国库证券、地方政府机构证券和其他有价证券等，主动与投资者签订购回合同。购回合同有价证券的变现性很小，一般持有者都到合同期满才收回本息。由于其期限较短，故这个问题不十分突出。

4. 证券投资组合的决策

公司作出投资有价证券的决策后，将面临着如何选择证券种类、确定各种证券的数量和期限等问题。通常的做法是，预先估计公司未来现金净流量，在可预见的时间内根据不同时期的现金流动模式和规律性，挑选各种证券的到期日，与需要支付现金的时间尽可能接近，从而形成既能保证现金流动性的需要，又能谋取最大平均收益的证券组合。

下面举例说明如何确定证券的最优组合。

【例3】 设某企业预计在1998年度的现金流动模式如图5-6所示：

图中虚线表示预计的现金流动状况。假定公司现金余额最低时不会降到100万元，则在100万元线以下就可以安排期限较长，收益较高的投资。如图5-6所示，公司可购入一年期的债券和可转让定期存单90万元，在此基础上依据现金波动状况，安排一些短于一年期限且易于变现的商业票据和银行承兑汇票。至于波动性流动资产处在高峰期间产生的对现金流量急需增加的部分，公司相应地安排最易于变现的短期证券投资。

由此可见，确定证券投资最优组合所要考虑的证券种类、数额和期限这三个因素之间有着一定的依存关系。投资证券的种类和数额既相互关联，又受制于现金净流量大小的影响。现金净流量越多，投资证券和种类亦可越多；而各种证券的期限又依赖于现金流动所决定的到期时间。如果能较准确地预测出未来一段时期内现金净流量，那么有价证券的到期日就将成为投资组合决策的最重要因素。

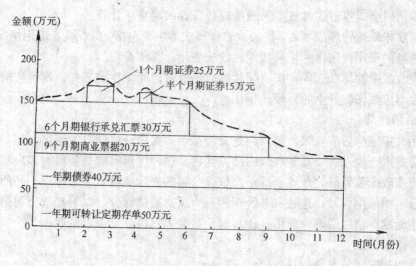

图 5-6 现金流动模式图

三、应收帐款管理

应收帐款是指由各种会计事项所引起的公司对未来资产增加（大多表现为现金状态），具有某些要求权的那些款项。对建筑与房地产公司来说，应收帐款是公司从事工程施工或因转让、销售和结转开发产品，提供出租房屋和提供劳务等业务，应向购买、接受和租用单位或个人收取的款项。

1. 应收帐款的功能与成本

公司提供商业信用，采取赊销、分期付款等销售方式，可以扩大销售，增加利润。但应收帐款的增加，也会造成资金成本、坏帐损失等费用的增加。应收帐款管理的基本目标，就是在充分发挥应收帐款功能的基础上，降低应收帐款投资的成本，使提供商业信用、扩大销售所增加的收益大于有关的各项费用。

（1）应收帐款的功能

应收帐款的功能是指它在生产经营中的作用。主要有以下方面：

①增加销售的功能。在市场竞争比较激烈的情况下，赊销是促销的一种重要方式。公司进行赊销，实际上是向顾客提供了两项交易：一是向顾客销售产品，二是在一个有限的时期内向顾客提供资金。虽然赊销仅仅是影响销售量的因素之一，但在银根紧缩、市场疲软、资金匮乏的情况下，赊销的促销作用是十分明显的。特别在企业销售新产品、开拓新市场时，赊销更具有重要的意义。

②减少存货的功能。公司持有存货，要追加管理费、仓储费和保险费等支出；相反，持有应收帐款，则无需上述支出。因此，无论是季节性企业还是非季节性企业，当产成品存货较多时，一般都可采用较为优惠的信用条件进行赊销，把存货转化为应收帐款，减少产品存货，节约各种支出。

（2）应收帐款的成本

持有应收帐款，也会付出一定的代价。应收帐款的成本有：

①应收帐款的机会成本。公司资金如果不投放于应收帐款，便可用于其他投资并获得收益，如投资于有价证券便会有利息收入。这种因投放于应收帐款而放弃的其他收入，即

应收帐款的机会成本，这种成本一般按有价证券的利息率计算。

②应收帐款的管理成本。应收帐款的管理成本主要包括：调查顾客信用情况的费用；收集各种信息的费用；帐簿的记录费用；收帐费用；其他费用。

③应收帐款的坏帐成本。应收帐款因故不能收回而发生的损失，就是坏帐成本。此项成本一般与应收帐款发生的数量成正比。

2. 信用政策

信用政策也称为应收帐款政策，是公司基于对客户资信情况的认定，而对客户给予先付货后交款或先施工后结算工程款的结算优惠。这种优惠实质是公司对客户的一种短期融资。公司应收帐款管理的重点，就是要根据公司的实际经营情况和客户不同的信誉情况制定企业合理的信用政策，这是财务管理的一个重要组成部分。以下仅就公司信用政策制定中，信用标准、信用期限、信用条件和信用额度等问题分别予以论述。

（1）信用标准

①信用标准质的衡量

信用标准是指公司同意顾客要求而在销售业务中给予一定付款期限这种商业信用的最低标准。通常以预期的坏帐损失率作为判别标准。如果公司的信用标准较严，只对信誉较好，坏帐损失率很低的顾客给予赊销，则会减少坏帐损失，减少应收帐款的机会成本。但这可能不利于扩大销售量，甚至会使销售量减少；反之如果信用标准较宽，虽然会增加销售，但会增加相应的坏帐损失和应收帐款的机会成本。企业应根据具体情况进行权衡。

公司在掌握了有关客户品德（character）、能力（Capacity）、资力（Capital），担保（Collateral），外部环境（Condition）（简称 5C 评价指标）的信用风险评判资料后，可将其转换成客户的分类等级。各等级可按照由赊销所造成的呆帐或坏帐发生的概率高低来排列，比如，据此编制如下分类：

客户类别	呆帐或坏帐损失概率
1	无损失
2	0～1%
3	1～5%
4	5～10%
5	10～20%
6	20%以上

根据上述等级评定表，如公司的贡献毛利率$\left(\dfrac{销售收入-变动成本}{销售收入}\right)$超过 20%以上时，销售利润率为 18%，则可确定如下信用政策：列于第 1～3 等级的客户可按常规的信用条件进行销货，因为平均坏帐损失率约为 3%左右。列于第 4 等级的客户则应采取较为严格的信用条件进行销货，因为平均坏帐损失率约为 8%左右。列于第 5 等级的客户则一般应要求交货即付款，因为平均坏帐损失率高达 15%，一旦发生，公司几乎无利可图。至于第 6 等级的客户由于其坏帐损失已高达 20%，在扣除了销货利润率 18%以后，已面临亏损状态，所以应该要求客户预付货款。一般来说，对于每一等级的客户，只要其公司坏帐的损失概率低于 18%，

154

则应尽可能采用适当的信用政策，以争取到客户。因为，这一损失作为一项销货的成本在销售利润下扣除以后，公司还是有利可图的。以上分析，见表5-4所示：

信用等级的分析　　　　　　　　　　　　　表 5-4

客户级别	销售利润率	平均坏帐损失率	剩余利润率
1	18%	0%	18%
2	18%	0.5%	17.5%
3	18%	2.5%	15.5%
4	18%	7.5%	10.5%
5	18%	15%	3%
6	18%	20%以上	－2%

②信用标准量的衡量

信用数量化的方法可以通过设定信用标准来完成。所谓设定信用标准是根据客户的具体信用资料，以若干个具有代表性，能说明公司偿付能力和财务状况的指标作为信用标准确定的指标。以此来作为衡量和比较顾客的信用标准。此办法设定的信用标准可列表反映如下，见表5-5所示。

根据各客户的有关资料，计算出各个客户的上述指标，然后与上述设定的信用标准进行比较。比较时，凡客户指标处于信用差的范围内的，可确定坏帐风险率为8%；凡指标处于信用一般范围内的，可确定坏帐风险率为2%；如果指标处于信用好范围内的便认为无坏帐风险。然后累计其客户的坏帐风险率，来作为判断是否要提供给该顾客商业信用的依据。见表5-6所示。这样便能得出每个客户的坏帐风险率。然后财务人员可将不同客户的累计坏帐风险率进行排队，根据坏帐风险率的大小来考虑优先或推迟给予应收帐款信用。信用很差的客户便可取消其信用待遇，甚至预收货款。

表 5-5

指　　　　标	信　用　标　准		
	信用好	信用一般	信用差
流动比率	2以上	1.5～2	1.5以下
速动比率	1以上	0.7～1	0.7以下
净流动资产（元）	1200000以上	400000～1200000	400000以下
负债比率（负债/总资产）	0.3以下	0.3～0.7	0.7以上
负债权益率（负债/权益）	1以下	1～2	2以上
总资产（元）	7500000以上	1200000～7500000	1200000以下
应收帐款周转率	13以上	9～13次	9以下
存货周转率	5以上	3.5～5	3.5以下
赚取利息倍数	5以上	1～5	1以下
赊购偿付情况	及时偿付	偶有短期拖欠	经常拖欠

表 5-6

指标（××客户）	信用指标值	坏帐风险率（累计）
流动比率	2.1	—
速动比率	0.8	2%
净流动资产（元）	800000	4%
负债比率	0.6	6%
负债权益率	1.5	8%
总资产（元）	5000000	10%
应收帐款周转率	8	18%
存货周转率	5.5	18%
赚取利息倍数	4	20%
赊购偿付情况	及时偿付	20%

（2）信用条件

信用条件是指公司要求顾客支付赊销款项的条件，包括信用期限、折扣期限、和现金折扣。信用期限是公司为顾客规定的最长付款期限；折扣期限是为顾客规定的可享受现金折扣的付款时间；现金折扣是在顾客提前付款时给予的优惠。

确定应收帐款信用的期限是公司信用政策最重要的内容。公司适当延长信用期限对扩大销售具有刺激作用，从而可能为公司带来较高利润。但信用期限延长，其平均收帐期限也必然延长，这样会造成两个后果：一是资金被应收帐较长时间的占用，影响公司资金的周转和利用率，丧失了再投资获利的好处；其次会使坏帐损失的风险增加。所以，其延长信用期限所带来的利益，可能会被占用资金的机会成本和可能的坏帐损失费用所抵销，甚至可能会造成利润减少。然而，如果公司采用较短的信用期限，虽然能减少损失的可能性，但可能难以吸引顾客，而使大量顾客投向自己的竞争对手，使销售额下降、放弃市场占有。长此以往，其潜在的损失也非常严重。所以，对应收帐款信用期限的确定十分重要，最简单的方法是将信用期限内的边际收益与其边际机会成本相比较，当其获取的边际收益大于其边际成本时，这种延长信用期限的方案是合理的。

现金折扣通常是用下列方式表示，如 2/10；N/30。这些符号分别表示，顾客在 10 天内付款，给予 2% 的折扣；10 至 30 天内付款需全额付款。

当延长信用期限后，便会使应收帐款多占用资金。为了加速资金的回收和周转，减少坏帐损失，公司往往可采用向客户提供现金折扣的办法。现金折扣率的大小往往与折扣期联系在一起。折扣率越大，则折扣期限（付款期限）就越短。折扣率一般为 1%－3%，折扣期限一般为 10 天到 60 天。

给予顾客现金折扣虽能带来增加销售额、缩短平均应收帐款占用期、减少资金成本的利益，但也会使公司丧失折扣本身的利益。因此，公司应能确定一个最适合的现金折扣金额，在这一折扣量上，增加的利益与折扣成本正好相等，也就是理论上的最优折扣率。

是否要向客户提供现金折扣，关键是要比较提供现金折扣后，减少的资金占用的好处是否比运用折扣所放弃的好处更大。现以表 5-7 说明信用条件变化情况。

【例 4】 某房地产开发公司要改变信用条件，可供选择的 A、B 两种方案见表 5-7 所示。

表 5-7

信 用 条 件 A	信 用 条 件 B
信用条件：40 天内付清，无现金折扣	信用条件："2/10, N/30"
S_A 增加销售额 100，000 元	S_B 增加销售额 150000 元
$\overline{B}_A$ 增加销售额的坏帐损失率为 10%	$\overline{B}_B$ 增加销售额的坏帐损失率为 9%
D_A 需付现金折扣的销售额占总销售额的百分比为 0%	D_B 需付现金折扣的销售额占总销售额的百分比为 50%
$\overline{C}_A$ 平均收帐期为 55 天	$\overline{C}_B$ 平均收帐期为 20 天

根据表 5-7 和 5-8 的有关资料，分别测算两种信用条件对利润和各种成本的影响如表 5-9 示。从表 5-9 的计算结果中可以看出，采用 B 方案的收益较多，故应采用 B 方案。

该房地产公司现行信用政策　　　　　　　　　　　表 5-8

项　　　　目	数　　　据
S_0 现在信用政策情况下的销售收入（元）	500 000
A_0 现在信用政策情况下的应收帐款投资（元）	60000
P_0 现在利润（元）	100000
P' 销售利润率（%）	20
B_0 信用标准［预期坏帐损失率的限制］（%）	9
$\overline{B}_0$ 平均坏帐损失率	5
C_0 信用条件	30 天付清
$\overline{C}_0$ 平均收帐期（天）	40
R_0 应收帐款的机会成本率（%）	15

（3）信用额度

公司在确定每一客户的使用标准和信用期限后，还应通过分析，规定能给予每一客户的信用额度。信用额度是指公司根据其经营情况和每一客户的偿付能力，规定允许给该客户的最大的赊购金额。

信用额度的确定在应收帐款管理中具有特殊意义，它能防止由于某些过度的赊销，超过其实际偿付能力而使公司蒙受损失。根据测定，对不同的客户制定相应的信用额度，便能控制客户在一定时期内应收帐款金额的最高限度。信用额度实际上表示公司愿意对客户承担的最大的赊销风险额。其限额的大小与信用标准、使用期限、坏帐损失率和收帐费用等的大小直接有关。公司理财人员应在可能获取收益和可能发生的损失之间进行衡量，合理确定信用额度。随着市场销售情况和客户信用情况等的变化，公司可能和愿意承担的赊销风险也在变化。因此，每隔一个阶段，企业应对客户的信用额度加以恰当的重新核定，对信用额度建立定期和不定期的检查和修改制度，使信用额度经常保持在所能承受的风险范围之内。

表 5-9

项　　目	方案 A	方案 B
信用条件变化对利润的影响	$P_A = S_A \cdot P'$ $= 100000 \times 20\% = 20000$	$P_B = S_B \cdot P'$ $= 150000 \times 20\% = 30000$
信用条件变化对应收帐款机会成本的影响	$I_A = \left(\dfrac{\overline{C}_A - \overline{C}_0}{360} \cdot S_0 + \overline{C}_A / 360 \cdot S_A \right) \cdot R_0$ $= \left(\dfrac{55-40}{360} \times 500000 + 55/360 \times 100000 \right)$ $\times 15\%$ $= 5416.7$	$I_B = \left(\dfrac{\overline{C}_B - \overline{C}_0}{360} \cdot S_0 + \overline{C}_B / 360 \cdot S_B \right) \cdot R_0$ $= \left(\dfrac{20-40}{360} \times 500000 + \dfrac{20}{360} \times 150000 \right)$ $\times 15\%$ $= -2916.7$
现金折扣成本的变化情况	$D_{mA} = 0$	$D_{mB} = (S_0 + S_B) \cdot D_B \cdot 2\%$ $= (500000 + 150000) \times 50\% \times 2\%$ $= 6500$
信用条件变化对坏帐损失的影响	$K_A = S_A \cdot \overline{B}_A$ $= 100000 \times 10\%$ $= 10000$	$K_B = S_B \cdot \overline{B}_B$ $= 150000 \times 9\%$ $= 13500$
信用政策变化带来的净收益	$P_{mA} = 20000 - 5416.7 - 10000 - 0$ $= 4583.3$	$P_{mB} = 30000 - (-2916.7) - 6500 - 13500$ $= 12916.7$

3. 收帐政策

收帐政策是指信用条件被违反时，公司催讨已过期限的应收帐款所采用的措施。比如：短期拖欠户，可采用书信方式催讨欠款；较长期的拖欠户，可采用措辞严厉的信件或电话甚至于上门催缴；对于那些长期的拖欠，硬性不付的客户只能求助于法律加以解决。

收取应收帐款是信用管理的最后一步。一般来说，应收帐款有相当一部分能够按时收回，但总有一部分应收帐款会处于呆滞的状态，并且可能其中一部分应收帐款将难以收回。因此，收帐政策就是针对这些难以收回的应收帐款所采用的一些措施。

公司的收帐政策实际上是各个收帐步骤的结合，这些步骤包括发信、打电话、派专人催收直至诉诸法律等。这些步骤都必须支付相应的费用，这些费用的发生又与现金在应收帐款留滞而丧失的投资收益，即应收帐款投资机会成本有密切关系。企业如果采用较为积极的收帐政策，就有可能减少应收帐款机会成本，减少坏帐损失，但却会增加收帐的成本。相反，如果采用消极的收帐政策，就有可能增加应收帐款的机会成本，增加坏帐损失，但却可以减少收帐费用。

虽然收帐成本与应收帐款机会成本成反比例关系，但这一关系却并非线性关系。它们的关系一般可描述为：

（1）开始花费一些收帐费用，应收帐款机会成本和坏帐损失都有部分降低；

（2）收帐费用继续增加，应收帐款机会成本和坏帐损失明显减少；

（3）收帐费用达到某一限度以后，应收帐款机会成本和坏帐损失的减少呈减弱趋势。这个限度称为饱和点。

（4）在达到饱和点后，企业再增加应收帐款收帐费用可能对进一步降低应收帐款机会成本和坏帐损失已无作用。

以上关系可用图列示如下；如图 5-7 所示。

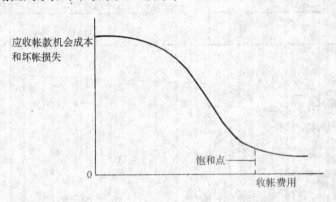

图 5-7 收帐成本与应收帐机会成本关系图

由于赊销额同收帐费用无直接的联系，就需要在确定适宜的收帐费用水平时，进行利益权衡。这一权衡是指收帐费用水平与应收帐款机会成本及坏帐损失之和进行对比。如果支出的收帐费用能够降低更多的应收帐款及坏帐损失，则这笔收帐费用是值得的。其最佳的权衡点应该是边际收帐费等于边际的应收帐款机会成本和坏帐损失之和的减少。

【例5】 某房地产公司在不同的收帐政策条件下，有关资料如下表 5-10 所示。

表 5-10

项 目	现行收帐政策	建议收帐政策
全年收帐费用	80000	100000
平均收款期限	60 天	30 天
坏帐损失率	4%	2%

该公司全年赊销额为 2，000，000 元，收帐政策对销售收入的影响不考虑。该公司应收帐款的机会成本为 10%，现根据以上资料计算如表 5-11 所示。

按建议收帐政策可获净收益 36,666,7 元，故应采用建议收帐政策。

4：综合信用政策

要制定最优的信用政策，应把信用标准、信用条件、收帐政策结合起来，考虑其综合变化对销售额，应收帐款机会成本、坏帐成本和收帐成本的影响。这里决策的原则仍是赊销的总收益应大于赊销带来的总成本。综合决策的计算相当复杂，计算中的几个变量都是预计的，有相当大的不确定性。因此，信用政策的制定并不能仅靠数量分析，在很大程度上要由管理的经验判断来决定。一般可按如下步骤来制定综合信用政策：

（1）根据一定的信用标准建立相应的信用期限以及收帐政策，并分档列示，区别对待。

（2）根据信用政策和预计销售收入指标来计算确定应收帐款占用金额。

（3）根据应收帐款所占用的资金来合理安排资金的筹集，以保证生产、销售的正常需求。

5. 应收帐款的日常管理

（1）企业信用的调查

表 5-11

项　　　目	当前收帐政策	建议收帐政策
（1）年赊销收入	2000000	2000000
（2）应收帐款周转次数	6	12
（3）应收帐款平均占用额	333333	166667
（4）建议收帐政策节约的机会成本	—	16666.7
（5）坏帐损失	80000	40000
（6）建议计划减少坏帐成本	—	40000
（7）两项节约合计（4）＋（6）	—	56666.7
（8）按建议政策增加收帐费用	—	20000
（9）建议政策可获得利益（7）－（8）		36666.7

对顾客的信用进行评价是应收帐款日常管理的重要内容。只有正确地评价顾客的信用状况，才能合理地执行信用政策。要通过对顾客信用进行调查，才能合理地评价。信用调查分为两类：

①直接调查。是指调查人员直接与被调查单位接触，通过当面访问、询问、记录等方式获取信息资料的一种方法。直接调查能保证搜集资料的准确性和及时性，但如被调查单位不合作，将调查资料将不完整。

②间接调查。是以被调查单位以及其他单位保存的有关原始记录和核算资料为基础，通过加工整理获得被调查单位信用资料的方法。资料主要来自如下几方面：

a. 财务报表。有关单位的财务报表是信用资料的重要来源。通过财务报表分析，基本上能掌握公司财务状况和盈利状况。

b. 信用评估机构。我国的信用评估机构目前可分为三种形式：独立的社会评估机构、中国人民银行组织的评估机构和专业银行组织的评估机构。专门的信用评估机构评估方法先进，评估调查细致，评估程序合理，可信度较高。在评估等级方面目前主要有两种：第一种采用三类九级制（即信用情况按优劣依次分为 AAA、AA、A、BBB、BB、B、CCC、CC、C 九等）；第二种采用三级制（即分为 AAA、AA、A）。

c. 银行。许多银行设有信用部，为其顾客提供有关信用资料服务。但银行的资料一般仅愿在同业之间交流，故企业若要了解客户的信用情况，最好通过当地开户银行，向其征询有关资料。

d. 其他。如财税部门、消费者协会、工商管理部门、企业的上级主管部门证券交易部门等。

（2）确定合理的收帐程序

前文已经介绍了催收帐款可采取的方法。以上是针对已过付款期的客户所采用的收款方法。公司要针对不同的拖欠对象区别对待，确定合理的催收方法。

客户拖欠货款的原因如果是故意拖欠不还，人为造成坏帐，则应采取强硬措施，给对方施加压力，以收回帐款。如果是由于经营不善，财务困难无力偿付债务的，对只是暂时困难，能恢复偿付能力的，应放宽信用期限，以便收回更多的应收帐款。对已无力偿付，达破产界限，应向法院起诉，以求在破产清算时得到部分清偿。

在进行催收过程中，一定要注重成本效益，使收帐费用低于预期应收帐款回收额。特别是在异地应收帐款的催收过程中，更应注意这个问题。

四、存货管理

1. 存货的概念

建筑与房地产公司存货是指在生产经营过程中为销售或耗用而储备的物资。包括库存的、加工中和施工中的以及在途的主要材料、结构件、其他材料、周转材料、设备、低值易耗品、机械配件、在建工程、在产品、半成品、产成品及开发产品、出租开发产品、周转房等。

存货存在于供应、生产和销售等生产经营过程，不断销售、耗用和重置，是一种流动性非常大的资产。适量的存货可以保证销售和耗用的及时需要，但存货占用资金大，变现时间长，过量存货必然会造成积压浪费。因此，加强存货的计划和控制，是财务管理的主要内容之一。

2. 存货成本

存货成本包括以下几方面：

（1）采购成本。是由买价、运杂费等构成的。企业自制材料、结构件等，其自制成本由制造成本构成。采购成本的单位成本一般不随采购数量的变动而变动。

（2）采购费用。是指订购材料物资而发生的成本，包括采购部门管理费和订货业务费。订货成本与订货的次数有关。

（3）保管费用。指物资储存过程中发生的仓储费、搬运费、保险费、占用资金支付的利息费等。一定时期内的储存成本等于该期内平均存货量与单位储存成本之积。

此外，公司还应考虑由于物资储存过多，时间过长而发生的变质与过时的损失，由于物资储存过少不能满足生产和销售需要的损失。

3. 经济采购批量、资金需用量的测定

（1）材料经济采购批量的确定

经济采购批量是指既能满足生产经营需要，又能使存货费用达到最低的一次采购批量。它涉及到存货的成本中的采购费用和保管费用。

对于采购费用来说，它与采购次数成正比，采购次数越多，采购费用应越高。要减少此项费用，就要减少采购次数，增加每次采购量，但会相应地增加库存量。而保管费用与存货量成正比，存货量越多，保管费用也越大，要节约此项费用，就应减少存货量。但要减少存货量，就势必要相应地增加采购次数。

因此，上述两项成本费用对采购次数和采购量提出了截然不同的要求。必须在它们之间取得合理的平衡。在一定期间内假设企业存货项目的全年需要量不变，每一次的订货量会与储存保管费用同方向变动，与采购费用反方向变动。要确定经济合理的采购批量，就是求出上述两项成本费用之和的存货总费用为最小值时的采购批量。经济采购批量的确定，有两种方法：图表法和数学公式计算法。

①图表计算法

【例6】 某安装工程公司1997年耗用进水管4000m，平均每米购价150元，一次采购费用为100元，年度保管成本为存货购价的13.33%，试计算其经济采购批量（订货次数分别为50，40，32，25，20，16，10，8）等八种）。

根据上述资料，计算如表5-12所示。

进水管订货批量成本计算表   表 5-12

全年耗用量（D）4000m，一次采购费用（K）100元；每米年保管费用20元（H）（150×33.33%）

订货次数	采购批量	平均存量	年平均采购周期（天）	全年储存保管费用（元）	全年采购费用（元）	全年保管及采购总费用（元）
$n=D/Q$	Q	$Q/2$	$360/n$	$Q/2 \times H$	$D/Q \times K$	$T=Q/2 \times H+D/Q \times K$
50	80	40	7.2	800	5000	5800
40	100	50	9	1000	4000	5000
32	125	62.5	11.25	1250	3200	4450
25	160	80	14.4	1600	2500	4100
20	200	100	18	2000	2000	4000
16	250	125	22.5	2500	1600	4100
10	400	200	36	4000	1000	5000
8	500	250	45	5000	800	5800

从表中可以看出，当每次采购量为200m时存货费用最低，即全年订货20次，每次200m，为最佳经济采购批量。

图表法的特点是清晰，易懂，但需要逐次测算多种方案，工作量较大。

②数学公式计算法

由表5-12已知：

$$全年保管费用 = \frac{Q}{2} \times H$$

$$全年采购费用 = \frac{D}{Q} \times K$$

$$全年采购及保管总费用 T = \frac{Q}{2} \times H + \frac{D}{Q} \times K$$

公式中 Q 为变量，D、H、K 为常量，为了求存货费用即 T 为最低的采购批量，需对公式中的变量求导，得出：

$$经济采购批量 \quad Q = \sqrt{\frac{2DK}{H}} \tag{5-5}$$

$$存货总费用 \quad T = \sqrt{20DKH} \tag{5-6}$$

将表5-12中举例数据代入计算可得：

$$Q = \sqrt{\frac{2 \times 4000 \times 100}{20}} = 200 \ (m)$$

$$T = \sqrt{2 \times 4000 \times 100 \times 20} = 4000 \ 元$$

计算结果表明：用数学公式计算的最佳采购批量和存货费用与图表法计算一致。

为了更清楚地显示经济批量法的模型，可绘制下列经济采购批量的函数图，如图5-8所示。

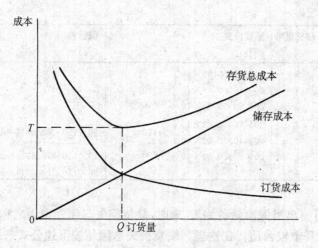

图 5-8　存货经济批量模型

上图标出了存货的采购费用、保管费用及总费用（两者之和）之间的关系。当采购批量很小时，较高的采购费用掩盖了较低的储存费用，总费用较高。随着采购批量的逐渐加大，由于固定的采购费用分摊到逐步增高的存货上，所以总费用曲线逐步下降。但当订货批量继续增大时，增加的储存保管费用超过了减少的单位采购费用，从而引起总费用曲线的重新上升。Q 点正好是储存费用与采购费用相交的点，它表示存货总成本最低的经济订购批量。

（2）保险存货量的确定

前面经济采购批量的确定，是假设公司在一定时期内生产需用量固定不变，而且各项存货从定货至到货间隔期均已确定，企业不存在缺货的情况下作出的。但实际上，各种存货的需求量与耗用量会经常发生变动，交货日期也可能由于某些原因而延误。由于这些不确定的因素存在，公司必须备有一定的保险存货，以防止供应延误、库存短缺而造成损失。

公司应保持多少保险库存才合适？这取决于存货需求量和定货间隔期的变化。预期存货需用量变动愈大，需要保持的保险库存量就越大；定货间隔期不确定性越大，存货供应脱节风险越大，保持的保险库存量也就越大。

但是必须考虑到，过大的保险库存虽然可以减少缺货损失，却不可避免地会增加储存费用。因此，最佳的保险存货量应使存货短缺所造成的损失和保险存货的储存保管费用之和为最小。

【例 7】　仍以表 5-12 的资料为例：经济采购批量为 200 米，设一个时期内安装需用量不确定的概率如下：

安装需用量（米）	概率%
200	90
220	5
240	3
260	2

假定该安装公司在此期间内短缺 1 米水管将损失 40 元。则保险存货量计算如表 5-13 所示。

表 5-13

保险存货量（米）	短缺数（米）	缺货概率%	缺货损失（元）	保管费用（元）	合计（元）
0	20	5	20×20×0.05×40 ⎫	0	2720
	40	3	20×40×0.03×40 ⎬ =2720		
	60	2	20×60×0.02×40 ⎭		
20	20	3	20×20×0.03×40 ⎫ =1120	20×150×13.33%=400	1520
	40	2	20×40×0.02×40 ⎭		
40	20	2	20×20×0.02×40=320	40×150×13.33%=800	1120
60	0	0	0	60×150×13.33%=1200	1200

从表5-13中可得出当保险储备为40米时，缺货损失与保管费用之和为最小。因此以40单位水管为保险储备量较合适。在这里，缺货损失总额是按下述公式来进行计算的：

$$缺货损失＝采购次数×缺货数量×缺货概率×单位缺货损失$$

（3）再订购点的确定

经济采购批量加保险库存量即为预定的最高存货水平。库存材料量随生产的不断进行逐渐减少。为确保生产经营不间断，应确定再订购点。即在库存材料降至某一程度时，采购部门必须提前发出订货单，以补充存量预防缺货的存货点。

其计算公式如下：

$$再订购点 ＝（订货至到货间隔期 × 平均每日耗用量）＋ 保险库存量 \qquad (5-7)$$

【例8】 仍沿用前例：该安装公司日耗用材料11.11米，从订货至到货间隔期为10天，保险储备量40米，则再定货点为：

$$10×11.11＋40＝151.1 \quad （米）$$

（4）库存材料资金占用量测算

通过对库存原材料资金占用量的测算，可以有计划地组织资金调配，合理控制资金使用，从而提高资金利用率效益。库存材料资金占用量大小取决于两方面因素：一是由各种材料的经济采购批量和保险库存量所决定的最高储存量；二是公司在生产中耗用各种材料的进度。由于生产所使用材料品种繁多，各种材料投入耗用时间各不相同，而且各种材料往往由几个供应单位交叉供应。当某一种材料刚运抵，使该种材料库存达最高水平时，另一种材料可能因生产耗用而处于较低点。这样，投入各种材料资金的占用量测算，可以最高材料存货量为基础，给予一定折扣，这个折扣率就是材料平均库存量与最高库存量的比率。库存材料资金占用量计算公式如下：

$$库存材料资金占用量（金额） ＝ \sum\left(\frac{材料经济}{采购批量} ＋ \frac{保险}{库存量}\right) × \frac{材料}{单价} × 折扣率 \qquad (5-8)$$

【例9】 某企业生产耗用5种原材料。有关资料如表5-14所示。

表 5-14

材料	A	B	C	D	E
经济采购批量（T）	18	24	38	49	54
保险储存量（吨）	2.1	1.4	2.5	3.1	3
单价（元）	3500	2400	1200	1400	500

该企业材料平均库存量与最高库存量比率为70%，则库存材料资金占用量计算如表5-15所示。

表 5-15

材料	最高库存量（吨）	单　价（元）	库存材料最高资金占用额（元）	折扣率（%）	库存材料资金占用量
A	20.1	3500	70350	70	49245
B	25.4	2400	60960	70	42672
C	40.5	1200	48600	70	34020
D	42.1	1400	58940	70	41258
E	57	500	2850	70	1995
合计	—	—	—	—	169190

4. 存货的日常管理

施工与房地产公司一般要有十几至成百上千种存货项目。这些存货的价值与生产耗用量差距很大。有些构成工程或产品实体，有些只起辅助作用。为了加强存货管理，节约资金占用，就必须有所侧重。对企业的全部存货按其重要程度、价值高低，耗用量大小和采购难易程度等作为标准，划分 A、B、C 类，具体做法是：

首先，计算存货在一定时期的耗用总额。其主要的存货可按品种计算，一般的存货可按类别计算。其次，计算每种（或每类）存货耗用总额占全部存货耗用总额的百分比，并按大小顺序排列。最后，根据事先制定好的标准，把各项存货分为 A、B、C 类。

【例 10】　某企业消耗材料共 20 种，其分类情况如表 5-16 所示。

表 5-16

材料名称	年耗用量（吨）	单位（元）	年耗用金额（元）	资金占用比重%	分　类
#1	5000	70	350000-	35.7	A
#2	3400	60	204000	20.8	A
#3	987	154	152000	15.5	A
3种材料小计			706000	72	A
#4	1139.5	43	49000	5	B
#5	1451.9	27	39200	4	B
（略）	略		⋮	⋮	
5种材料小计			196000	20	B
其余12种材料			78000	8	C
合计			980000	100	

以上各种材料按耗用金额大小为分类标：A 类：耗用金额在 15 万元以上，

B 类：耗用金额在 2 万—15 万元

C 类：耗用金额在 2 万元以下

根据上述资料可绘出存货项目分布图，如图 5-9 所示。

从图中可见，A 类存货虽少（15%），但占用的资金多（70%），应集中主要力量管理，对其经济批量要认真规划，对收入、发出要进行严格控制；C 类存货虽种类繁多（60%），但

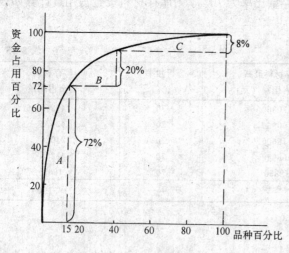

图 5-9　存货项目分布图

占用资金不多，(8%)，不必耗费大量人力物力去管，这类存货的经济批量可凭经验确定，不必花费大量时间和精力去规划和控制；B 类存货介于 A 类和 C 类之间，也应给予相当的重视，但不必象 A 类那样进行严格的控制。

第三节　营运资金管理

前文讨论了如何科学确定并保持资金在有关项目上的最优配置，如何以最佳方式筹措和运用各项流动负债资金的有关问题。本节将进一步研究流动资产和流动负债之间的相互关系，目的在于将流动资金的存量配置与其相应的资金来源联系起来，从总体上进行观察，并据以制定合理的"营运资金政策"。

一、营运资金的构成

（一）营运资金的概念及构成

1. 营运资金的概念

营运资金是指生产经营活动中占用在流动资产上的资金。广义的营运资金是指公司流动资产总额，狭义的营运资金又称净营运资金，是指流动资产减流动负债后的余额。营运资金管理既包括流动资产的管理，也包括流动负债的管理。

对营运资金进行有效的管理，财务管理人员首先要保证生产经营活动有充足的偿债能力。偿债能力一般根据其履行到期短期债务责任的能力来衡量。流动比率、速动比率和净营运资本是构成衡量公司整体偿债能力的三个基本指标。其中，前两个指标比较适用于不同公司之间偿债能力的比较分析；在资产和财务结构在各期间内保持不变情况下，净营运资本指标更适用于同一公司不同时期的偿债能力的比较，而不适用于不同公司之间的比较。

如果公司流动资产大于流动负债，则其净营运资本为正数，与它相对应的"净流动资产"要以长期负债或股东权益的一定份额为其资金来源。建筑与房地产公司的净营运资本状况，不仅对内部管理非常重要，而且也是一个被广泛用于计量财务风险的指标。财务风险在这里指公司陷入无力偿还到期债务等财务困境的可能性。在其他因素相同的情况下，一个公司的净营运资本越多，它越能履行当期财务责任。由于净营运资本是一个重要的财务风险指标，因此，施工与房地产公司净营运资本状况还会影响其负债筹资的能力。商业银行及其他金融机构的贷款协议都含有要求公司保持某一最低营运资本水平的限制性条款。

2. 营运资金的构成

（1）流动资产

流动资产是指可以在一年以内或超过一年的一个营业周期内变现或者运用的资产。建筑与房地产公司流动资产是由主要材料、结构件、机械配件、开发产品、周转品、在产品

（在建工程）、产成品等存货、结算中债权及货币资金等组成。流动资产具有占用时间短、周转快、易变现等特点，拥有较多流动资产，可在一定程度上降低财务风险。

按其在生产经营过程中的作用，可把流动资产划分为生产领域中的流动资产和流通领域中的流动资产。

①生产领域中的流动资产是指在产品生产过程中发挥作用的流动资产，如主要材料、结构件、机械配件、低值易耗品等。

②流通领域中的流动资产是指在商品流通过程中发挥作用的流动资产，如已完工程、出租开发产品、周转房、现金、外购商品等。

（2）流动负债

流动负债是指需要在一年或者超过一年的一个营业周期内偿还的债务。流动负债又称短期融资，具有成本低，偿还期短的特点。流动负债按不同标准可作不同分类，现说明其最常见的分类方式。

①以应付金额是否确定为标准，可把流动负债分成应付金额确定的流动负债，如短期借款、应付票据、应付帐款等；应付金额不确定的流动负债，如应交税金、应付工资、应付福利费等。

②按流动负债的形成的情况为标准，可分成自然性流动负债和人为性流动负债。

自然性流动负债指不需要正式安排，由于结算程序的原因自然形成的那部分流动负债。人为性流动负债是指由财务人员根据公司对短期资金的需求情况，通过人为安排所形成的流动负债，如短期银行借款等。

（二）营运资金的特点

1. 营运资金的实物形态具有易变现性。

短期投资、应收帐款、存货等流动资产一般具有较强的易变现能力，如果建筑与房地产公司出现资金周转不灵，现金短缺时，可迅速变卖这些资产，以获取现金。这对财务上应付临时性资金需求具有重要意义。

2. 营运资金的数量具有波动性。

流动资产的数量会随公司外条件的变化而变化，时高时低，波动很大。随着流动资产数量的变动，流动负债的数量也会相应发生变动。

3. 营运资金的周转具有短期性。

公司占用在流动资产上的资金，周转一次所需时间较短，通常会在一年或一个营业周期内收回，对公司影响的时间比较短，根据这一特点，营运资金可以用商业信用，银行短期借款等短期筹资方式来加以解决。

4. 营运资金的来源具有灵活多样性。

公司筹集长期资金的方式一般比较少，只有吸收直接投资、发行债券、股票、银行长期借款方式。而企业筹集营运资金的方式却较为灵活多样，通常有：银行短期借款、商业票据、商业信用、应交税金、应交利润、应付工资、应付费用、预收工程款等。

5. 营运资金的实物形态具有变动性。

营运资金的实物形态是经常变化的，一般在现金、材料、在产品（在建工程）、产成品、应收帐款、现金之间顺序变化。流动资金每次循环都要经过采购、生产（施工）、销售过程，表现为前述具体形态。为此，在进行流动资产管理时，必须在各项流动资产上合理配置资金数额，以促进资金周转顺利进行。营运资金周转如图 5-10 所示。

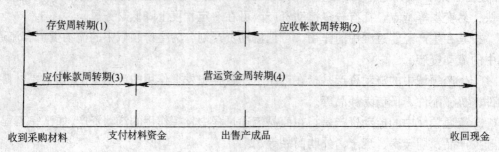

图 5-10 营运资金周转示意图

（三）营运资金管理原则

营运资金在建筑与房地产公司全部资金中占有相当大的比重，且周转快，形态易变，是公司财务管理的重要内容。进行营运资金管理，必须遵循以下原则：

1. 认真分析生产经营状况，合理确定营运资金的需求数量。

营运资金的需要量与建筑和房地产公司施工生产、开发经营活动有直接关系。当施工任务多，销售情况好时，流动资产会不断增加，流动负债也会相应增加；而当施工生产、销售萎缩时，流动资产和流动负债也会相应减少。

2. 加速营运资金周转，提高资金利用效果。

营运资金周转是指营运资金从现金投入生产经营开始，到最终转化为现金的过程。它包括如下三个方面：①存货周转期；②应收帐款周转期；③应付帐款周转期。这三个方面与营运资金周转之间的关系大致可用图 5-10 来加以说明。

据 5-10 图，它们的关系可用下式表示：

$$\frac{营运资金}{周转期} = \frac{存\quad货}{周转期} + \frac{应收帐款}{周转期} - \frac{应付帐款}{周转期} \tag{5-9}$$

通过缩短存货周转期、缩短应收帐款周转期、延长应付帐款周转期等途径可以缩短营运资金周转期、提高资金利用效果。

3. 在保证生产经营需要的前提下，节约使用资金。

在保证施工生产经营需要的前提下，要遵守勤俭节约的原则，挖掘资金潜力，精打细算。处理好保证生产需要和节约合理使用资金之间的关系。

4. 保证流动资金与流动负债的合理比例关系，确保企业有足够的短期偿债能力。

流动资产较多，流动负债较少，说明公司短期偿债能力较强；反之则较弱。但如果流动资产太多，流动负债过少，则可能是因流动资产闲置，流动负债利用不足而致。流动资产与流动负债及二者之间的关系能较好地反映公司短期偿债能力。根据惯例，流动资产是流动负债的一倍是比较合理的比例。

二、营运资金的结构性管理

（一）流动资产的结构性管理

1. 影响流动资产结构的因素

进行流动性资产结构性管理时，要结合如下因素来确定一个在既能维持公司正常生产经营活动，又能减少或不增加风险前提下，给公司带来尽可能多利润的流动资金水平。

（1）风险与报酬

通常持有大量的流动资产可以降低公司的风险。因为在公司出现不能及时清偿债务时，流动资产可以迅速地转化为现金，而固定资产的变现能力则较差。因此在筹资组合不变的情况下，较多地投资于流动资产，可以减少公司的风险。但是若流动资产太多，大部分资金都投放在流动资产上，以致造成积压呆滞，就会降低公司的投资报酬率。这就要求财务人员对风险和报酬进行认真权衡，选择最佳流动资产结构。

（2）经营规模对资产结构的影响

公司规模对资产结构有重要影响。这主要是由于：首先大公司与小公司相比，有较强的筹资能力，当公司出现不能偿付的风险时，可以迅速筹集资金，因而能承担较大风险。所以可以只使用较少的流动资产而使用更多的固定资产；其次大公司实力雄厚、机械设备的自动化水平较高，故应在固定资产上投资较多。

（3）利息率的变化

在利息率比较高的情况下，为了减少利息支出，会设法减少对流动资产的投资，这样便会减少流动资产的比重；反之，当利息率下降时，则会呈相反方向变化。另外，科学技术的不断进步，要求公司增加固定资产的投资，也是造成流动资产比重下降的主要原因。

2. 营运资金投资策略

营运资金投资一般有如下三种策略：

（1）保守的营运资金管理政策

公司流动资产的数量按其功能可以分成两大部分：①正常需要量。是指为满足正常的生产经营需要而占用的流动资产。②保险储备量。是指为应付意外情况的发生，在正常生产经营需要量以外而储备的流动资产。保守的营运资金管理策略就是在安排流动资产数量时，在正常经营需要量和正常保险储备量的基础上，再加上一部分额外的储备量，以降低风险。如图 5-11 所示的 A 策略，便属于保守管理策略。在采取此类策略时，公司的投资报酬率一般较低，风险也较小。

（2）冒险的营运资金管理政策

有些公司在安排流动资产数量时，只安排正常生产经营需要量，而不安排或只安排很少的保险储备量，以便提高投资报酬率。这便是冒险的营运资本管理策略。如图 5-11 中的 C 策略。此时，投资报酬率较高但风险较大。

（3）适中的营运资金管理策略

适中的营运资金管理策略是在保证正常需要的情况下，再适当地留有一定保险储备，以防不测。如图 5-11 中所示的 B 政策。它是一种中庸管理策略。此时报酬一般，风险一般。正常情况下，公司都会采用此种策略。

3. 不同的营运资本投资政策对公司报酬和风险的影响

如前所述，在资产总额和营运资本投资政策都保持不变的情况下，如果固定资产减少而流动资产增加，就会减少风险，但也会减少盈利；反之，如果固定资产增加，流动资产减少，则会增加公司的风险和盈利。现举例说明：

【例 11】 某房地产开发公司目前的资产组合，营运资金结构如表 5-17 所示，目前年销售收入为 1000000 元，实现净利润 100000 元。据市场预测，每年可实现销售收入 1200000，实现净利润 120000 元。但为此必须追加 50000 元固定资产投资。现该房地产公

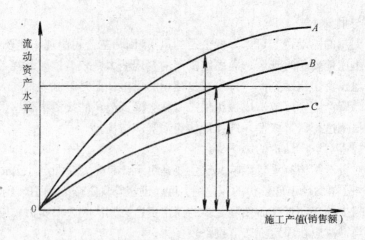

图 5-11　三种可供选择的营运资本投资政策

司决定，在资产总额不变的情况下，减少流动资产投资 50000 元，相应地增加固定资产投资 50000 元。假设筹资组合不变，那么不同的营运资金管理策略对企业风险和报酬影响如表 5-18 所示。

公司资产组合与资金结构　　　　　　　　　　　　表 5-17

资　产　组　合		资　金　结　构	
流动资产	200000	流动负债	100000
固定资产	300000	长期资金	400000
合　计	500000	合　计	500000

营运资金投资政策对该公司风险和报酬的影响　　　　　　表 5-18

项　　目	目前情况 （保守的策略）	计划变动情况 （冒险的策略）
资产结构		
流动资产	200000	150000
固定资产	300000	350000
资产总计	500000	500000
净利	100000	120000
投资报酬率	100000/500000＝20％	120000/500000＝24％
流动资产/总资产	200000/500000＝40％	150000/500000＝30％
流动比率	200000/100000＝2	150000/100000＝1.5

从表 5-18 中可以看出，由于采用了比较冒险的投资组合，公司投资报酬率由 20％ 上升到 24％，因此报酬增加了。但流动资产占总资产的比重从 40％ 下降到 30％，流动比率也由 2 下降到 1.5，这表明财务风险增大了。因此，公司在投资时必须在风险和报酬之间认真权衡，选取最优的营运资本投资水平，即能使预期股东财富最大化的水平，以便顺利实现公司的财务目标。

（二）流动负债的结构性管理

由于预期现金流动很难与债务的到期及数量保持协调一致，这就要求流动负债的结构性管理把重点放在负债到期结构问题上。即在允许现金流动波动的前提下，在负债到期结构上应保持多大的安全边际。

1. 影响流动负债结构的因素

（1）融资成本对流动负债结构的影响。

负债筹资根据其到期时间的长短可分为短期负债与长期负债两类。短期融资与长期融资所涉及的风险差异，将导致不同的利息成本。根据利率的期限结构理论，一个公司负债的到期日越长，其融资成本就越高。表现为两个方面：长期融资在债务存在期内，即使在公司不需要资金的时候，也必须支付利息。其次，由于长期融资相对于短期融资而言，比较缺乏弹性，因而，长期筹资的实际成本，通常高于短期融资。而短期融资则会使公司在资金的使用上具有弹性。如果公司的资金需要有季节性，则采用短期融资方式，便可使公司随着资金需要量的减少而逐渐偿还负债，并由此而不必支付不必要的利息。

（2）风险对流动负债结构的影响。

短期与长期融资方式的风险不相同。借款人与贷款人对长、短期负债的相对风险的态度是不同的。就贷款人（资金的提供者）而言，贷款期限越长，风险也就越大。但对借款人而言，情况刚好相反。通常，一个公司的债务到期越短，其不能偿付本息的风险就越大；反之，如其它情况不变，则到期日愈长，该公司的融资风险就愈小。主要有两方面原因：

①公司有可能因现金流量不足，难于偿还到期债务。当公司的债务到期，它要么按借款偿付计划如期偿付，要么安排新的借款以偿还到期债务。然而，由于短期借款的到期日很短，公司很有可能因各种意外事件的干扰而难于取得所需资金；同时，贷款人又不愿更新契约。由此，使公司需经常重筹负债资金，其不能取得必要资金的风险也就越大。

②短期融资的利息成本具有不确定性。长期负债融资，其利息成本在整个资金使用期内基本稳定。而短期融资，在一次借款偿还以后，下次再借款的利息成本究竟是多少难于知道，其利率在各个时期内波动较大。由此而可能加重公司税后利润的波动。

2. 流动负债结构性管理策略

在流动负债结构性管理中，应根据长、短负债的盈利能力和风险各不相同，对其盈利能力和风险进行权衡和选择，以确定出既能使风险最小、又能使盈利能力最大化的流动负债结构。公司流动负债水平的变动对盈利能力与风险选择的影响，可用流动负债占全部资产的比率来表示。这一比率可以反映出全部资产中由流动负债融资的百分比。假定公司的总资产保持不变，则流动负债占总资产比率的提高，将使盈利能力和风险同时提高。这是因为流动负债占总资产比率的提高，意味着短期筹资多于长期筹资，而应付帐款、应付票据，以及其他应付款等短期负债的成本远低于长期筹资，导致融资成本下降，将使其利润提高。而在假定流动资产不变的情况下，公司的净营运资本将随流动负债的增加而减少，而净营运资本的减少意味着财务风险的增加。另外，这一策略实际上因短期负债大于长期负债而缩短了公司的债务到期结构。更多的负债将在短期内到期，从而使用于偿还到期债务的现金流量的负担增大，由此造成公司陷入无力清偿的风险也就越大。相反，流动负债占总资产的比率下降，使公司大部分资产通过成本更高的长期资金筹措，从而将使盈利能力下降；相应地，财务风险也将因流动负债的减少，引起净营运资本的增加而减少。其结果是：延长了公司负债的到期结构；减轻了短期负债的负担，从而减少了清偿风险。这样，流动负债占全部资产多大比例适宜是公司财务人员面临的重要选择。

企业可以确定的流动资产结构性策略总括起来主要有保守、适中、冒险等三大类型。不同的策略，其盈利能力和风险各不相同。为便于说明，现举例如下：

【例 12】 某公司的资产总额为 3500000 元，权益资本为 1400000 元。预计明年销售收入 5000000 元，预期税息前利润 500000 元，公司的长期负债和短期负债的年利率分别为 11％和 9％。该公司目前正考虑三种不同的融资策略：

A：保守的融资策略：短期负债 500000 元，长期负债 1600000 元；

B：适中的融资策略：短期负债 1000000 元，长期负债 1100000 元；

C：冒险的融资策略：短期负债 1500000 元，长期负债 600000 元。

不同融资策略风险与报酬选择　　　　　　　　　　表 5-19

	冒险策略 C	适中策略 B	保守策略 A
(1) 流动资产	2000000	2000000	2000000
(2) 固定资产	1500000	1500000	1500000
(3) 资产总额	3500000	3500000	3500000
(4) 流动负债（9％）	1500000	1000000	500000
(5) 长期负债（11％）	600000	1100000	1600000
(6) 负债合计	2100000	2100000	2100000
(7) 普通股	1400000	1400000	1400000
(8) 负债及权益合计	3500000	3500000	3500000
(9) 预期销售收入	5000000	5000000	5000000
(10) 预期税息前利润	500000	500000	500000
(11) 减：利息			
短期负债	135000	90000	45000
长期负债	66000	121000	176000
(12) 应税利润	299000	289000	279000
(13) 减：所得税（33％）	98670	95370	92070
(14) 税后净利润	200330	193630	186930
(15) 预期普通股产权利润率	14.31％	13.83％	13.35％
〔（14）／（7）〕			
(16) 净营运资本状况	500000	1000000	1500000
〔（1）－（4）〕			
(17) 流动比率			
〔（1）／（4）〕	1.33	2	4

由表 5-19 可看出，就盈利能力而言，冒险的融资策略的盈利能力最强，其普通股产权利润率为 14.31％，而保守的融资策略盈利能力最弱，只有 13.35％；相反冒险的融资策略陷入无力偿还到期债务的风险也最大，而保守的融资政策风险最小。适中的融资政策则居于两者之中。由此可以得出预期的盈利能力和风险将随流动负债所占比例的增大而增大。每个公司都应根据不同负债结构的报酬全面衡量，结合公司对风险的态度，对利害得失进行综合权衡，才能比较合理地确定该公司最优的负债结构。

（三）营运资金管理的综合决策

为了对营运资金进行有效管理，除了要讨论流动资产和流动负债各自相关的盈利能力与风险之间的选择问题，还要研究它们之间相互影响，它们共同作用对公司盈利能力和风险的综合影响。下面将流动资产与流动负债这两个相互关联的方面综合加以讨论。

营运资金管理的一个重要问题是确定流动资产的资金要如何融通。这是由于流动资产和流动负债的变动对盈利能力和风险影响不同。流动资产的融资来源有短期来源（流动负债）和长期来源（长期负债和权益资本）。于是公司财务人员面临着如何正确确定最优的筹资组合，即应以多大比例的流动负债和以多大比例的长期资金作为流动资产的正常来源。

公司投放在流动资产与固定资产上的资金之和就是其总筹资量。其中，流动资产又划分为恒久性流动资产和波动性流动资产两大类。波动性流动资产是指受季节性或周期性影响的那部分流动资产。例如，在施工生产旺季比年内其他时期要求对应收帐款和存货作更多的投资。而恒久性流动资产，则指用于满足长期稳定的资金需要的那部分流动资产。相应地，公司的筹资要求也可划分为恒久性资金需要和流动性资金需要两部分。恒久性资金需要包括公司固定资产和恒久性流动资产；而波动性流动资产则构成了波动性资金需要。如图 5-12 所示。

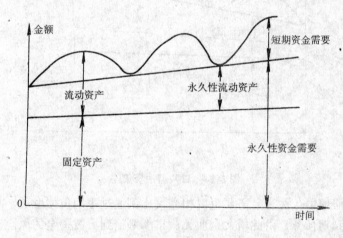

图 5-12　资产与筹资需要之结构

现代公司理财，对恒久性与波动性资金需要的融资策略，一般有下面三种类型：

1. 配合型融资策略

配合型融资策略遵循的原则是短期及季节性流动资产由短期负债融资；恒久性流动资产及固定资产则通过长期负债或权益资金融资。（见图 5-13）

从图 5-13 可以看出，若公司的短期融资计划做得好，实现现金流动与预期的安排相一致，则在季节性低谷时，公司应没有流动负债；只有在波动性资金需求的高峰期，公司才向外举借短期负债，在现金有余时偿还。恒久性资金的需要，将随公司的成长而增加，相应地，其融资的需求量也随之增加。但这也仅是一种理想模式，在实际经济活动中很难圆满实现。

2. 冒险型融资策略

冒险型融资策略是以短期负债来融通部分恒久性流动资产的资金需要。如图 5-14 所示。

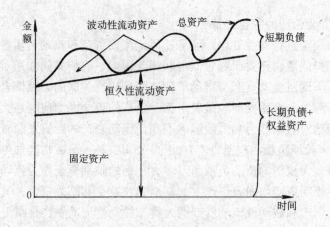

图 5-13　配合型融资策略

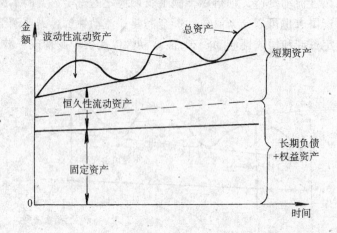

图 5-14　冒险型融资策略

这一融资策略使恒久性资金需要也以相当大比例通过短期负债融通，从而使公司必须更为经常地偿还到期债务，由此增大企业无法重新筹措到所需资金的风险。而与筹资计划相联系的短期负债利率变动的可能性增大，也会增加公司的盈利变动风险。短期负债的低成本所带来的较高的税后利润将会被这些高风险所抵消。

3. 保守型融资策略

保守型融资策略是指公司将其一部分预期的波动性资金需要以长期负债或权益资金的方式融通。如图 5-15 所示。

公司的资金需要除恒久性流动资产和固定资产由长期负债融通外，还有部分波动性资产也用长期负债融通。这一融资策略使短期负债比例相对较低，由此可降低公司无法偿还到期债务的风险，同时也降低了利率变动的风险。但是，这一策略也因长期负债的融资成本高于短期融资，以及在季节性低谷期，公司也因继续持有长期负债而需支付债务利息，将由此而降低归属于股东的预期收益。

综上所述，各种不同的流动资产管理策略和流动负债管理原则相互依存、作用，形成上述三种不同类型的营运资金融资策略。它们之间的相互关系及其风险、报酬特征，可综

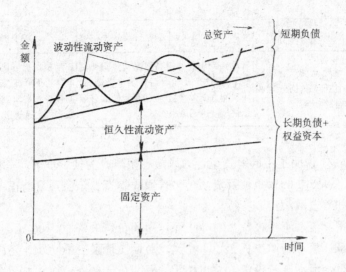

图 5-15　保守型融资策略

合如表 5-20、5-21 所示。

流动资产、流动负债管理策略及营运资本融资策略三者之间的关系　　　　表 5-20

营运资本 融资策略　　流动资产 管理政策 流动负债 管理政策	冒险性政策 （流动资产占总资产比例下降，固定 资产占总资产比例提高）	保守性政策 （流动资产占总资产比例提高，固定 资产占总资产比例下降）
冒险性政策 （流动负债融资比例提高，长期资金 融资比例下降）	[1] 冒险型融资策略	[2] 适中型融资策略
保守性政策 （流动负债融资比例下降，长期资金 融资比例提高）	[3] 适中型融资策略	[4] 保守型融资策略

营运资本的风险、报酬特征　　　　表 5-21

策略 类型	序 号	作　用　因　素	风　险　特　征	利　润　特　征
冒 险 型	[1]	冒险性流动资产管理和冒险性流动负债管理相结合的政策	流动资产占全部资产比例降低，而流动负债的融资比例提高，使净营运资本变小，甚至为负数，使企业的资金短缺风险和偿债风险达到最大。	较多的流动负债融资使企业融资成本下降，提高的固定资产投资比例，使企业盈利能力提高，其结果使企业有最高的盈利能力。
适 中 型	[2]	保守性流动资产管理和冒险性流动负债管理相结合的政策	较多的流动资产投资以较多的流动负债融资，而固定资产则以长期资金融资，达到时间，数量一定程度的配合，使企业风险居中。	流动负债融资所带来的融资成本的节约为流动资产低报酬所抵消，使企业的获利能力居中。
	[3]	冒险性流动资产管理和保守性流动负债管理相结合的政策	流动资产和流动负债占全部资产的比例同时下降，而固定资产的投资比例和长期资金融通比例同时提高，达到期限结构上的一定程度的配合，使企业风险居中。	较大比例的固定资产投资给企业带来较高的报酬率，而较大比例的长期资金融资使企业融资成本提高，两者在一定程度上相互抵消，使企业的获利能力居中。

策略类型	序号	作 用 因 素	风 险 特 征	利 润 特 征
保守型	[4]	保守性流动资产管理和保守性流动负债管理相互结合的政策	流动资产比例的提高和流动负债比例的下降，使企业净营运资本水平提高，变现能力变大，使企业偿债风险和资金短缺风险达到最小。	流动资产投资比例的提高使企业的获利能力下降，而长期资金融资比例的提高使企业融资成本提高由此使企业的获利能力达到最小。

表 5-20、5-21 说明了不同筹资组合的风险和报酬，为便于理解，举例如下：

【例 13】 某公司 60% 负债筹资，40% 普通股筹资。该公司目前正考三种可供选择的营运资本投资和筹资政策：

保守性政策：流动资产投资 2250000 元，短期负债融资 500000 元；

适中性政策：流动资产投资 2000000 元，短期负债融资 1000000 元；

冒险性政策：流动资产投资 1750000 元，短期负债融资 1500000 元。

上述三种不同的营运资金管理政策的实施结果如表 5-22 所示。

不同营运资本投资和筹资政策　　　　　　　　　　　表 5-22

	保守策略 A	适中策略 B	冒险策略 C
(1) 流动资产	2250000	2000000	1750000
(2) 固定资产	1500000	1500000	1500000
(3) 资产总额	3750000	3500000	3250000
(4) 流动负债（9%）	500000	1000000	1500000
(5) 长期负债（11%）	1750000	1100000	450000
(6) 负债合计	2250000	2100000	1950000
(7) 普通股	1500000	1400000	1300000
(8) 负债及权益合计	3750000	3500000	3250000
(9) 预计销售收入	5000000	5000000	5000000
(10) 预期税息前利润	500000	500000	500000
(11) 减：利息			
短期负债	45000	90000	135000
长期负债	192500	121000	40500
(12) 应税利润	262500	289000	324500
(13) 减：所得税（33%）	86625	95370	107085
(14) 税后净利润	175875	193630	217415
(15) 预期普通股产权利润率 [14]／[7]	11.73%	13.83%	16.72%
(16) 净营运资本状况 [(1)－(4)]	1750000	1000000	250000
(17) 流动比率 [(1)／(4)]	4.5	2	1.17

由表 5-22 可以看出：保守性营运资本管理策略的获利能力最低，其股东产权利润率为 11.73%；其风险最小，流动比率为 4.5。而冒险性营运资本管理策略的获利能力最高，风险最大，上述两值分别为 16.72% 和 1.17 的适中性管理政策的获利能力与风险居前两种之中。

公司的财务经理人员可以依据营运资本管理的策略对各种可供选择的风险和报酬进行选择，做出有利于股东财富最大化的营运资本管理策略。

第四节 金融资产投资的目的与种类

一、金融资产投资内容

金融资产投资是指公司为特定经营目的和获取收益，在金融证券市场上买卖短期和长期有价证券的一种投资行为。金融性投资所形成的资产称为金融资产。主要金融资产投资内容如图 5-16 所示。

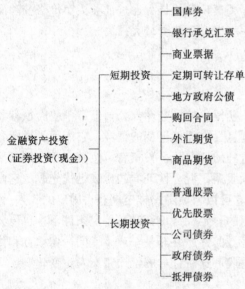

图 5-16 金融资产投资内容

二、金融资产投资特点

金融资产投资是一种间接投资，即不直接从事经营活动的投资。它与直接投资的主要区别在于：

首先它的流动性较好，可以随时转让，并且通过转让可使股权和债权的持有者发生变换。与公司其他投资形式和其他资产相比，金融资产投资的流动性最大，变现能力较强，并且在市场不稳定情况下，由于其买卖价格的上下变动，会给公司带来很大的收益或损失。

其次，金融资产投资没有资金量的限制，少量资金也能参与投资，且具有可分割性。证券公司将其总股本以等额形式划分为若干股份，投资者可根据自己意愿购买任意某一百分比的股份。买卖十分方便，便于随时调用和转移资金，这为公司有效利用资金，挖掘有限资金的潜力，提供了十分理想的途径。

再次，公司通过金融资产投资，除了可获得股利、利息收入和获得证券买卖过程中的差价收入外，还可以通过对某些上市公司持股量的增加，扩大对其经营的影响，从而间接扩大规模，增进了公司与外单位的联系和交流，对公司长远发展十分有利。

三、金融资产投资目的

随着我国金融市场和证券市场的开放和发展，金融资产投资已成为公司财务上资金投放的一个重要去向。公司进行该类投资，其最终的目的是能使经济上获得收益，使投出的资金能够增值。但具体投资业务的目的是有区别的，主要有如下几种：

1. 获取高于银行存款的利息收入。

为了有效利用资金，通常可将证券投资作为公司的短期投资，将公司正常经营中暂时多余闲置的资金，购入一些短期有价证券，根据市场的变动情况，伺机出售变现，谋取较高利息收入。

2. 获取较长时期的投资收益。

如有较长时期不准备使用的资金，可稳定地将其投资于一些经济效益较好公司的股票和购买一些利率较高的债券，以期获得较为稳定的投资收益。

3. 为特定经营目的进行的证券投资，如扩大经营规模、开拓市场、控制被投资公司和增强公司竞争能力等。公司购入短期内不准备出售的某公司的普通股股票，当所购入的股份数量达到能够足以控制该被投资公司时，则该公司便成为本公司的子公司，而本公司则成为被投资公司的控股公司。

4. 为了积累金额较大的偿债基金和公司发展基金。

公司如为了在将来某一时期要支出一笔特定的巨额资金，为了逐期提取和积累所需资金数，可按期拨出一定数额的资金投入一些风险较小的证券，以积累其特殊业务所需的整笔巨额资金额。这种投资业务要求变现能力强，风险小、且不追求高额投资收益。

5. 获取投机收益。

公司将一部分多余的资金专门用于从事证券买卖，目的是为通过证券买卖价格波动而赚取价差收益。这需正确判断及迅速反映，处理不当，会蒙受较大损失。

四、金融资产投资种类

证券投资的种类按不同标准可作如下划分：

1. 债权性证券、权益性证券和混合性证券。

债权性证券是一种必须定期支付利息，并按期偿还的证券。如公司债券，政府债券和金融债券等。权益性证券是一种既不定期支付利息，也无偿还期的证券，它表示了投资者在被投资公司所占权益的份额，在被投资公司盈利的情况下，投资者可按其权益比例分享公司净收益，获得股利收入。这种主要是普通股股票。混合性证券的代表是优先股。它是兼有股票特点和债券特点两重性的证券。一方面它可以象债券那样定期获得固定的收入；另一方面它却没有偿还期，也表示占有被投资公司的一定权益份额，在特定条件下，也可分享被投资公司的部分红利。要注意的是这三种证券的性质并非是一成不变的，像债券和优先股在规定的条件下可转换为被投资公司的普通股，这时证券的性质则会发生变化。

2. 短期证券和长期证券。

短期证券是指周转期一般在一年以内的有价证券。如银行承兑汇票、商业本票等。长期证券一般是指周转期在一年以上或无限期的证券，如股票、债券等。到底进行短期证券投资还是长期证券投资主要取决于其投资目的。短期证券当然只能用于短期投资，但长期证券虽然周转期很长，但并非指短期内不能转让，故公司也可以在短期内自由购入或抛出股票或债券。公司到底购入何种证券更为有利，则要根据公司投资的要求和具体风险程度而定。

3. 固定收入的证券和不固定收入的证券。

固定收入的证券是投资者可定期获得稳定收入的证券。即投资者在购买该种证券时，预先已知道该证券的回报率，并在整个证券寿命周期是固定不变的。如优先股票，债券、银行承兑汇票等。不固定收入的证券对投资者来讲事先并不知道其收益是多少，持有这种证券投资者的收入是因时而异，并且不一定按时支付。这类证券主要是普通股股票。但是上述固定收入与不固定收入也非绝对的，在某些特殊情况下，也会有些改变。如在通货膨胀较严重情况下，债券发行单位为了照顾投资者所蒙受的损失，并使自己发行的债券易于推销，规定其发行债券可按市场利率变动，在一定时间按一定利率加以调整，这种便称为浮动利率债券，是一种收入不固定的证券。

由于不同证券的性质、期限、偿还条件、各期收益等各不相同，不同的投资方式可能会对企业证券投资的决策和预期收益产生重大影响。公司应根据不同投资目的、证券投资市场的变化情况与风险承受能力，来合理组合各种证券投资，确保获得最佳的投资收益。

有关金融资产投资的优化选择问题参照本书第二章、第三章。

思 考 题

1. 什么是财务计划？建筑与房地产公司财务计划有哪些特征？
2. 试述建筑与房地产公司财务计划的组成内容。
3. 如何确定企业最佳现金持有量？
4. 什么是存货经济批量？如何计算存货经济批量？
5. 流动资产管理策略与流动负债管理策略如何有机结合？各会产生什么影响？
6. 试述金融资产投资与真实资产投资的区别。

练 习 题

1. 目的：练习现金持有量计算

资料：某公司预计下年度现金支出为 2400000 元，机会成本为 9%，每次有价证券转换成本为 100 元。假定公司各期现金支出均衡。

要求：利用存货模式

(1) 计算出公司最合理的现金持有量。

(2) 持有现金的总成本。

(3) 现金的平均持有量。

(4) 全年现金与有价证券的转换次数。

2. 目的：练习应收帐款信用结算方法

资料：设大华建筑公司 1997 年 10 月应收某项工程款 180000 元，其与发包单位协议的 延期付款条件为"2/10，N/30"。

要示：

1. 计算发包单位在折扣期内付款，大华公司可回收工程款和支付现金折扣各是多少？

2. 发包单位在折扣期内付款 3/4，信用期内支付其余工程款，大华公司可回收工程款及支付现金折扣各是多少？

3. 目的：熟悉最佳经济批量的存货决策方法。

资料：设大华建筑公司 1998 年全年需用钢材 6000t，平均每吨买价 3000 元，一次订货成本 600 元，每吨保管成本 60 元。订货方案分别为 60、50、40、30、25、15、10 次。

要求：

(1) 编制钢材订货批量成本计算表。

(2) 用图表计算法及公式法列式最佳经济订货批量及成本。

第六章　营业收入、利润及其分配

第一节　营业收入的管理

一、营业收入的概述

（一）营业收入的概念

建筑与房地产公司营业收入是指在生产经营活动中，由于工程结算、商品销售、作业提供、房地产开发等业务所实现的收入。公司的营业收入按其与生产经营活动的关系不同来划分，主要分为主营业务收入和其他业务收入两大类。

1. 主营业务收入

主营业务收入又称基本业务收入，是指通过基本生产经营活动而创造并实现的收入。建筑、安装公司的主管业务收入即工程价款收入，包括工程价款结算收入，向发包单位收取的索赔款，以及列作营业收入的各种款项，如临时设施费、劳动保险费、施工机构迁移费等内容。房地产公司的主营业务收入指房地产经营收入。它包括土地转让收入、商品房销售收入、代建工程结算收入、出租开发产品租金收入和配套设施销售收入等。主营业务收入一般占公司营业收入的比重较大，对经营效益产生较大的影响。

2. 其他业务收入

其他业务收入是指公司因从事基本生产经营活动以外的其他业务收入。是经营收入的补充。

建筑公司的其他业务收入按其在生产经营的作用不同，又可划分为建筑附属企业营业收入及其他营业收入两类。

①附属企业的营业收入。是指建筑公司内部独立生产企业的产品销售收入、机械及运输作业收入等。附属企业营业收入与主营业务收入有密切联系。因为，从内部独立核算的角度看，附属企业向施工单位以及附属企业相互提供产品或劳务，也应视同对外销售作为营业收入处理。

②其他营业收入。指除上述业务以外，企业附带经营的业务所取得的收入。包括材料销售收入、无形资产转让收入、固定资产出租收入、多种经营收入等。

房地产企业的其他业务收入另外还包括商品房售后服务收入等。在企业整个营业收入中，其他业务收入占比重较小，相对而言处于次要地位。

（二）营业收入管理的意义

营业收入是施工企业施工生产成果与房地产企业从事房地产经营成果的货币表现，是一项重要的财务指标。及时组织工程点交和产品销售，并取得工程款和销售收入，加强营业收入的管理，对企业和国民经济都有重要的意义。

首先，营业收入是补偿企业施工生产耗费，开发成本等，获取利润的主要财源。只有确定了经营收入，才能按照收入与成本配比的原则，结转相应的经营成本，才有可能弥补当期发生的期间费用和获取利润。正确核算经营收入是正确计算经营利润的首要前提。

其次，经营收入是企业履行社会义务，依法纳税的依据，并为企业扩大再生产取得所需资金。营业收入是计算经营税金的直接依据，也是计算企业所得税的间接依据，正确计算经营收入可以防止企业不依法计缴税金行为的发生，对国家具有重大的经济意义。

第三，营业收入是反映企业经营规模和经营管理水平的一项综合性指标。经营收入的多少决定企业营业收入额的大小，营业收入额的大小反映企业的经营规模、管理水平和对社会所作的贡献。

二、营业收入预测

（一）工程结算收入（房地产经营收入）的预测

工程结算收入的预测是根据公司过去工程任务完成情况及在建工程或过去产品开发情况，结合对建筑市场及房地产市场未来需求的调查，对计划年度工程结算收入或房地产经营收入所进行的预计和测算。在这里，运用量本利分析原理来预测工程结算收入或房地产经营收入。

量本利分析法是在工程成本（或房地产经营成本）划分为变动费用和固定费用的基础上，根据工程结算收入（或房地产经营收入），工程结算成本（房地产经营成本），工程结算利润（或房地产经营利润）三者之间的内在联系，假定已知其中两个因素，来测算另一个因素，以寻求最佳方案。这种方法既可以用来测算工程结算收入，也可用来测算工程结算成本和工程结算利润。下面说明运用量本利分析原理预测工程结算收入（或房地产经营收入）的方法。

1. 盈亏临界点预测法

盈亏临界即刚够成本开支的工程结算收入（或房地产经营收入）也叫保本点工程结算收入（或保本点房地产经营收入）。此时没有利润，也不亏本。掌握这一保本点，可使企业知道计划年度必须完成的最低限度的工程结算收入（或房地产经营收入），这对处于亏损边缘的企业尤为重要。保本点工程结算收入（保本点房地产经营收入）计算公式如下

$$\text{保本点工程结算收入} = \frac{\text{固定费用总额}}{1 - \text{税率} - \text{变动费用占工程造价比重}}$$

或
$$\text{保本点房地产经营收入} = \frac{\text{固定费用总额}}{1 - \text{税率} - \text{变动费用占房地产经营成本比重}} \qquad (6-1)$$

这是因为：工程结算收入－税金－变动费用总额－固定费用总额＝工程结算收入×
（1－税率－变动费用在工程造价中的比重－固定费用总额）＝0
保本点房地产经营收入亦同理。

企业没有利润，也不亏损。因此这时的工程结算收入（或房地产经营收入），就是刚够成本开支的工程结算收入（或房地产经营收入）。

【例1】 某施工企业计划年度变动费用在工程造价中的比重为75％，税率为3.3％，固定费用总额2717000元，则计划年度刚够成本开支工程结算收入为：

$$\frac{2717000}{1 - 3.3\% - 75\%} = 12520737.33 \text{ 元}$$

2. 实现目标利润的工程结算收入（房地产经营收入）预测

保本经营只是对公司起码的要求，在此前提下，公司还应争取盈利。所以在预测刚够成本开支工程结算收入（房地产经营收入）的基础上，还要进一步测算出能够实现目标利

润的工程结算收入（或房地产经营收入）。实现目标利润工程结算收入的预测，只需在刚够成本开支工程结算收入测算公式分子部分，加上目标利润即可求得。实现目标利润的房地产经营收入计算亦同理，不再叙述。计算公式如下：

$$实现目标利润工程结算收入 = \frac{固定费用总额 + 目标利润}{1 - 税率 - 变动费用在工程造价中的比重} \quad (6-2)$$

【例2】 按上例所列资料，如该施工企业计划年度目标利润为：1086000 元，则计划年度实现目标利润工程结算收入为：

$$\frac{2717000 + 1086000}{1 - 3.3\% - 75\%} = 17525345.62 \ 元$$

（二）产品销售收入的预测

房地产开发公司与施工企业附属工业企业的产品销售收入，如果是附属企业任务饱满，同时地区建筑市场对产品需求量大，产销比较均衡并呈逐年上升趋势，可采用基数加平均变动趋势法加以测算。这种方法是以报告年度实际销售收入为基数，加上前几年的实际平均变动趋势，即平均每年增加的产品销售收入，求得计划年度预测产品销售收入。举例如下：

【例3】 某施工企业附属工业企业 1997 年实际产品销售收入为 780000 元，1993～1997 年各年增长产品销售收入分别为 36000 元，40000 元，41900 元，42100 元，46900 元则 1993～1997 年各年平均增加产品销售收入为：

$$\frac{36000 + 40000 + 41900 + 42100 + 46300}{5} = 41260 \ 元$$

1996 年计划年度预测产品销售收入为

$$780000 + 41260 = 821260 \ 元$$

施工企业附属工业企业计划年度产品销售收入的预测，也可采用量本利分析法，来测算刚够成本开支的产品销售收入和实现目标利润的产品销售收入，特别在生产能力大于生产任务，地区建筑市场竞争激烈的情况下，更应重视量本利分析法，对刚够成本开支的产品销售收入进行预测，力求保本求利。这里给出用量本利原理预测，保本点销售收入和保证目标利润必须完成的销售收入的公式：

$$保本点销售收入 = \frac{固定费用}{边际收益率} \quad (6-3)$$

其中：
$$边际收益率 = \frac{产品边际收益}{产品销售收入}$$

$$产品边际收益 = 产品销售收入 - 产品变动费用$$

$$保证目标利润必须完成的销售收入 = 保本点销售收入 + \frac{目标利润}{边际收益率} \quad (6-4)$$

$$= \frac{固定费用 + 目标利润}{边际收益率} \quad (6-5)$$

（三）营业收入的确认

营业收入确认的方法一般采用"销售成立法"。企业应当在发出商品、提供劳务同时收讫或者取得索取价款的凭据时，确认营业收入（《企业会计准则》第 45 条）。销售成立的具体时间依不同的货款结算方式而定。营业收入的实现应具备两个基本条件：一是商品、产品已经发出或劳务已经提供；二是价款已经收到或获得了收取价款的凭据。

1. 施工企业营业收入的确认

(1) 工程价款结算收入确认的方法

建筑安装工程属于长期工程，需要在工程施工前签订工程合同，建立长期合作的承发包关系。但承发包合同的成立，并不意味着承包工程所有权已经转移，而必须是通过交工验收、确认承包工程收入才能成立。工程收入确认的时间和标准，应按合同规定的条件进行。主要有全部完成工程合同，一次性办理竣工交工结算即为工程收入的确认；或是按工程进度百分比办理分段（次）验工交工，以及最后工程全部完工办理竣工交工结算，即分次的工程收入的确认。前者是一次销售成立，承包工程所有权一次转移；后者是分次销售成立，承包工程所有权分次逐步转移，直至最后全部转移。

工程收入确认的方法有完成合同法和完成进度法两种。

①完成合同法。这个方法是指在工程合同全部完成后，计算已实现的工程价款收入的办法，实现的工程收入即为合同价款总额。至于因设计变更、材料代用、材料价差、隐蔽工程等签证调整事项，属于合同价款的调整，应按调整后的合同价款总额确认工程收入的实现。按合同价款总额确认工程收入重在履约，即完成合同规定的全部工程内容、实现竣工验收及交工结算，工程所有权顺利转移，价款已经收讫，或者已经取得收取价款的权利。即为工程收入的实现。

完成合同法比较适用于工期较短的工程（一般在12个月以内），它手续简便，有利于缩短工期。但对工期较长的工程，则不能及时取得工程收入，反映经营成果。

②完成进度法（又称完成百分比法）。是指工期跨越一个以上会计期间，合同工程的进度能够准确地估计，应按完成工程进度百分比进行验工交工结算，确认工程收入，实现合同工程所有权的逐步转移，并取得与工程进度一致的工程价款收入。完成进度法应满足以下条件：

$a.$ 合同总收入与总成本能准确可靠确定；

$b.$ 与合同交易相关的价款能够收回；

$c.$ 工程完成程度能够准确可靠地估计；

$d.$ 已经发生的成本能够准确地计量。

如果不符合上述规定条件，应按完成合同法确认工程收入。

完成进度法适用于工期较长，能够准确可靠地确定工程进度百分比的工程，它有利于及时鉴定工程质量，取得工程收入，反映经营成果。

【例4】 设某建筑公司承包某项工程，合同总金额为2500万元，跨3个会计年度完工，工程进度划分为能准确估计的 A、B、C 三个阶段；完成 A，进度25%，完成 B，累计进度75%；完成 C，累计进度100%。

第1年，A 全部完成，累计进度30%，工程实际成本发生额600万元。

①工程结算收入 $=2500 \times 25\% = 625$ 万元

②期末未实现的工程收入 $=2500 \times (30\% - 25\%) = 125$ 万元

③实际成本占工程收入的比例 $= \dfrac{\text{期初未完工程实际成本} + \text{本期生产费用发生额}}{\text{本期已实现的工程收入} + \text{期末未实现的工程收入}} \times 100\%$

$= \dfrac{0 + 600}{625 + 125} \times 100\% = 80\%$

④已完工程结算成本 $=625 \times 80\% = 500$ 万元

⑤期末未完工程实际成本＝125×80％＝100万元

第2年，B全部完成，累计进度估计85％，实际工程成本发生额1167万元。

①工程结算收入＝2500×（75％－25％）＝1250万元

②期末未实现的工程收入＝2500×（85％－75％）＝250万元

③实际成本占工程收入的比例＝$\frac{100+1167}{1250+250}$＝84.5％

④已完工程结算成本＝1250×84.5％＝1056万元

⑤期末未完工程实际成本＝250×84.5％＝211万元

第3年，完成进度100％，工程实际成本发生额310万元。

①工程结算收入＝2500×（100％－75％）＝625万元

②工程结算成本＝211＋310＝521万元

③工程总收入＝625＋1250＋625＝2500万元

④工程总成本＝500＋1056＋521＝2077万元

（2）产品、作业销售收入的确认方法

一般商品、作业销售成立是指货物已经发出，劳务已经提供，上项价款以及相应的成本和销货退回条件已基本确定，已将发票帐单提交买方，即可作为营业收入的实现。具体形式如下：

①采用预收货款销售产品的，在产品发出时即作为销售收入的实现。

②采用委托银行收款方式销售商品或劳务时，应在发出商品或提供劳务后，将有关发票帐单提交银行办妥托收款手续后，即作为销售收入的实现。

③在采用分期收款方式的销售情况下，应按本期所收价款或合同约定收款日期作为销售收入的实现。同时，按全部销售成本与全部销售收入的比例，计算本期应结转的销售成本。

④在采用委托其他单位代销的方式下，应在代销产品已经由代销单位售出，并已收到代销单位的代销清单后，按代销清单所列收入金额作为销售收入的实现。

⑤在采用直接交款提货的方式下，应以货款已经收到，发票帐单和提货单已交购货方，即作为销售收入的实现。

关于销货退回、销货折让和销货折扣的处理如下：

①销货退回。是指已经销售和发出商品，由于质量、品种、数量等不符合合同规定，而发生退货的情况。因货品没有卖出，应冲减本期营业收入。如果是退回换货，不作退货处理。

②销货折让。是指由于商品质量不符合合同规定要求而发生的价款折让。折让的价款应冲减营业收入。

③销货折扣。又称现金折扣，是指为鼓励购货方早日偿付货款，经销货方同意，给予的折扣。发生的现金折扣，应冲减当期营业收入。

2. 房地产公司营业收入的确认

根据《房地产开发企业会计制度》的规定，企业各种建筑产品销售实现的条件，以及各种不同销售方式的产品销售实现的条件可具体归纳为以下内容：

①商品房、土地的销售，应在商品房和土地已经移交，并已将发票结算帐单提交买方

得到认可时，确认营业收入实现。

②代建房屋和代建其他工程，应在房屋和工程竣工验收，办妥财产交接手续，并已将代建的房屋和代建的工程价款结算帐单提交委托单位签证后，确认营业收入实现。

③出租开发产品，应在出租合同或协议规定日期收取租金后作为营业收入的实现；合同或协议规定的收款日期已到，承租方尚未支付的现金，也应确认营业收入实现。

④如果采用赊销或分期收款方式销售商品房和转让土地，可按照合同约定的本期应收价款，分次结转，确认营业收入实现。

3. 成本、费用的确认

是指确定成本、费用与本期营业收入的直接联系和费用所属的期间。

①与营业收入直接联系的，就是工程、产品直接成本，必须认真落实，计入当期工程、产品等成本。如对已完工程实际成本，应做好现场材料，物资的清理和盘点。区分已完工程成本和未完工程成本等。

②合理确定间接费用分配标准，正确分配和分摊到各项工程、产品等成本中去。

③正确监督期间费用，对于计入当期的费用，都要严格审批后列支，特别是支出的代价较高、影响营业收益较大的费用，应按重要性原则加强监督和控制。

（四）预收工程款和预收备料款管理

为了保证施工企业在工程价款结算以前所需的流动资金的需要，施工企业可以按照规定向发包单位预收工程价款和备料款。

按照现行工程价款结算办法的规定，采用按月结算工程价款的施工企业，可以在月中或旬末预收上半月或本旬工程款。采用分段结算工程价款或竣工后一次结算工程价款的施工企业，可按月预收当月工程款。施工企业在预收工程价款时，应根据实际工程进度，填制"工程价款预收帐单"，分送发包单位和经银行办理预收款手续。"工程价款预收帐单"的格式如表6-1所示。

工程价款预收帐单　　　　　　　　　　　　　　　　表6-1

发包单位名称：　　　　　　　　1997 年 7 月 16 日　　　　　　　　单位：元

单项工程和单项工程名称	合同预算价值或标价	半月（本旬）完成数	半月（本旬）预收工程款	本月预收工程款	应扣预收款	实收款项	说明
103 厂房建筑工程	2488950	96000	96000	（分段结算、竣工后一次结算按月预支时填列）		96000	

施工企业：　　　　　　　　　　　　　　　　　　　财务负责人：

施工企业在月中、旬末或按月预收的工程价款，应在按月结算、分段结算或竣工后一次结算工程价款时，从应收工程款中扣除，并在"工程价款结算帐单"中列示应扣除的预收工程款。

施工企业如果自行采购储备建筑材料的，可以在与发包单位签订工程承包合同后按年度承包工程总值的一定比例向发包单位预收一定数额的备料款。在这种情况下，企业在按月结算、分段结算或竣工后一次结算工程价款时，还应扣除应归还的预收备料款。

预收备料款的作用，在于满足施工企业对主要材料、结构件的储备资金的需要。

其收取额度，一般应按下列公式计算：

$$预收备料款额度 = 材料费占工程造价的比重 \times \frac{储备天数}{360} \qquad (6\text{-}6)$$

$$预收备料款 = 年度承包工程总值 \times 预收备料款额度$$

按照工程价款结算办法的规定，预收备料款的额度，建筑工程一般不得超过当年建筑（包括水、暖、电、卫等）工程总值的 30%。大量采用预制构件以及工期在 6 个月以内的工程，可以适当加大比例。安装工程一般不得超过当年安装工程总值的 10%，安装材料用量较大的工程，可以适当增加。在工程用料的一部分由建设单位供应时，预收备料款应按比例少收，具体额度，由省、自治区、直辖市根据不同的性质的工程和工期的长短以及投资额的大小分类确定。施工企业向发包单位预收的备料款，应在工程后期随着工程所需材料、结构件储备的减少，以抵充工程价款的形式陆续归还，到工程完工时全部归还。

至于预收备料款的归还时间，应当在未完工程（即尚未完工的那部分工程）主要材料、结构件需要额相当于预收备料款时开始，即：

$$未完工程主要材料、结构件需要额 = 预收备料款$$

这是因为：

$$未完工程主要材料、结构件需要额 = 未完工程价值 \times 材料费比重$$

所以当：

$$未完工程价值 \times 材料费比重 = 预收备料款$$

即：
$$未完工程价值 = \frac{预收备料款}{材料费比重}$$

此时，工程所需的主要材料、结构件储备资金可全都由预收备料款供应，以后就可陆续归还备料款。

$$开始归还预收备料款时的工程价值 = 年度承包工程总值 - \frac{预收备料款}{材料费比重}$$

【例 5】 某项承包工程年度承包合同总值为 2488950 元，材料费占工程造价的比重为 72%，预收备料款额度为 24%，则：

$$预收备料款 = 2488950 \times 24\% = 597348 \ 元$$

$$开始归还预收备料款时的工程价值 = 2488950 - \frac{597348}{72\%} = 1659300 \ 元$$
$$= 2488950 - 829650$$

由上述计算可知，当完成工程价值 1659300 元以后，就应该开始陆续归还预收备料款。这是因为此时未完工程价值为 829650 元（2488950－1659300）需要主要材料、结构件储备资金 597348 元（829650×72%），可用预收备料款全部解决。以后随着工程完工，主要材料、结构件的储备量逐渐减少，陆续地归还预收备料款，不会影响施工企业正常储备所需的资金。

因此，在已完工程超过开始归还预收备料款时的工程价值时，就要用下列方法计算应归还预收备料款。

$$第一次应归还预收备料款 = \left(\begin{array}{c} 累计已完 \\ 工程价值 \end{array} - \begin{array}{c} 开始归还预收备 \\ 料款时的工程价值 \end{array}\right) \times 材料费比重$$

$$以后各次应归还预收备料款 = 每次结算的已完工程价值 \times 材料费比重$$

如上述某项承包工程，施工企业到 8 月份累计已完工程价值为 1679300，9 月份完成工程价值 249000 元，则：

8 月份应归还预收备料款＝（1679300－1659300）×72％＝14400 元

9 月份应归还预收备料款＝249000×72％＝179280 元

按照上述办法，到这项工程全部完工，还应归还预收备料款：

（2488950－1679300－249000）×72％＝403668 元

恰好把开工前预收的备料款 597348 元（14400＋179280＋403668）全部归还。

承包工程如果要跨年度施工，预收备料款可以不还或少还，并于次年按应收预收备料款调整，多还少补。具体地说，跨年度工程，预计次年承包工程价值如大于或相当于当年承包工程价值时，可以不归还当年的预收备料款；如小于当年承包工程价值时，应按实际承包工程价值进行调整，在当年归还部分预收备料款，并将未归还部分，转入次年，直到竣工年度，再按上述方法归还。

在实际工作中，预收备料款的额度和归还办法，在各个地区并不完全相同。如有的地区规定：预收备料款的额度为全年承包工程总值的 25％，在累计已收工程款占当年承包工程总值 50％的下月起，按当月已完工程价值的 50％抵作预收备料款归还。这样到工程完工，归还相当于工程总值 25％（50％×50％）的全部预收备料款。

三、营业收入管理

1. 工程收入确认的管理

（1）重在履行工程合同。

履行工程合同是工程收入确认的前提。一是要认真履行工程合同，按照建设工期的要求完成工程合同，工程的实际进度及交工工程量符合工程合同的要求。二是工程质量达到施工验收规范的要求，工程得以顺利交接和结算，没有不符合质量要求或需要返工的工程，取得了确认工程收入的可靠资料。

（2）重在工程收入的实现。

完成合同法要求工程合同全部完成才计算实现的工程收入，完成进度法则要求合同总收入与总成本以及本期完成的工程进度和成本都能准确地估计。正是取得准确无误的数字资料，符合客观性原则及收入与成本配比的原则，使实现的工程收入能正确反映企业会计期间经营情况和成果。

（3）重在工程价款的收回有可靠的保证。

一是要有资金作保证。发包建设单位的投资项目要有明确的资金来源或有偿债能力的法人作担保，保证建设资金及时到位，以此作为取得建筑许可证、进行投标承包、签订工程合同及预付工程款的依据。二是要有付款保证。应收工程款的结算应按信用制度及有关票据结算的手续办理，能够及时收回工程款。

2. 产品、作业销售收入及其他业务收入管理的要求

这里主要介绍房地产开发公司与建筑企业附属及辅助生产单位的产品、作业销售收入及其他业务收入管理要求。

（1）以销定产，安排生产计划。

企业的附属及辅助生产单位提供的产品、作业生产和销售，种类繁多，规格各有不同，多为小批量生产。必须根据订货客户的要求来安排，及时签订销售合同，订明产品品种、规格、质量、价格、订货数量、发运批量和结算方式等，据以编制产销计划，按合同要求组

织生产和销售，协调好产销关系，避免盲目生产。

对于房地产开发公司来说则要及时签订销售合同，积极组织产品的开发生产。

（2）加强成品管理，及时组织发运和销售。

①建筑构配件体积庞大，要占用大量的生产场地，产品完工必须及时组织成品交库；同时还要提高产品场地的周转，节约场地使用费。

②提高产品的合格品率，严格产品的质量检验，不允许有不合格品混入合格品中。

③按合同要求集存成批和配套，及时组织发运和销售，防止成品积压造成损失。

④加强售后服务，提高企业信誉。

（3）经常检查合同执行情况，发现问题及时解决。

公司发货计划确定以后，由销售部门负责具体执行。销售部门根据合同发货以后，应详细记录销售合同的履行情况，发现未履行合同现象要及时查明原因。针对存在问题，及时采取措放进行改正，借以尽可能促进所签合同的如期完成。

（4）及时办理结算，尽快收回货款。

销售部门在成品发运和提供劳务后，应立即将发票单证送交财会部门，财会部门应立即按合同规定的结算方式分别用汇兑、委托收款、托收承付、商业汇票、本票、支票等各种结算形式与购货客户进行结算，及时收回货款。同时，还应预计货款划回的日期，对逾期未收回的货款，应向银行查询或与购货单位联系，催促尽快办理。

第二节　利　润　管　理

一、利润及其构成

（一）利润的概念

利润是指公司在一定时期内开发、经营活动所取得的财务成果。利润集中反映了公司开发、经营活动各方面的效益，是企业最终的财务成果。利润总额若为正数，则表示该公司为盈利公司；若为负数，则表示利润是亏损。利润指标是全面衡量公司开发经营的一个综合性指标，它的重要性直接体现为国家财政收入、投资者利益分配和增加公司资本积累的源泉。通过分析利润的增减变动情况，可以评价公司的经营状况和管理水平，促使公司经营管理者不断改进工作，达到提高经济效益的目的，也可以通过利润与其他指标的比较和比率分析，评价公司的盈利能力及其变化趋势，便于投资者及时、正确地作出决策。

（二）利润总额的构成

建筑与房地产开发公司的利润总额是由营业利润、投资净收益和营业外收支净额及以前年度损益调整四部分组成，公式表示为：

利润总额＝营业利润＋投资净收益＋营业外收支净额＋以前年度损益调整

其中，营业利润和营业外收支净额是公司生产、开发经营活动本身实现的利润；投资净收益是公司对外投资获得的利润，是由于让渡资产所有权所获得的回报；以前年度损益调整则是本年度发生的调整以前年度的事项。

1. 营业利润

营业利润是公司有目的地从事开发经营所获取的利润，是公司利润总额的主要部分。

（1）建筑企业营业利润组成

建筑企业的营业利润为营业收入减去营业成本、营业税金及附加（包括营业税、城市建设维护税，教育费附加）再减期间费用（管理费用、销售费用、财务费用）后的余额。根据建筑企业经营特点，营业利润计算公式如下：

营业利润＝工程结算利润＋产品销售利润＋劳务作业利润＋材料销售利润
＋其他销售利润＋多种经营利润＋固定资产出租利润＋其他业务利润
－期间费用

①工程结算利润

是指企业及其内部独立核算的施工单位（包括国外工程和国内外资工程）已向工程发包单位（总包单位）办理工程价款结算而形成的利润。

工程结算利润＝工程价款收入－工程实际成本－工程结算税金及附加

工程结算税金及附加包括营业税、城市建设维护税、教育费附加等。

②产品销售利润

是指企业内部独立核算的工业企业（如机械厂、机修厂、混凝土构件厂、门窗厂等）销售产品所实现的利润。

产品销售利润＝产品销售净收入－产品销售成本－产品销售税金及附加

产品销售净收入＝产品销售收入－销货退回折让、折扣

产品销售税金及附加包括增值税、城市建设维护税、教育费附加等。

③劳务作业利润

是指企业内部独立核算的机械站和运输队对外提供机械、运输等劳务作业所实现的利润。

劳务作业利润＝劳务作业收入－劳务作业成本－劳务税金及附加

劳务税金及附加包括营业税、城市建市建设维护税、教育费附加等。

④材料销售利润

是指企业及其内部独立核算的材料供应部门销售材料所实现的利润。

⑤其他销售利润

是指除上述各种销售利润以外的其他销售利润。如企业内部非独立核算的辅助生产部门，对外单位或企业内部其他独立核算单位提供产品和劳务所实现的利润。

⑥多种经营利润

是指建筑企业为了拓宽业务，增加效举，举办一些与工程施工无直接联系的其他行业的经营业务，如餐饮服务、服装加工、商品贸易等，其营业收入减营业成本、营业税金后形成的利润。

⑦固定资产出租利润

是指企业对外单位或企业内部其他独立核算单位出租施工机具、生产设备等的租金收入减租赁成本、营业税金后形成的利润。

⑧其他业务利润

包括如下内容：

a. 无形资产转让利润。是指无形资产转让收入减无形资产帐面余额、税金后的差额。

b. 联合承包节省投资分成收入。是指企业按照国家规定，与建设单位、设计单位联合承包工程项目，从节省的投资中分得的收入。

c. 提前竣工投产利润分成收入。是指企业按照国家规定，与建设单位、设计单位联合承包的生产性工程项目比合同工期提前竣工交付使用，生产单位提前投产，经项目主管部门批准，从提前投产的利润分得的收入。

(2) 房地产公司营业利润组成

房地产公司的营业利润由经营利润加其他业务利润减管理费用和财务费用组成。用公式表示为：

$$营业利润＝经营利润＋其他业务利润－管理费用－财务费用$$

①经营利润

就是由经营收入减经营成本、销售费用和经营税金及附加后的余额。表示为：

$$经营利润＝经营收入－经营成本－销售费用－经营税金及附加$$

经营利润是房地产公司的主营业务利润，根据公司开发经营的特点，其经营利润包括土地转让利润、商品房销售利润、配套设施销售利润、代建工程结算利润和开发产品出租经营利润。

a. 土地转让利润。是指公司转让已开发建设场地所实现的利润。但是公司用于建设商品房的已开发土地，作为中间产品，直接结转其土地开发成本，不作转让处理。

b. 商品房销售利润。是指公司销售商品房实现的利润，包括临时出租房，周转房转作商品房销售所实现的利润。

c. 配套设施销售利润。是指公司销售或有偿转让各种配套设施所实现的利润。

d. 代建工程结算利润。是指公司接受委托，为建设单位代建房屋或其他工程项目所实现的利润。

e. 开发产品出租经营利润。是指公司用开发完成后销售的开发产品（包括建设场地和房屋），进行临时出租所实现的利润。

②其他业务利润

指房地产公司为了拓宽业务，增加效益，从事主营业务以外的其他业务经营所取得的利润。它是其他业务收入减去与其相关的成本费用、经营税金及附加后的余额。用公式表示为：

$$其他业务利润＝其他业务收入－其他业务支出$$

房地产公司其他业务利润包括商品房售后服务利润、材料经营利润、无形资产转让利润、固定资产出租利润和从事工业、商业、饮食服务业等多种经营收入。

商品房售后服务利润。是指公司为促进商品房的销售，开展一些商品房售后劳务性的有偿服务。如商品房住宅治安管理、卫生清洁、电梯看管、房屋及设备的日常维修服务等所取得利润。

其他有关其他业务利润的内容与建筑企业利润中相应部分一致，不再重复。

③管理费用

指建筑与房地产公司行政管理部门为管理和组织公司的生产、开发经营活动而发生的各项费用。

④财务费用

建筑与房地产公司为筹集资金而发生的各项费用，如利息净支出、汇兑损失、金融机构手续费等。

2. 投资净收益

投资净收益是公司对外投资取得的收益减投资损失后的余额，包括对外的长期投资与短期投资。用公式表示为：

$$投资净收益＝投资收益－投资损失$$

(1) 投资收益

公司投资收益包括公司对外投资分得的利润、购买股票和债券分得的股利和利息、投资到期收回或中途转让取得价款高于帐面价值的差额，以及按照权益法核算的股权投资在被投资单位增加的净资产中所分担的数额等。

(2) 投资损失

公司投资损失包括到期收回或中途转让取得价款低于帐面价值的差额，以及按照权益法核算的股权投资在被投资单位减少的净资产中所分担的数额等。

3. 营业外收支净额

营业外收支是与建筑及房地产公司施工生产、开发经营活动无直接关系，应列入当期损益的各项收入和支出。

(1) 营业外收入

公司的营业外收入包括固定资产盘盈和出售净收益，固定资产报废清理净收益，因债权人原因确实无法支付的应付款项，罚款收入，教育费附加返款，临时设施报废清理净收入，以及其他非营业性收益。

①固定资产盘盈和出售净收益是指公司清查固定资产时，盘盈固定资产按规定报经批准后，结转的该项固定资产净值，以及公司转让或出售固定资产取得的价款减清理费用、税金后的数额与固定资产帐面净值的差额。

②固定资产报废清理净收益是指公司固定资产报废清理取得的残料变价收入、过失人和保险公司赔款收入等大于该项报废固定资产帐面净值和清理费用的余额。

③因债权人原因确实无法支付的应付款项是指由于债权人破产或死亡等特殊原因，公司确实无法支付的应付未付款项。

④罚款收入是指公司取得的对方违反国家有关行政管理法规按照规定支付的罚款和赔款，包括因供应单位不履行合同而向其收取的赔款，因购买单位不履行合同、协议支付货款而向其收取的赔偿金、违约金等各种形式的罚款收入。

⑤教育费附加返还款是指自办职工子弟学校的公司在交纳教育费附加后，教育部门还给企业的自办学校经费的补贴。

⑥临时设施报废清理净收入指公司临时设施报废清理时，回收的价值减其摊余价值和清理费用的净收益。

(2) 营业外支出

包括固定资产盘亏和净损失，固定资产报废清理净损失，非正常停工损失，固定资产和存货的非常损失，临时设施报废清理净损失，自办职工子弟学校经费，公益救济性捐赠、赔偿金、违约金等。

①固定资产盘亏和出售净损失是指公司清查固定资产时，盘亏固定资产按规定报经批准后，结转的该项固定资产净值，以及公司转让或出售固定资产取得的价款小于清理费用、税金和固定资产帐面净值的差额。

②固定资产报废清理净损失是指公司固定资产报废清理取得的残料变价收入、过失人和保险公司赔款收入等小于该项报废固定资产帐面净值和清理费用后的余额。

③非正常停工损失是指公司由于非季节性和非大修理期间和停工造成的损失。

④固定资产和存货的非常损失是指因自然灾害、意外事故等原因造成的固定资产和存货的净损失（扣除保险赔偿款及残值），还包括由此造成的停工损失和善后清理费用。

⑤临时设施报废清理净损失是指临时设施报废清理取得的残料变价收入小于该项临时设施摊余价值和清理费用的余额。

⑥自办职工子弟校经费是指按照国家规定自办的职工子弟校支出大于收入的差额。

⑦公益救济性捐赠是指对国内重大救灾或慈善事业的救济性捐赠支出。

⑧赔偿金、违约金是指因未履行合同、协议而向其他单位支付的赔偿金、违约金和滞纳金等各种形式的罚款性支出。

4. 以前年度损益调整

公司年度终了结帐所报年度决算会计报表，应按照规定程序和手续审批，并根据批复意见调整上年利润和利润分配数额，以及因公司自身也可能发现以前会计年度的会计处理中有重要错误而需要纠正，以至影响到以前年度的利润。例如：对收益性支出和资本性支出划分错误的纠正；计算应纳税所得额错误的纠正；联营公司、附属公司分配、上缴利润或所得税所发生错误的纠正等。

（三）净利润的构成

建筑与房地产开发公司的净利润是由利润总额减应计所得税组成。用公式表示为：

$$净利润＝利润总额－应计所得税$$

其中，利润总额是指公司本年度实现的利润（或亏损）总额；应计所得税是鉴于公司按照会计规定计算的所得税前会计利润与按照税收规定计算的应纳税所得额之间，由于计算口径或计算时间不同而产生的差额。在缴纳所得税时，公司应当按照税收规定对税前会计利润进行调整，并按照调整后的数额计算申报交纳的所得税。

（四）应交税金

1. 应交所得税

（1）企业所得税概念

企业所得税是指中华人民共和国境内，除外商投资企业和外国企业外，凡具有经济自主权力，实行独立经济核算的企业或者组织，就其生产经营所得和其他所得征收的一种税。应纳所得税额计算公式如下：

$$应纳所得税额＝应纳税所得额×所得税率$$
$$应纳税所得额＝收入总额－法定扣除项目$$

（2）税前会计利润与纳税所得额的差异

税法规定，企业收入总额中准予扣除与取得收入有关的成本、费用和损失，这些扣除项目是纳税人从事经营活动取得应税收入而发生的一切必要的正常开支，同时为企业所有者所接受。由于税法中许多关于准予扣除项目的规定与企业财务制度有所不同，因而企业税前会计利润与按照税法规定计算的应纳税所得额之间存在着一定的差异。就差异的原因和性质不同可分以下两类：

一是二者的计算口径不同产生的差异。即企业按会计原则计算的税前会计利润与按税法规定计算的纳税所得，所确认的收支口径不同。例如：企业违法经营的罚款和被没收财产的损失等在计算应纳税所得额时不得从中扣除，而在计算税前利润时应予以扣除，在这种情况下二者之间就会产生差异。这种差异的产生不仅限于本会计期间，以后各会计期间也可能会产生，而且这种差异产生后，不能够在以后期间转回。这种由于企业一定时期二者的计算口径不同产生的差异可称为"永久性差异"。在会计核算中，永久性差异采用"应付税款法"进行处理。即将本期税前会计利润与纳税所得之间的差异所造成的影响纳税的金额直接计入当期损益，而不递延到以后各期。

二是二者的计算时期不同产生的差异。即企业按会计原则计算的税前会计利润与按税法规定计算的纳税所得，所确认的收支时间不同。例如：企业的某些固定资产，会计上规定按直线法计提折旧，而税法上规定可按加速折旧法计提折旧。从一个会计年度看，由于会计核算和税收计算所采用的固定资产折旧年限和折旧率不同，二者之间就会产生差异，这种差异在某一时期产生以后，可以在以后一期或若干期转回。这种由于企业一定时期二者的计算时期不同产生的差异可称为"时间性差异"。在会计核算中，时间性差异采用"纳税影响会计法"进行处理。即将本期税前会计利润与纳税所得之间的时间性差异造成的影响纳税的金额递延和分配到以后各期。

（3）弥补亏损调整

企业弥补亏损的调整也是确定其应税所得额的重要内容。经营性亏损是由于企业经营不善而造成的亏损。为了减轻亏损企业的所得税负担，企业发生的年度亏损可以用下一年度的利润弥补。下一年度利润弥补不足的，可以在以后5年内用所得税前利润继续弥补。延续5年未弥补的亏损，用缴纳所得税后的利润弥补。可见，经营性亏损的弥补实际有两个弥补渠道：即税前弥补和税后弥补。税前弥补主要是用纳税前利润弥补，如果企业存在筹建期间的汇兑净收益，也可用其进行弥补。税后弥补包括纳税后利润弥补和企业盈余公积金弥补，但不能用企业资本公积弥补。

由于国家允许企业在亏损后的5年内用纳税前利润弥补亏损。故在这5年中，企业利润总额和其应税所得额之间可能存在不一致。只要企业在弥补期内尚有弥补的亏损存在，则企业就要对其利润总额进行调整，确定其真正的应税所得额。实际上，由弥补亏损引起的调整，是一种特殊类型的时间性差异，它对企业的所得税具有递延作用。

（4）所得税的缴纳

国家规定，以独立核算的建筑安装或房地产开发公司（包括内部独立核算的附属企业）为纳税单位，按照应纳所得税额就地向税务机关交纳。跨地区经营的企业，按其隶属关系回原地缴纳。联营企业所得税实行"先分后税"的，由分得联营利润单位在其所在地缴纳。

所得税的交纳，一般实行按年计征，按季预交，年终汇总计算清交、多退少补的办法。具体缴税期限，由当地税务机关根据纳税人的实际情况核定。

2. 应纳营业税

建筑与房地产公司按照工程结算收入和其他业务收入计算的税金，主要有营业税和增值税。营业税是对企业提供应税劳务、转让无形资产或者销售不动产收入征收的一种包括在营业额中的价内税。按照现行营业税暂行条例的规定，企业提供建筑、安装、修缮、装饰及其他工程作业劳务，转让土地使用权、专利权、非专利技术、商标权、商誉等无形资产，或者销售建筑物及其他土地附着物等不动产，均应按照营业额和规定的税率计算应纳税额。应纳营业税税额的计算如下：

$$应纳税额＝营业额×税率$$

应纳税额以外汇结算的，应按外汇市场价格合成人民币计算。

营业额为企业提供应税劳务、转让无形资产或者销售不动产而向对方收取的全部价款和价外费用。但对企业总承包工程，如将部分工程分包或者转包给他人的，以工程的全部承包额减去付给分包人或者转包人的价款后的余额为营业额。

施工企业对应税建筑、安装、修缮、装饰及其他工程作业等劳务，适用3％的税率，对转让无形资产和销售不动产，适用5％的税率。

企业提供应税劳务，应当向应税劳务发生地主管税务机关申报纳税。转让土地使用权，应当向土地所在地主管税务机关申报纳税。转让其他无形资产，应向其机构所在地主管税务机关申报纳税。销售不动产，应向不动产所在地主管税务机关申报纳税。

营业税的纳税期限，根据应纳税额的大小，分别为5日、10日、15日或者1个月。企业以1个月为一期纳税的，自期满之日起5日内预纳税款，于次月1日起10日内申报纳税并结清上月应纳税款。

3. 应交增值税

增值税是企业销售货物或者提供加工、修理修配劳务收入以及进口货物而征收的一种不包括在销售额中的价外税。按照税法规定，施工与房地产企业附属辅助生产单位销售生产产品或者提供加工、修理修配劳务以及进口货物，均应依照规定缴纳增值税。应纳增值税税额为当期销项税额抵扣当期进项税额后的余额。应纳增值税税额的计算公式如下：

$$应纳税额＝当期销项税额－当期进项税额$$

因当期销项税额小于当期进项税额不足抵扣时，其不足部分可以结转下期继续抵扣。

当期销项税额为企业当期销售货物或者应税劳务，按照销售额和规定税率计算并向购买方收取的增值税额。销项税额的计算公式如下：

$$销项税额＝销售额×税率$$

销售额为企业销售货物或者应税劳务向购买方收取的全部价款和价外费用，但是不包括收取的销项税额。销售额以外汇结算的，应按外汇市场价格折合成人民币计算。

进项税额为企业购进原材料或者接受应税劳务所支付的或者负担的增值税税额。准予从销项税额中抵扣的进项税额，限于从销售方取得的增值税专用发票上注明的增值税额和从海关取得的完税凭证上注明的增值税额。企业购进货物或者应税劳务，未按照规定取得并保证增值税扣税凭证，或者增值税扣税凭证上未按照规定注明增值税额和其他有关事项的，其进项税额不得从销项税额中抵扣。

增值税由税务机关代征，进口货物的增值税由海关代征。企业销售应税货物或者应税劳务，应向所在地主管税务机关申报增值税纳税。企业所属分支机构不在同一县（市）的，应分别向各自所在地主管税务机关申报纳税。经国家税务总局或其授权的税务机关批准，可以由公司汇总向公司所在地主管税务机关申报纳税。企业到外县（市）销售货物的，应当向企业所在地主管税务机关申请开具外出经营活动税收管理证明，向企业所在地主管税务机关申报纳税。未持有企业所在地主管税务机关核发的外出经营活动税收管理证明，到外县（市）销售货物或者应税劳务的，应向销售地主管税务机关申报纳税。未向销售地主管税务机关申报纳税的，由企业所在地主管税务机关补征税款。进口货物，应由企业或企业代理人向报关地海关申报纳税。

增值税的纳税期限，根据应纳税额的大小，分别为1日、3日、5日、10日、15日或者1个月。企业以1个月为一期纳税的，自期满之日起10日内申报纳税；以1日、3日、5日、10日、或者15日为一期纳税的，自期满之日起5日内预缴货款，于次月1日起10日内申报纳税并结清上月应纳税税款。企业进口货物，应自海关填发税款缴纳证的次日起七日内缴纳税款。

二、利润分配

（一）利润分配的意义

利润分配历来是公司财务管理中的重要内容。公司实现净利润后，要按照国家有关规定和各投资者的决议对净利润进行分配。如果有亏损，也要按照国家规定对亏损进行弥补。利润分配关系到与公司有经济利益关系的各种当事人，包括国家、投资者、企业、债权人和企业职工等的切身利益，分配不当会影响公司的生存和发展。

利润分配的本质，实际是根据所有权的归属及各权益者占有的比例，对公司利润进行划分，是一种利用财务手段确保利润的合理归属和正确分配的管理过程。

利润分配对象的公司利润有两个含义，其一是利润总额，其二是所得税后的利润。从国有企业角度讲，企业利润分配的对象以往一直认为应该是利润总额，因为从形式上看，交付所得税和应缴利润都是上交给国家的，都体现了国家和企业的利益关系。所以，以往一般的将企业上交所得税也作为利润分配的一个内容。但从理论上讲，交付所得税是任何企业都必须承担的一项强制性义务。不论什么性质的企业，在这一点上是平等的。对于所得税的上交来说，任何企业的财务管理均对此无任何控制权，也无任何取舍权。其实，从某种意义上说，企业承付的所得税项是一种社会费用，是企业作为一个实体置于国家机制下从事经营所必须支出的交易费用。因此，企业真正的利润分配行为应该是从企业的税后利润开始，故本节在讨论利润分配时，其重点是放在税后利润的分配上。

正确合理地进行利润分配，直接关系到与企业相关的各方面利益的关系，利润分配管理的目的就是要寻找到在企业发展中与各方面有共同利润的焦点。所以，企业在进行合理利润分配时，要权衡各方面的利益期望，应充分兼顾不同方面的利益要求，处理好投资者近期利益与企业长远发展的关系，并要特别注意利润分配与企业内部筹资和投资的密切联系，确保利润分配决策与企业投资、筹资决策的相互协调，建立良好的利润分配激励机制与约束机制，为企业长远发展和取得最佳的经济效益奠定基础。

（二）利润分配的原则

企业利润分配是一项政策性很强的工作。国家对企业利润分配作了统一的、明确的规范。企业在利润分配上应体现企业产权及维护投资者权益和利益的原则。主要受到以下原则的约束。

1. 盈利确认的原则

利润分配的盈利确认原则，要求进行利润分配的企业当年必须要有可确认盈余利润，或有历年来分配利润结余及留存收益，凡在年终会计核算中没有确认的帐面盈利，或没有留存收益的企业不得分配利润。所以确认盈利是企业利润分配的前提。

2. 资本（金）保全原则

资本（金）保全原则，实际上是在以上所述的盈利确认原则基础上对利润分配进行的进一步的限制。因为所谓利润分配，必然是投资者资本增值部分的分配，而不是投资者资本金的返回。利润分配中决不允许在企业不盈利或亏损的情况下用资本金向投资者分配。如果出现这种情况，则此种分配已不属于原来意义的利润分配，而应该看作一种自动清算行为。这一点与前述盈利原则是一致的。只有这样，才能理顺企业的产权关系，充分保护投资者的权益和收益。

3. 遵守国家财经法规原则

利润分配涉及到种种利润关系，是一项十分敏感的工作，因此必须坚持合法性，做到依法纳税，并遵守国家的有关法规制度，确保国家利益不受侵犯。遵守法规，在企业利润分配中主要表现在两个方面，一是企业在实行利润分配之前，首先应按国家税法规定依法交纳所得税，然后才能进行税后利润的分配。对于影响国家税收的各种项目的计算和调整，必须严格遵守国家规定的财务制度和有关法规要求，保证国家财政收入。二是企业税后利润的分配必须遵守国家的各种法规和行业财务制度等的要求。应按财经法规要求合理确定税后利润分配的项目、有关分配的顺序和比例等。必须按规定提取最低法定比例的盈余公积金。

4. 保护债权人权利的原则

利润分配中要体现对债权人权利的充分保护。这就要求企业在利润分配之前，必须要清偿所有债权人到期的债务以后才能进行，不能故意拖欠债权人债务，任意进行利润分配，而对债权人利益产生实际的伤害。同时，企业在利润分配以后还应保持企业有一定的偿债能力，不能因为利润分配造成企业的财力枯竭，而在日后产生财务危机，损害债权人利益。企业在与债权人签订某些长期债务契约的情况下，其利润分配政策还应征得债权人的同意或审核方能执行。另外，剩余利润不能积累过多，剩余利润积累过多，必然会侵犯投资者（债权人）的利益和影响债权人的积极性。国家规定盈余公积达到注册资本的50%时不可再提取，股份制企业利润分配的比例一般由股东大会决定。

5. 利润分配应兼顾企业投资者、经营者、职工等多方面的利益，要能有利于企业的发展和充分调动职工的积极性。

企业税后利润分配的合理与否，直接关系到企业投资者、经营者和职工等各方面的经济利益。所以，在利润分配中既要注意与企业有关方面的共同经济利益，又要注意各方面局部利益的调整及对企业未来发展的积极作用。既要注意各方面的近期利益，又要充分注意企业发展的长远利益，任何可能挫伤投资者、经营者和职工积极性，影响企业长远发展后劲的利润分配政策都是不可取的。

企业作为法人参与企业税后利润的分配，是经营者参与市场竞争的必然结果，这种形式从本质上讲是为了保持投资者利益，防止出现只注重近期利益，放弃长远利益，而在利润分配上所采取的财务制约手段。如果企业不考虑长远发展，一味满足投资者近期利益的要求，没有充分的留存收益，作为企业经营和扩大再生产的资本积累，便可能会使企业财力缺乏，后劲不足，从而影响偿债能力和融资能力，以致缺乏应付各种风险的能力。其最终结果将会使企业经营发展受阻，最后损害的是投资者本身的利益。所以，在企业利润分配中必须要充分考虑企业积累的部分，遵循经济发展和市场竞争的规律，注意调动职工的积极性，使企业有更强的发展后劲和经营能力。因此，利润分配要贯彻优先积累的方针，合理确定提取盈余公积金、公益金和分配给投资者利润的比例，使利润分配真正成为促进企业发展的有效手段。

（三）施工企业利润分配的沿革

企业利润的分配，与国家财政体制、企业财务体制、国家税收制度等有着密切的联系。从历史上来看，我国国有施工企业利润分配，曾实行企业奖励基金办法、利润分成办法、利改税办法，以及承包经营的利润分配办法等。

1. 企业奖励基金办法

在五、六十年代我国国有施工企业实行企业奖励基金办法。即在完成国家计划后，可从企业利润中按一定比例提取奖励基金，然后将其余部分全部上交国家财政。在这种办法，企业应提企业奖励基金和应上交利润的计算公式为：

$$企业应提企业奖励基金＝全年实现利润×企业奖励基金提成率$$
$$企业应交利润＝企业全年实现利润－应提企业奖励基金$$

企业提取的企业奖励基金，可用于改善职工物质、文化生活的各种集体福利设施、发给先进工作者、先进集体的奖励和社会主义竞赛奖金，以及对困难职工进行临时救济。在"文革"期间，企业奖励基金办法无法继续执行，企业利润全部作为应交收入上交国家财政。

2. 利润分成办法

1978—1982 年间，大部分国有施工企业实行了利润分成办法，即从利润总额中减去归还技措和基建投资借款、应提企业基金、应提法定利润后，分成上交和留用。施工企业全面完成国家下达的竣工面积（或主要工程量）、工程质量优品率、全员劳动生产率和利润总额（包括上交利润）四项年度计划指标的，可按全年职工工资总额的 5％提取企业基金；没有全面完成四项计划指标的，在完成利润计划指标的前提下，每完成一项计划指标，可以按职工工资总额的 1.25％提留企业基金。企业提取的企业基金用于举办职工集体福利设施，弥补职工福利基金不足和发放劳动竞赛奖金。企业利润总额减去归还技措和基建投资借款、应提企业基金和应提法定利润后，多数企业实行基数利润（即上年应分成利润）五五分成（50％上交，50％留用），增长利润（即超过上年应分成利润的利润）二八分成（20％上交，80％留用）。这种情况下，企业分成利润和应上交利润的计算公式为：

$$企业分成利润＝基数利润×50％＋增长利润×80％$$
$$企业上交利润＝基数利润×50％＋增长利润×20％$$

其中：　　　　基数利润＝上年应分成利润

$$增长利润＝\frac{全年实}{现利润}－\frac{应归还技措和}{基建投资借款}－\frac{应提企}{业基金}－\frac{应提法}{定利润}－基数利润$$

应提企业基金＝职工全年工资总额×（5％－未完成规定指标数×1.25％）

应提法定利润＝全年点交工程预算成本×法定利润率

这种利润分成办法，打破原来统收统支的吃"大锅饭"局面，调动企业积极性，但也存在诸如利润分成比例很难定得合理等许多问题。因此，自 1983 年起，国家规定对国有施工企业大都实行"利改税"的分配办法。

3. 利改税的分配方法

所谓"利改税"，就是把国有施工企业上交利润改为按国家规定的税率交纳税金，税后利润归企业支配，把国家与企业的分配关系通过税收形式固定下来。所得税税额的计算方法，按大中型企业和小型企业分为两种情况：对国有大中型施工企业，是以应税所得额为计税依据，不分企业应税所得额的大小，一律按固定比率税率55％计算征收。税后利润低于合理留利水平的经过批准，在一定期限内可以适当减税，即按低于55％的税率交纳所得税。由于施工企业一般盈利水平不高，企业在交纳所得税后的利润，全部留给企业使用，企业如向银行借有技措借款和基建投资借款的，在计算应税所得额时，应从全年实现利润总额中减去年度应归还技措和基建投资借款。在这种办法下，企业应交所得税和企业留用利润的计算公式为：

$$企业应交所得税＝应税所得额×规定上交税率$$

$$应税所得额＝全年实现利润－应归还技措和基建投资借款$$

$$企业留用利润＝应税所得额－应交所得税$$

对小型施工企业，按超额累进税率计算征收，即把应税所得额分为若干级别，各个级别适用不同的税率。小型施工企业应交所得税的计算公式如下：

$$企业应交所得税＝\sum（各级别应税所得额×各该级别适用税率）$$

虽然利改税的盈利分配方式较其他方式优越，在推行过程中，成效显著，但在利改税的方式下，企业留利水平依然很低，国有企业自我改造，自我发展的能力和应变能力依然得不到彻底改善，不能真正做到独立经营，自负盈亏，不能适应市场经济的要求。

4. 企业承包经营的利润分配方法

承包经营责任制是在现阶段社会主义市场经济体系尚不完善、外部条件差别很大的条件下，正确处理国家与企业关系，最大限度调动企业积极性和潜力的经营责任制。它通过合同形式比较合适地解决国家与企业的关系，通过契约明确双方的责、权、利，把过去那种行政隶属依附关系变成了相互承担义务的平等经济关系；把生产资料的所有权和经营权分离出来，使企业成为相对独立，自主经营的商品生产者。

承包经营的分配原则是"包死基数，确保上交，超收多留，欠收自补"。具体分配办法可以多种多样，施工企业主要有以下两种：

（1）上交利润定额包干，超收留用，通常适用于微利施工企业。计算公式如下：

$$应上交利润＝承包上交利润基数$$

$$应留用利润＝应税所得额－承包上交利润基数$$

（2）上交利润基数包干，超收分成，通常适用于一般盈利企业。计算公式如下：

$$应上交利润＝承包基数＋（应税所得额－承包基数－留利基数）×超收上交比例$$

$$应留用利润＝留取基数＋（应税所得额－承包基数－留利基数）×超收留利比例$$

实行企业承包经营责任制和承包经营分配办法，对调动企业施工生产经营的积极性，促进生产力的发展，增强企业活力都起了一定的积极作用。但在推行承包经营过程中，仍存在以下一些问题：①税利没有分流。这种承包办法，把所得税当作利润指标一起承包，使国有施工企业所得税名存实亡，国家财政收入不能随着企业利润的增长而同步增长。②这种承包办法，实行的是税前利润承包，对应上交利润中，没有考虑各个企业都应按照统一税率征收的所得税。这些都说明在利润分配体制上仍不规范，国家与企业的分配关系还没有完全理顺。所以在1993年深化经济体制改革时，实行了现行依法交纳所得税、税后分利的办法，规范了企业税后利润的分配程序。

（四）利润分配的内容

按照《企业财务通则》和施工、房地产开发企业的财务制度的规定，企业的净利润经核算确定后，应分两步进行，即要先确定"可供分配的利润"，然后才能根据"可供分配的利润"在投资者和企业之间进行分配。

1. 可供分配的利润的确定

可供分配的利润是指可供投资者和企业分配的利润。用公式表示为：

$$可供分配利润＝净利润－应交特种基金＋年初未分配利润$$

（1）应交特种基金

应交特种基金是指企业应向国家缴纳的"国家能源交通重要建设基金"和"预算调节基金"（简称"两金"）。1994 年实行新税制以后，国有企业免征"两金"，但城镇及城乡集体企业、私营企业和个体工商户仍需依法缴纳"两金"。其计算公式为：

$$应交特种基金＝（应纳税所得额－应交所得税）×规定的征集率$$

其中，能源交通重点建设基金的征集率为 7%，预算调节基金的征集率为 10%。

在联营企业中，国有企业与集体企业私营企业联营的，按照集体企业、私营企业的投资比例和计税税后利润计征"两金"；集体企业与私营企业之间联营的，按照联营企业计税税后利润计征"两金"；集体企业或私营企业对外投资分回的股息、红利免征"两金"。

（2）年初未分配利润

年初未分配利润是指企业"利润分配——未分配利润"帐户的年初贷方余额数。这是上年度分配利润时，暂不作分配留存企业的部分，可作为企业本年度分配利润的一项来源。如果"利润分配——未分配利润"帐户年初是借方余额，表示该企业有未弥补的亏损，应该用本期实现的净利润先予弥补，即减年初未弥补亏损后，才能确定可供分配的利润额。按照税法规定，对以前年度发生的亏损，在五年内可用税前利润弥补，超过五年未弥补完的亏损只能用税后利润弥补。

2. 可供分配的利润的分配

按照国家财务制度的规定，企业可供分配的利润的分配去向一般可分为以下四个方面：

（1）提取盈余公积

盈余公积是留给企业的经营性积累。提取的盈余公积主要有：

①法定盈余公积。法定盈余公积是企业按照法规规定提取的盈余公积，计提公式为：

$$提取的法定盈余公积＝（净利润－没收财物损失及支付各种税收的罚款、滞纳金－$$
$$弥补超过五年的亏损）×法定提取比例$$

其中，提取法定盈余公积的比例为 10%，法定盈余公积累计已达注册资本金的 50% 时，可暂不再提取。

②公益金。公益金是企业为增加职工集体福利设施提取的盈余公积。提取公益比例除国家有规定者外，均应征得投资者的同意确定，以维护投资者的利益。

此外，股份有限公司在提取公益金和支付优先股股利以后，根据企业发展的需要，经股东大会决议，可以提取任意盈余公积，提取数额的比例，由股东大会决议确定。

（2）向投资者分配利润

企业按照规定提取盈余公积后，即可以向投资者分配利润。但是可供分配的利润只是企业向投资者分配利润的一个最高额度，一般不应全部分配给投资者，其中应留一部分作为企业的"未分配利润"，结转到下年度使用，有些奖金暂未列入成本费用的企业，还应留一部分作为职工的奖金。

企业向投资者分配的"应付利润"，包括国有企业向国家上交的承包利润或承包费；联营企业按投资比例或投资协议向投资者分配的利润；股份有限公司支付给股东的股利等。

（3）转作奖金的利润

企业会计制度改革以后，职工的奖金要逐步列入成本费用，但尚有一些奖金暂未列入成本费用的企业。按规定从利润中提取一部分转作职工的奖金，在企业提取转入"应付工资"帐户后，体现所有者权益的减少，即作为企业可供分配的利润的一个减项。

（4）未分配的利润

企业可供分配的利润加盈余公积补亏额，经过上述三方面分配后的余额就是未分配的利润。企业留存未分配的利润，可以起到以丰补欠，增强企业应变能力和资本实力的作用。

（五）利润分配的顺序

1. 建筑与房地产公司利润分配顺序

建筑与房地产公司所得税后的利润，应按照下列顺序分配：

①承担被没收的财产损失，支付各项税收的滞纳金和罚款。

②弥补公司以前年度亏损。

③提取法定盈余公积金。法定盈余公积金按照税后利润扣除前两项后的10%提取，法定盈余公积金已达注册资本50%时可不再提取。

④提取法定公益金。按公司法的规定，法定公益金按税后利润扣除1，2项后的5%～10%提取。

⑤向投资者分配利润。公司以前年度未分配利润，可以并入本年度向投资者分配。对实行利润上交办法的国有施工企业，按规定应上交国家财政。

上述利润分配各项目的意义可分述如下：

a. 对于企业因违反有关规定而被没收的财物损失，以及因违反税收征管条例而被税务部门处以滞纳金或罚款，必须用企业的税后利润开支，而不能在税前开支，以免损害国家利益，失去依法惩处的警示作用。

b. 企业以前年度的亏损，如果未能在5年之内弥补就只能从税后利润中弥补，以体现企业作为自负盈亏的经济实体所应承担的经济责任。

c. 法定盈余公积是企业按照一定比例从税后利润中提取的用于生产经营的资金。不论何种经济性质或组织形式的企业均必须提取盈余公积。这既是保全企业资本，防止因企业滥分利润而损害债权人利益的需要，也是企业为了扩大再生产在内部积累资金的需要。法定盈余公积可用于弥补亏损或转增资本金。但企业用盈余公积金转增资本金后，法定盈余公积金的余额不得低于注册资本的25%。

d. 公益金是企业按照规定从税后利润中提取的用于职工集体福利设施支出的资金。这是鉴于企业的利润创造与企业全体员工的努力和奉献密切相关，且企业经营效益的进一步提高也有赖于人力资源的再生产，因此根据我国目前的实际情况，有必要从税后利润中提取一部分资金，用于职工住宅、职工食堂等集体福利设施支出，改善职工的集体福利条件。但是，不能因公益金的这种特定用途，而把它认定是企业的一项负债。因其来源于税后利润，所以从性质上讲，公益金应属企业的所有者权益。与上述法定盈余公积不同，公益金的提取比例并不强求一致，这是因为各企业对职工集体福利设施的需求是不均衡的。

e. 随着资本金制度的建立，投资者的收益便应按出资比例分配，即按资分利。因此，企业在按规定提取公积金和公益金后，便可向投资者（包括国家、其他法人、个人和外商）分配利润。根据规定，向投资者分配的利润并不限于当年利润，如果企业存在以前年度的未分配利润，亦可并入当年利润一起分配。反之，若企业当年无利润则不得向投资者分配利润。

2. 股份制公司利润分配顺序

股份有限公司在提取法定公益金后，应按照下列顺序分配：

（1）支付优先股股利。

（2）提取任意盈余公积金。任意盈余公积金是指公司由于经营管理等方面的需要，在向投资者分配利润，按照公司章程或者股东会议决议提取和使用的留存收益。它是为了控制向投资者分配利润的水平以及调整各年利润分配的波动幅度，而向投资者分配利润施加限制的手段。

（3）支付普通股股利。

当公司在当年有盈利的情况下，在税后利润中提取了法定盈余公积金、公益金并支付了优先股股利后，余下的部分便可向普通股股东发放股利。

下面举例说明利润分配的顺序

【例6】 某公司1996年有关资料如下：

①在过去3年中，因经营不善累计亏损525000元；

（2）1996年公司利润总额3000000元，其中投资收益有450000元，系国库券利息收入，按规定可免缴所得税；

（3）因违反税法，被税务机关处以10500元罚款；

（4）公司决定，公益金提取比例为14％，法定盈余公积金为10％，其余利润按比例分配给投资者；

（5）向投资者分配可分配利润的85％。

根据上列各资料，可进行如下分配：

1. 先弥补亏损525000元，剩余利润2475000元。

2. 计算应交所得税，应分二步进行，首先计算应税所得额：

$$应税所得额=\frac{本年税}{前利润}-\frac{免税的投}{资收益}-\frac{弥补以前}{年度亏损}+\frac{应在税后列}{支的罚款}$$

$$3000000-450000-525000+10500=2035500$$

然后计算应交所得税：

$$应交所得税=应税所得额\times 所得税率$$

$$2035500\times 33\%=671715\ 元$$

3. 从税后利润中扣除罚款10500元，确定可供分配利润，即：

$$可供分配利润=3000000-525000-671715-10500$$

$$=1798285（元）$$

4. 提取法定盈余公积、公益金及任意盈余公积

$$法定盈余公积=1798285\times 10\%=179828.5\ 元$$

$$公益金=1798285\times 14\%=250989.9\ 元$$

5. 向投资者分配利润

$$应付利润＝（1798285－179828.5－250989.9）×85\%$$
$$＝1162346.6 元$$

6. 未分配利润数

$$未分配利润余额＝（1798285－179828.5－250989.9）×15\%$$
$$＝205119 元$$

（六）利润管理的要求

1. 努力实现财务目标

公司财务目标即实现利润，它综合反映了投入产出的经济效益关系，对改善公司财务状况，促进生产、开发、经营的发展有着举足轻重的作用，公司必须努力完成。

（1）不断增强公司盈利能力

①公司必须不断加强自身的经营能力和发展潜力，并付诸行动。

②要狠抓增产节约，做到产量、成本、利润的最优组合，实现利润的强势增长。

（2）减轻经营风险

①减轻财务风险，对由于负债经营影响利润波动的风险，公司必须具备较强的偿债能力和保持资金充裕的流动性。

②减轻营运风险，对市场供求、营业收入、费率变动等不稳定因素而导致利润下降的风险，要有事先预防、分散、减轻风险的能力。

2. 遵守财务制度

公司收益的实现，应从严格遵守国家财经法规、制度的规定，以及通过提高工程质量、缩短建设工期、增产节约、增收节支等正常的经营行为获取收益。不得违反国家价格政策，任意抬高获利；不得违反财务制度，乱挤乱摊成本；不得采取偷工减料、高估冒算工程量和虚报冒领工程收入，以及偷税、漏税等非法行为损害国家利益，牟取暴利。

3. 认真做好利润分配

公司利润分配有很强的政策性，国家对企业利润分配作了比较规范的统一规定，企业必须按照国家规定的顺序进行分配。在分配顺序上应遵循企业以前年度亏损未弥补完，不得提取盈余公积金和公益金；在提取盈余公积金和公益金前，不得向投资者分配利润；企业必须按照当年税后利润（减弥补亏损）的 10% 提取法定盈余公积金，当法定盈余公积金已达到注册资本的 50%，可不再提取；企业以前年度未分配利润，可以并入本年度利润分配；股份公司在向投资者分配利润前，经董事会决定，可以在优先股利分配后提取任意盈余公积金。

第三节 股 利 分 配

一、股利政策

（一）股利政策的意义

股份公司在其理财决策中，股利分配始终占有重要位置。这是因为公司股利的发放既关系到公司股东的经济利益，又关系到公司未来发展。通常较高的股利，一方面可使股东获取可观的投资收益，另一方面还会引起公司股票市价上涨，从而使股东除股利收益外还获取了资本收益。高股利政策固然是一个令股东高兴的方法，但是过高的股利将减少公司可供发展之用的资金，使公司可能丧失相当优越的投资和获利机会，最终可能因发展后劲不足而延缓公司的增长速度，影响股东的利益。而较低的股利，则与公司股东的愿望相违，股票市价可能下降，公司形象将受损。因而，对公司管理当局而言，如何使股利发放与公司的未来发展均衡，并使公司股票价格稳中有升，便成为公司管理者追求的目标。股利政策便是在这一背景下，由公司管理者就与股利有关的事项所作出的方针策略。其意义是在将公司盈利发放给股东与保留盈利以供公司再投资之用二者之间进行决策，使公司发展与股东利益都能兼顾。

（二）股利政策的分类

企业的经营方针、市场环境、股东要求等各不相同，各企业的股利政策也不尽一样。股利政策可做如下分类：

1. 按股利支付比率的高低分类

（1）全部发放股利的政策。把公司的盈余全部用于支付给股东。在现实生活中，采用这一政策的公司并不多，除非公司的现金非常充裕而又没有可行的投资机会，或董事会已决定在近期内解散公司。

（2）高股利政策。把较多的盈余以现金股利的形式分配给股东，如股利支付比率高于60%。采用高股利的公司一般是现金比较充裕但可用于投资的项目比较少的公司。

（3）低股利政策。只把较少的盈余以现金股利的形式分配给股东，如股利支付比率低于30%。采用低股利政策，一般是正在成长中的公司，其扩张需要较多的现金，但其现金不能满足所有可行的投资项目，因而保留较多的盈余以利于公司的成长。

（4）不支付股利的政策。把公司所有的盈余都保留用于内部积累，而不向股东支付任何股利。这种政策一般适用于成立不久和正在发展中的公司，也适用于那些风险大，外部筹资费用非常高的公司。

2. 按每股股利是否稳定分类

（2）稳定或稳定增长的股利政策。采用此政策支付给股东的现金股利不随盈余的多少而做高幅度的调整，即不管盈余多少，均维持一定股利。这种政策一般采用每股支付固定金额的股利的办法，即使随盈余的变化有些调整，但调整的幅度较小。采用这一政策的公司，如果确信未来公司的收益肯定可以维持新的更高的股利，也可以增加每股固定的年股利额，这时便成为稳定增长的股利政策。这一政策可用图 6-1 来加以说明。

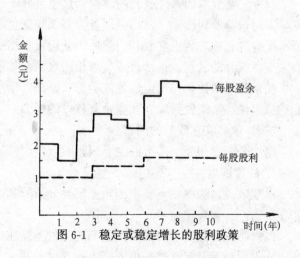

图 6-1　稳定或稳定增长的股利政策

稳定的股利政策的实行比较广泛。如果公司的盈余下降，而股利并未减少，那么，投资者会认为公司未来的经济情况会有好转。因此，一般的投资者都比较喜欢投资于稳定的股利支付政策的公司。对于那些期望每期有固定数额收入的投资者，则更喜欢比较稳定的股利政策。当然，投资者的当期所得不足以支付其当期需要时，可以出售其股票。但多数投资者都不喜欢吃掉老本。而且，一个公司减少其股利支付，通常由于盈余减少，此时股票市价被压低，出售股票会遭受损失。因此，许多公司都在努力促进其股利的稳定性。

这种政策也有缺点，由于股利支付不能和盈余情况结合，盈余降低时也固定不变地支付股利，可能会出现资金短缺，财务状况恶化，影响企业的长远发展。

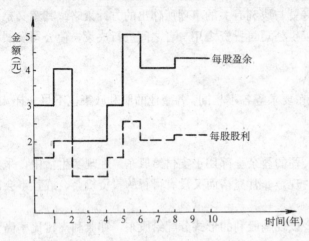

图 6-2　变动的股利政策

（2）变动的股利政策。采用这一股利政策的公司，认为股利必须随当期公司盈利的变化而进行调整。其具体方法是预先就股利占收益的比重确定一个股利支付比率，并加以固定，当公司盈余有波动时，每股股利便随之产生上下波动。该政策可用图 6-2 来说明。

推行这一股利政策，虽然可避免在盈利大幅度降低的年份，不致于因股利的支付，而陷入财务困境，但是，公司股票可能会因此而不受投资者欢迎，造成股价不振，不利于股票价格的稳定，影响股东对公司成长的信心。因而，只有很少公司采用这一政策。

（3）阶梯式的股利政策。这一政策介于以上两者之间，它一般是分阶段采用稳定股利的政策。一般每个阶段为 2～5 年。其特点是分阶段采用稳定股利的方式，而在各阶段之间则采用变动股利的方式，股利数额可升可降。这一政策可用图 6-3 来说明。

这一政策兼有前述两种政策的优点，但也兼有它们的缺点。

（4）正常股利加额外股利的政策。这也是介于稳定股利与变动股利之间的一种股利政策。采用这种股利政策，公司必须首先将每年支付的股利固定在一个较低的水平，这个较低水平的股利称之为正常股利。然后，公司可根据盈利状况，确定在盈利较高的年份，向股东支付额外的股利。这种政策也可用图表示。如图 6-4 所示。

如果公司的盈余和现金流量波动都较剧烈，采用这种政策最佳。这种政策既能保证股利的稳定性，又能做到股利和盈余有较好的配合。

（三）影响股利政策的因素

制约公司股利分配政策的主要因素有：

1. 法律因素

一般来说，法律并不要求公司一定要分派股利，但对某些情况下公司不能发放股利却作了限制。主要表现为：

（1）防止侵蚀资本的限制。股利的支付不能减少资本，如果一个公司的资本已经减少或因支付股利而引起资本减少，则不能支付股利。

（2）无力偿付债务的限制。如果一个公司已经无力偿付债务或因支付股利将使它失去偿债能力，则不准支付股利。

（3）现金积累的限制。有些法律规定禁止公司过度地保留盈余。即一个公司盈余的保

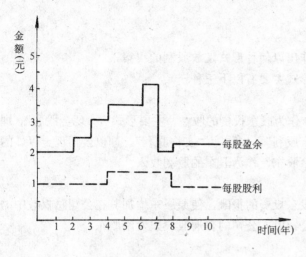

图 6-3　阶梯式股利政策

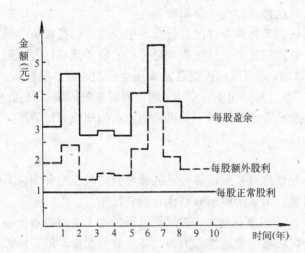

图 6-4　正常股利加额外股利的政策

留如果超过目前及未来的投资很多，将受到法律限制。这主要是为了避免公司为逃税而过度保留盈余。因为资本利得与股利收入的税率并不一致。如果公司通过保留盈余来增加其股票价格，则可使股东避税。

2. 合同限制因素

在公司债券与贷款合同上，通常有限制公司支付股利的条款。这种限制通常规定股利的支付不能超过累积盈余的一定的百分比，其目的是为了保证公司有偿债能力。

3. 现金支付能力

公司的现金支付能力是影响股利政策的一个重要因素。公司的现金充足，变现能力较强，支付股利的能力也比较强。扩充中的公司应保证有一定的变现力，以应付意外情况的发生，不应该支付大额的股利而危及公司的清偿能力。

4. 筹资能力

公司如果有较强的筹资能力（如银行借款，发行债券等的能力），随时能筹集到所需资金，那么也具有较强的支付股利的能力。一般说来，一方面发给股东较多的现金股利，同时又通过借款来收回等额的资金，这和财务管理的目标是不相符的。不过，一个公司如果能随时筹集到所需资金，那么在股利支付上就能有较大的弹性。

5. 投资机会

股利政策在很大程度上要受投资机会左右。如果公司有较多的有利可图的投资机会，往往采用低股利、高保留盈余的政策；反之，如果它的投资机会很少，就可能采用高股利政策。

6. 股东的意愿

公司的股利政策最终要由董事会来决定，而董事会是股东的代表，制定股利政策，股东的意见不能忽视。股东的意见可能有以下几种：

（1）为保证控制权而限制股利支付。

（2）为避税目的而限制股利支付。

（3）为取得固定收入而要求支付股利。

（4）为逃避风险而要求支付股利。

二、股利形式

公司在决定发放股利后，便要作出以何种形式发放股利的决策。

在公司正常情况下股利的分配形式主要有以下三种：

1. 实际收益式股利

这是指以公司的财产发给股东，作为股东投资的收益。主要形式有"现金股利"，即以现金形式发放的股利。其次是"财产股利"，也称为"实物股利"，即以公司现金以外的其他资产，如公司的有价证券等发放给股东，作为股东的股利收入。

2. 股权式股利

这是指以公司的股权份额作为股东投资的报酬，使原股东增加其在公司总权益中的份额。其基本形式有"股票股利"即公司以本公司的普通股股票发给股东。

3. 债权式股利

这是指公司以一定的债权授于股东，作为股东投资的报酬。在未来期间，债权持有者可向公司索取债权和相关的利息收入。这种可称为"负债股利"。

上述三种股利分配形式，公司应根据具体财务状况进行合理的决策，选择较适合的股利分配形式。一般讲，如果公司现金资产较充足，分配股利后公司的资产流动性能达到一定标准，并且公司又有广泛的筹资渠道的，则可以向投资者发放现金股利或证券股利等。相反，如公司一定时期现金资产不足，或要追加公司主权资本；则可向股东发放股票股利。如在企业现金不足，但又不准备再追加公司资本的情况下，可采用发放债权股利的方法。

三、股票的分割与购回

（一）股票分割

股票分割就是把一张面值较大的股票换成几张面值较小的股票。实行股票分割，不能增加公司的价值，也不能增加股东财富，但采用股票分割也有重要作用。

1. 股票分割可使股票市价降低。这是股票分割的主要动机。原因在于公司股票价格若过高，对于交易会发生不便，影响公司股票的流通性。因为购买少数的股份，即需巨额资金。这无疑将抑制小额投资人的投资热情。因此，一些大公司为了迎合投资者的心理，纷纷进行股票分割以期望股票在市场上的交易更加活跃。

2. 股票分割会给投资人信息上的满足。股票分割一般都是成长中的股价不断上涨的公司所采取的行动。公司宣布股票分割，这等于告诉投资人本公司的盈余还会继续大幅度增长。这一信息将引起股价上涨，对公司和股东都有利。

3. 股票分割在有些情况下也会增加股东的现金股利。一般来说，只有极少数的公司能在股票分割之后维持分割之前的每股股利，但也可能使股东的实际股利增加。

与股票分割相反，在国外的公司实务中，也有将已发的股票进行合并的，这称为股票的"反向分割"。比如将10000股每股面值10元的股份，合并成5000股每股面值20元的股份。公司进行股票的反向分割，往往是因为股票市价低于它所希望保持的价格，因此采取增加股票的面值，同时等比例减少股票股数的方法，以期股票市价回升至一个合理的水平，但这类情况较少见。

（二）股票的购回或库藏股

库藏股是指发行以后又回到公司手中的股票。但企业持有的其他公司的股票、本公司未发行的股票，本公司已发行后回到公司手中但已注销的股票，不能视为库藏股。

库藏股的形式有如下几种：（1）由本公司股东或外界捐赠；（2）债务人缴来抵偿积欠的债务；（3）企业有意识地购回。前两种形式与股利政策无关，而第三种形式即股票的购回，可以看作是股利政策的一个组成部分。

如果一个公司的现金较多，但又没有适当的投资机会，此时采用高保留盈余，低股利支付的政策是不适当的，而应把现金分配给股东。可采用如下两种方式：（1）增加现金股利的发放；（2）用现金购回部分股票，使流通在外的股票减少，提高每股盈余，从而使股价上涨，让股东在出售股票中获得利益。如果没有所得税和交易成本的影响，那么股东对用哪种方式得到收入并无偏好。由于股利按所得税率课税，而资本利得课税远低于所得税率，因此，通过股票购回引起股价上涨可能比支付股利给股东更实惠。这就是公司有目的购回股票的动机。由于公司回购股票有违法定资本完整性的原则，并直接影响公司的债权人的利益的保障，在我国，只有因减资等特殊情况，在经批准后，才可购回和库存本公司股票。

至于股票的购回办法，可采用向股东出价购回，也可采用向公开市场购回。但向公开市场购回有时会受到法规的限制，所以，向本公司股东出价购回的方法最为可取。

思 考 题

1. 什么是营业收入？建筑与房地产公司营业收入如何分类？
2. 建筑企业与房地产公司营业收入确认的原则分别是什么？
3. 营业收入管理有哪些要求？
4. 建筑与房地产公司的利润构成分别是什么？
5. 什么是时间性差异和永久性差异？
6. 试述利润分配的原则和顺序。
7. 股利政策的形成受哪些因素影响？
8. 股利政策有哪几种？有何特点？

练 习 题

1. 目的：熟悉确认工程收入的完成进度法。

资料：

（1）设 A 公司承包某项工程，合同总金额为 2500 万元，跨三个会计年度完工，工程进度划分为能准确估计的甲、乙、丙三个阶段；完成甲，进度 20%；完成乙，累计进度 72%；完成丙，累计进度 100%。

（2）第 1 年，甲全部完成，累计进度 33%，工程实际成本发生额 650 万元。

（3）第 2 年，乙全部完成，累计进度 82%，工程实际成本发生额 1025 万元。

（4）第 3 年，完成进度 100%，工程实际成本发生额 378 万元。

要求：计算各年工程收入及工程结算成本，以及工程总收入及工程总成本。

2. 目的：计算应交所得税和法定公积金的提取。

资料：某公司 1997 年的有关资料如下：

（1）1997 年税前利润 3200000 元；

（2）1997 年初有累计未弥补亏损 44000 元，弥补期限未满；

（3）由于未按期缴纳税金，支付罚款和滞纳金 16000 元，公司已列入营业外支出；

（4）该公司本年提取坏帐准备 14400 元，但按税法规定，只能列支 9600 元；

（5）国库卷利息收入 4000 元，按税法规定可免征所得税；

（6）从联营企业返回投资利润 28800 元，分回利润为该联营企业的税后利润；

（7）支付非公益性损赠支出 3200 元，公司已列入营业外支出，但按税法规定不属免税范围；

（8）罚款收入 1600 元。

要求：（1）计算应交所得税，该企业所得税率为 33%。

（2）计算应计提的法定盈余公积。

第七章 公司的兼并、重组与清算

第一节 兼并的含义与分类

一、公司合并、兼并的含义

公司为了自身的成长和发展，主要采用内部扩充和外部扩展两个途径。内部扩充是指公司依据资本预算所确定的可投资方案，在公司内部利用企业留存收益或外筹资金进行资本投资，以扩大公司生产经营规模，促进公司成长的行为。时间长，投入多，风险大是公司自身内部扩充具有的特点。而外部扩展则是以不同的方式直接与其他公司组合起来，利用其现成设备、技术力量和其他有利条件，扩大生产经营规模，实现优势互补，促进公司迅速成长的行为。外部扩展具有投入少、见效快、风险小的特点。合并和控股公司是公司外部扩展的主要形式。

按照合并的行为方式，可以把公司合并分为吸收合并和新设合并两种类型。

新设合并即通常所说的合并（Consolidation）是指两个或两个以上公司经过联合组成一个新的公司，所有旧的公司在联合之后不再存在，它们各自发行的普通股股票都要按照协议调换成新公司的普通股股票。

吸收合并即通常所说的兼并（Merger）。所谓兼并就是指在市场竞争机制的作用下，两个或两个以上的公司的联合，其中只有一个公司保持原有的法人地位，称为兼并方公司；其他公司则不复存在，称为被兼并公司，即被兼并公司将产权有偿让渡给兼并公司，兼并公司实行资产一体化经营，同时取消被兼并公司法人资格的一种经济行为。兼并企业既可用现金或证券购买其他公司的资产，也可购买其他公司的股票，也可对被兼并公司的股东发行股票来换取其所持有的股权。一般地，兼并方通常为优势公司，被兼并方为劣势公司；但有时也存在兼并双方都是优势公司的"强强兼并"形式，或兼并双方都是劣势公司的"弱弱兼并"形式。

在这里，我们主要讨论有关合并中的吸收合并即兼并的有关内容。

二、企业兼并的历史及分类

兼并作为资本集中的方式是商品经济的产物。在封建社会土地的兼并、商业店铺的兼并、手工业作坊间的兼并是现代企业兼并的雏形。自从资产阶级的统治建立以来，资本主义世界已经经历了四次大规模的兼并浪潮，第一次是在资本主义由自由竞争阶段向垄断过渡的 19 世纪末 20 世纪初，其特点是性质相同的企业间的横向兼并；第二次是在本世纪的 20 年代，其特点是上游企业与下游企业之间的纵向兼并；第三次发生在本世纪 60 年代，其特点是不同性质，毫无关联的公司间的混合兼并；第四次发生在本世纪的 80 年代，其特点是"融资兼并"。目前，新的一次兼并浪潮正席卷着整个资本主义世界，这次兼并具有交易规模大、涉及面广、交易形式多样的特点。每一次兼并都在公司结构和产业结构等方面发生了深刻的变革。

中国的公司兼并自1984年河北保定首例兼并案例取得了极大的成功后已经兴起，并在盘活存量资产，消灭亏损企业、调整产业结构、维护社会稳定等方面发挥了积极的作用。

公司兼并的方式较多，按不同的标准可以作不同的分类：

（一）按兼并的范围来划分，兼并方式有：纵向兼并、横向兼并、复合兼并等三种。

1. 横向兼并。横向兼并也称水平兼并，指兼并双方属于同一生产领域或部门，为同一市场生产相同产品。在这种兼并方式下，兼并方能够获得被兼并方现成的生产技术、生产设备、生产品牌、销售渠道、产品市场，实现规模经济，降低产品成本，增强企业实力。这种兼并方式也有利于调整产业结构，优化资源配置，推动社会化大生产的发展。横向兼并是资本主义世界第一次兼并浪潮时的主要形式，它非常适合整个社会公司规模小，产品生产能力分散的情形，因而在我国当前的情况下，横向兼并应是公司兼并的主要形式。

2. 纵向兼并。纵向兼并也称垂直兼并，指兼并方将与本公司生产紧密相关的非本公司所有的前后生产工序、工艺过程的生产企业兼并过来，从而形成纵向生产一体化。在这种兼并方式下，被兼并公司往往成为兼并公司的供应商或消费者。进行纵向兼并，兼并企业能够获得稳定的原材料、成品、零部件供应来源或产品销售市场。纵向兼并又可分为向前兼并、向后兼并、双向兼并。这种兼并方式有利于生产的连续性，使公司生产建立在专业协作化的基础上，从而节约人、财、物资源，降低产品成本；同时也减少了中间流通环节，降低销售费用。这种兼并方式是公司在市场站稳脚跟后，为稳定供货和降低销售费用时较多采用，一般出现在横向兼并之后。

3. 混合兼并。混合兼并是指兼并公司将那些与自己生产和经营彼此并无多大联系或毫无联系的其它产业或部门的公司兼并过来。这种兼并方式的主要目的在于使经营多样化，从而转移和降低经营风险；同时也优化和改善了公司产业结构，扩大并加固公司的市场。这种兼并是较高层次的一种兼并方式，现代的跨国集团组织大部分是通过混合兼并的方式发展起来的。

（二）按兼并程序划分，企业兼并方式有：善意兼并和非善意接收。

1. 善意兼并。善意兼并通常是指兼并方与被兼并公司通过双方友好协商确定有关各项事宜的兼并。在这种兼并形式下，一般先由兼并方确定被兼并公司即目标公司。然后设法与被兼并公司的主管部门接洽，商讨兼并事宜。通过讨价还价，依据双方可接受的条件，签定兼并协议，最后经双方董事会批准，股东大会三分之二以上赞成票通过，并呈报政府有关主管部门。

2. 非善意接收。非善意接收是指当友好协商遭到拒绝，兼并方不顾被兼并方的意愿而采取非协商性购买的手段，强行兼并对方公司。公司兼并并不是完全可以单纯依靠友好协商而完成的。出于不愿意接受较为苛刻的兼并条件等原因，被兼并方在得知兼并公司的兼并意图后，通常会作出拒不接受兼并的反应，并可能会采取一切抵制兼并的措施，诸如发行新股票以分散股权，或收购已发行的股票等。对此，兼并方公司通常会采取获取委托投票权和收购股票两种措施来实现其兼并目的。

获取委托投票权是指兼并方设法收购或取得被兼并公司股东的投票委托书，如果兼并方能够获得足够的委托投票权，使其能以多数地位胜过被兼并公司的管理当局，兼并方就可以设法改组被兼并的董事会，最终达到兼并的目的。然而，兼并方需要付出相当多的花费来争取委托投票权，而且作为被兼并方的局外人来争夺投票权常遭到被兼并公司基本股东的拒绝，所以这种方法不易达到兼并的目的。

收购股票是指兼并公司在股票市场先公开买进一部分被兼并方股票作为摸底行动，然后宣布从被兼并公司的股东手中用高于股票市价（通常高出市价10%～50%）的接收价格收购其部分或全部股票。从理论上说，只要兼并方能够买下被兼并方51%的股票，就可以改组被兼并公司的董事会，从而达到兼并的目的。

（三）按对被兼并公司产权的购买方式分类，企业兼并可以通过购买资产或购买证券两种形式来实现。

购买资产兼并方式是指兼并方公司购买被兼并方公司的全部或部分资产。兼并方可以用现金或有价证券购买被兼并方的资产。对被兼并方公司而言，其全部或部分资产出售后，它可选择持有资产出售得到的现金或证券，也可把这些所得作为清理股利分配给自己的股东。如果被兼并公司出售其全部资产且将变卖所得现金或证券作为清理股利分配给股东，则公司即告解散；否则被兼并公司继续存在。兼并公司购买资产比购买股票要容易，因为购买资产只需得到董事会的批准即可；但被兼并公司出售资产则既要得到董事会的批准，又要得到股东的认可。

购买股票兼并方式是指兼并公司购买被兼并公司的股票。当兼并公司购买被兼并公司的股票以后，被兼并公司就并入兼并公司而不再存在，且由兼并方承担其全部资产和全部负债。兼并方通过购买股票方式取得被兼并方的控制权要比选择购买资产方式投资少而且更容易。当面对被兼并公司部分股东的反对，它只要通过购买被兼并公司大部分股票即告成功。因此，兼并公司较愿意选择购买股票方式实现兼并目的。

（四）按产权交换的支付方式划分，可有现金支付形式和证券支付形式两种。

1. 现金支付形式。兼并方如果用现金或没有持票权的证券（如兼并方企业的债券）支付，则被兼并方股东收到现金时就要立即纳税。另外兼并中所取得的资产，兼并方将按其支付价格作为计提折旧的基础。折旧减项越大，则应税收益就越小，公司就可以少纳税金。对于现金充裕（其持有的现金除满足维持稳定的股利政策之后还有剩余）的兼并公司较喜欢用现金或其债券支付。这是由于一方面公司用留存收益筹资实现兼并比外部筹资实现兼并更便宜，另一方面，可以实现其扩大折旧基础、降低未来税负的目的。

2. 证券支付形式。兼并方如果采用证券支付方式，即用有投票权的普通股或优先股支付，被兼并方股东收到兼并方普通股股票或优先股股票时可以免税，等到股票出售后才计算资本利得或资本损失，按相应的资本利得税率纳税。因此，支付有投票权的股票可使被兼并公司得到推迟纳税和减轻税负的实惠。对于兼并方公司而言，采用证券支付形式兼并所取得的资产将按该资产原先的折旧基础计提折旧。如果被兼并企业的股东现有急需资金的投资机会，则该公司股东会更喜欢现金而不喜欢兼并公司的证券。

兼并双方对兼并公司股票的相对期望在一定程度上影响对支付方式的选择。如果被兼并公司感到兼并公司的股票价格是高估的，它就喜欢现金；如果认为兼并公司股票就其合理的长期估价而言是低估的，它就喜欢股票。相反，兼并公司如果认为其股票是高估的，则它喜欢用股票实现购买被兼并公司；如果认为其股票是被低估的，则它就喜欢用现金支付。由此可见，兼并双方在利益上是有矛盾的，需通过双方协商来做出合理选择。

公司的兼并经营同任何事物一样具有两面性：诚如前述，企业兼并能有很好的效果，但是企业兼并往往会导致垄断，而大多数经济学家认为兼并是垄断释放出的"潘多拉盒子"。

但兼并在目前我国的经济形势下有着重大现实意义。从宏观而言，兼并经营可以推动一个行业，一个地区甚至国家的资源得到优化配置，促进产业结构调整；盘活存量资产，减轻国家负担；也可以消化潜在的矛盾，维护社会稳定。从微观上讲，能使公司达到最佳经济规模，减少或节约经营费用，降低产品成本，扩大市场占有率，提高经济效益。正因如此，兼并倍受众多企业家和政府人士的欢迎。

第二节　兼并的动机和条件

一、兼并的动机

公司兼并的原因很多，从西方国家的兼并情况及我国公司兼并的实践经验来看，其原因主要有以下几种：

（一）公司发展的需要

公司只有不断发展才能在市场经济竞争中生存下去。现代公司的发展不再是简单意义上的再生产，而是要投入新的生产力，产生新的效益。公司的发展可通过两个渠道来实现：

1. 从内部挖掘潜力，进行投资，扩大公司生产力。

通过这种渠道，公司发展速度较慢。公司从内部挖掘潜力进行投资所需的资金，完全靠自身的盈利积累。这种积累过程通常较慢，且开发新产品需要经历一段时间，在刚开始起步时，成本较高，要投入较多的人力、物力、财力。因此，公司受自身积累能力和时间等方面的限制。其发展速度就快不起来。

2. 公司从外部进行筹资和投资，通过兼并形式获得现存的生产能力，投资于现存的其他公司。

通过兼并形式进行发展，可满足公司对下列方面的需要：

（1）实现多元投资组合，提高公司价值。所有公司的收益在经济周期性波动中，总有一定程度的敏感。但各种不同的公司，其周期变动不同，因此，一个周期变动较大的公司通过兼并一个周期稳定的公司，实现投资组合的多元化，除了可以分散个别公司自身的特有风险外，还可以在一定条件下通过一定程度的风险抵消，降低投资组合的投资风险，从而足以增加其自身的稳定，并增进其销售或收益的稳定性。在一定范围内，股东把收益不稳定与风险同等看待，因此通过兼并实现公司多元化投资组合，降低公司收益的不稳定性，将会对公司的股票价格产生有利的影响。

（2）改善公司财务状况。兼并可以扩大公司经营规模。规模的扩大有利于公司进入金融市场，并以更有利的地位筹措资金。另外如果被兼并公司现金较充裕或负债对产权比率较低，则可同时改善兼并公司的财务状况和提高公司的举债能力。

（3）取得税负利益。如果兼并双方的公司中，其中一方有较大数额的亏损，则利润高的公司通过兼并有较大亏损的公司，以被兼并公司的亏损额来抵减其应缴纳的所得税，从而可使兼并后的公司减少应纳税款。另外，根据国家有关规定，优势企业（包括国有控腔企业）兼并连续3年亏损的企业，经银行核准，可免除被兼并企业原欠贷款利息；被兼并企业原欠贷款本金分5年还清，如5年内还清仍有困难，可给予1至2年的定限期。

【例1】　设A公司兼并亏损的B公司。B公司目前有264000元的亏损需要递延。A公司兼并前后的财务状况如表7-1、7-2所示：

A 公司兼并财务状况表 （单位：元）　　　　　　表 7-1

	19×4	19×5	19×6	合　计
税前利润	120000	120000	120000	360000
所得税（33%）	39600	39600	39600	118800
归属于普通股股东的利润	80400	80400	80400	241200

A 公司兼并后财务状况表 （单位：元）　　　　　　表 7-2

	19×4	19×5	19×6	合　计
税前利润	120000	120000	120000	360000
—亏损	120000	120000	24000	264000
应税利润净额	0	0	96000	96000
—所得税（33%）	0	0	31680	31680
归属于普通股股东的利润	120000	120000	88320	328320

由表 7-1，7-2 可以看出公司税负由原来的 118800 降低到 31680 元，实现税负收益计 87120 元，由此使归属于股东的利润也增加了 87120 元。

（4）成本低。公司通过兼并行为获得新的生产力其成本比自己创建生产力所需的成本低。特别是在通货膨胀日趋显著的今天，物价上涨幅度较大，几年前机器设备的价格与现在生产的机器设备价格相差甚远。公司通过投资购买新的机器设备、厂房，培训新的职工所花费的成本远远大于兼并形式下购买原有公司的成本。

（5）获得无形资产。公司从外部进行投资，通过兼并行为获得现存的公司，不但可以获得有形的资产，例如：机器设备、厂房、资源，而且还可以获得无形资产。例如：公司通过兼并行为获得一家拥有专利权的公司，那么该公司在获得原有企业的同时，也获得了被兼并公司所拥有的专利权。又由于被兼并的公司往往有成熟的生产工艺、技术和操作熟练的工人，以及已有知名度的品牌，这些也都是为公司未来获取收益的无形资产。这是公司欲在短期内靠自身力量发展所实现不了的。

（6）加快公司发展速度。如从公司内部的发展出发对公司进行投资，从投资到投产，工人的培训、产品的试制需要有较长的时间；而通过公司兼并的方式来发展生产力，利用现存的厂房、机器设备、人员职工等等，在投资后能迅速产生新的效益。并且在此种方法下，被兼并的公司仍会按照原有的正常生产经营秩序进行生产经营活动，不断地为公司带来效益。

（二）企业筹资的需要。企业在生产经营中，资金不断地从一种形式转换成另一种形式。公司某一时期现金流入量与现金流出量不一定相等。而公司的发展需要有足够的资金用于周转，特别是对迅速发展成长的公司来说，其资金需求增长更为显著。因此，公司往往会遇到资金筹集的困难，这时公司应着手解决资金筹集的问题，而不是由于资金不足而放弃计划的项目，贻误公司发展的时机。往往公司设法与另一个资金充裕的企业联合，利用充裕的资金及畅通的筹资渠道，为公司的发展筹措更多的资金，以便使公司的项目能按正常的速度进行，为公司顺利发展提供资金保证。

二、兼并的条件

公司发生兼并行为时，兼并方会以资产、负债形式或换发股票形式来获得对被兼并方的控制权，使之成为兼并公司的子公司或附属公司。兼并方通过参与管理和控制的办法使得整个公司的盈利水平发生变化，发挥出资产优化组合的效应来。对于兼并双方来说，都希望通过兼并行为使其各自的财富得到增加。因此，兼并条件的确定成为兼并的核心。在确定兼并条件时主要考虑以下几个方面：

（一）每股收益

作为兼并方的股份制公司的股东和管理人员较为重视兼并行为发生后每股收益的变化情况。公司兼并的目的就是最大限度地增加股东的长期财富。由此决定了兼并公司在以换发股票实现兼并时，必须兼顾兼并双方股东的收益，其衡量标准是：公司股票的市价是否超过其兼并前的水平。因此，在确定调换比率时，兼并双方通常很关注兼并对每股收益的影响。每位股东都希望兼并使每股收益增加，而不是被"稀释"。兼并价格（换发比率）对每股收益的影响可用图 7-1 表示。

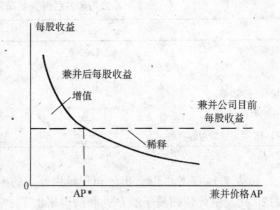

图 7-1　兼并价格对每股收益的影响

图中兼并后每股盈利可按下式计算：

$$EPS_m = \frac{E_m}{S_b + AP/P_b}$$

式中　E_m——兼并后的收益总额；

S_b——兼并方兼并前外发股票数；

P_b——兼并方公司的股票市价；

AP——协商的兼并价；

AP/P_b——兼并方为实际兼并而必须新发行的股票数。

由图 7-1 可以看出，兼并后每股盈利（EPS_m）随兼并价（AP）的提高而不断降低。当兼并价小于 AP^* 时，兼并方的每股收益（EPS）是增加的；当兼并价一旦超过 AP^*，兼并方的每股收益立即被稀释。

下面举例说明每股收益对兼并条件的影响。

【例2】　设 A 公司欲以股票形式兼并 B 公司。A 公司以 1∶1 的交换比率换取 B 公司的所有股份，B 公司即成为 A 公司的子公司。A、B 两家公司兼前有关数据见表 7-3 所示：

表 7-3

项　目	A　公　司	B　公　司
股票发行总数（万股）	1100	660
税后利润（万元）	880	396
每股税后利润（元/股）	0.8	0.6
股票价格	7.92	7.92
市盈率（倍）	9.9	13.2

如以 1:1（按股票价格的比率）的交换比率换取股票，A 公司将再发行 660 万股普通股票换取 B 公司的原有股票，使得 B 公司的股东成为 A 公司的新股东。又假设兼并后公司的盈利能力与兼并前的盈利能力保持一致，则兼并后的有关数据见表 7-4 所示：

表 7-4

项　　　目	兼　并　后
股票发行总数（万股）	1760
税后利润（万元）	1276
每股税后利润（元/股）	0.725

兼并行为的发生使得 A 公司原股东在公司盈利水平没有发生变化的情况下每股收益受到影响，每股税后利润从原来的 0.8 元降低到兼并后的 0.725 元，股东减少了 0.075 元的收益。这是由于 A 公司原股东的每股收益受到 B 公司相对较低的原每股收益"稀释"而形成的。同时，对于 A 公司的新股东来说，受 A 公司原来每股盈利能力较强的影响，每股盈能力由原来的 0.60 元上升到 0.725 元，上升幅度为 20.83%。

2. 假设其他数据不变，若 A 公司以 1:1.5 的交换比率换取 B 公司的股票，则 A 公司只需用 440 万股的新股便可以换取 B 公司 600 万股，兼并后有关数据见表 7-5 所示：

表 7-5

项　　　目	A　公　司	B　公　司	兼　并　后
股票发行总数（万股）	1100	660	1440
税后利润（万元）	880	396	1276
每股税后利润（元/股）	0.80	0.60	0.886

由于 A 公司用较低的换股比率（1:1.5）换取 B 公司的所有股票，这种换股方式使得兼并后企业股份总数减少了 220 万股。假设 A、B 公司的利润总额不发生变化，那么兼并后公司的每股税后利润为 0.886 元。但是，B 公司股东在兼并后只持有相当于原股数的 2/3（440 万股/660 万股），所以其税后利润按原股数计算只有 0.59 元。而 A 公司老股东的每股税后利润由 0.80 元上升到 0.886 元。兼并后 A 公司新老股东的每股税后利润均发生了变化，A 公司原股东获得了兼并行为所带来的收益。

（二）盈利的增长率

上面提到的每股收益的变化在兼并中很受决策者的重视。决策者对于兼并后每股收益增加的情况往往采取积极的态度；反之，对于每股收益下降的情况决策者往往会放弃兼并方案，从而失去发展的机会。因为公司兼并行为的发生不只是影响企业公司的每股盈利能力，公司兼并会涉及到多个方面。企业发展往往伴随着收益的增长，虽然有些企业在兼并一开始每股盈利能力比兼并前会有所下降，但由于公司兼并后，兼并方参与被兼并方公司的管理和决策，使得被兼并公司能从兼并方吸取先进的管理办法和技能从而提高公司发展速度，被兼并公司的盈利能力可能呈现出兼并前无法达到的增长率。

【例3】　续前例，A 公司兼并前后每股收益分别为 0.80 元和 0.725 元。A 公司在兼并前后盈利增长幅度保持在 10%，在 B 公司则由兼并前的 10% 提高到兼并后的 25%，A 公司拥有 B 公司 100％的控制权，则 A 公司兼并 B 公司后其盈利增长速度为：

$$\frac{880 \times 10\% + 396 \times 25\%}{880 + 396} = 14.66\%$$

表 7-6

年 份	每股收益	兼并后（增长率14.66％）	不兼并（增长率10％）
0		0.725	0.8
1		0.831	0.88
2		0.953	0.968
3		1.093	1.065
4		1.253	1.171
5		1.437	1.288

A 公司兼并 B 公司及不兼并情况下以后各年的每股收益水平如表 7-6 所示。

从上表可以看出，即使在兼并一开始公司每股收益有所下降，但由于被兼并方在兼并后所获得的益处使得在兼并后几年里以较快的增长速度发展，最终使兼并后每股盈利能力强于不兼并情况下的盈利能力。

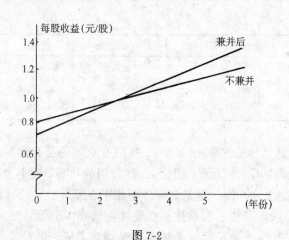

图 7-2

上述数据也可用图形表示。如图 7-2 所示：

因此，如果决策者对于兼并后一段时间内每股盈利情况持消极的态度则会失去很多未来的利益。

（三）市场价格

股票的市场价格也是影响公司兼并的因素。在完善的证券市场中，公司股票市场价格越高，反映公司内在的价值也越高。股票的市价是公司盈利能力、经营能力、资本结构、资产价值、发展前景的综合反映，是投资者据以判断公司"内在"价值的主要依据。因此，兼并公司双方在对各自股票每股市场价值的交换比率的讨价还价中，除应考虑前述对每股收益、公司未来盈利两个基本因素的影响外，还应考虑每股帐面价值，净流动资产、协同作用、投资风险等因素。根据上述因素的分析，结合公司兼并的动机和讨价还价能力，来确定为双方公司所接受的具体兼并条件。

（四）现金购买条件下支付价格的确定

兼并公司除以交换股票形式外，还可以用现金支付方式购买被兼并公司。后者对兼并公司而言，此种决策可以看作是资本预算决策，因而可参照资本预算方法进行决策。此时，兼并价格的确定与传统的资本预算除有相似之处外，还有其独特的地方，主要表现为：

1. 兼并分析的主要任务是确定成本—购买价，而不是按已知成本计算净现值（NPV）。假定所有投资的目标是使 NPV＞O，则兼并方应考虑支付的最大的购买价是 NPV＝0 的价格。只有按按低于这一最大购买价的协商价购买才有吸引力，因为只有在这种情况下进行兼并才能实现 NPV 大于零。

2. 被兼并公司的资金结构中通常都含有一定数量的负债。当兼并公司购买被兼并公司股份时，也就取得了其资产和负债。这就使人难于区分兼并分析的投资面和筹资面。

3. 通常的投资方案都有一个预计寿命期，但兼并所取得的资产是一个持续经营的公司，其寿命可以看作是无限的。因此，在兼并分析中，要么人为地设定一个决策期，不考虑超过这一最后期限的现金流量；要么利用一些类似于永久性证券的估价公式计算各期现金流量的现值。

根据上述几方面的情况，应用资本预算法来确定兼并价格的一种简便方法是，假定被兼并公司股票的市场价值比较准确地反映了该企业作为一个独立公司的持续经营价值。则最大的购买价就等于被兼并公司股票的市场价值，加上来自兼并的预期协同效果收益的现值。计算现值的折现率应为反映预期协同效果将实际产生的可能性的风险调整率。

【例4】 B 公司发行在外股票共计 180000，每股市价为 45。A 公司确信兼并 B 公司后将无限期地产生协同效果收益每年 80000 元。设折现率为 18%，则

甲公司愿意支付的最大购买价＝180000×45＋80000/0.18

＝8544444 元

如果被兼并公司的股票不能上市交易，或者市价没有正确反映其持续经营价值，则应采用下式进行确定：

最大购买价＝被兼并方未来现金流量现值－被兼并方现有负债之市价

即：$MAP = \sum_{t=0}^{n} \frac{F_t}{(1+k)^t} + \frac{F_{(n+1)}/(k-g)}{(1+k)^n} - L$

其中：MAP——应付被兼并方的最大购买价

n——被兼并公司预期能保持超常成长率的时间

F_t——兼并后第 t 期被兼并公司所有资本产生的税后净现值流量

k——被兼并公司的加权平均资本成本

g——被兼并公司达到成熟期后 F_t 的成长率

L——被兼并公司负债的市场价值

值得注意的是，从 0 年至 N 年为公司的超常成长期，其各年现金流量应分别计算；从第 N＋1 年起，公司进入成熟期，将按一个较稳定且比较低的比率无限期成长。F_t 应为企业兼并前后比较的差量现金流动，其计算公式如下：

$$F_t = \Delta 利润 + \Delta 利息支出 + 折旧 - \Delta 投资$$

式中包括利息支出是由于考虑的是所有资本产生的税后现金流动。

【例5】 设甲公司是一家高速成长的专业公司，研究能力很强，但缺乏资金和管理能

力。乙公司是一家处于成熟期而又在寻找盈利性投资机会和发展机会的大公司。甲乙两公司通过协商，认为双方合并可实现优势互补。表7-7列示乙公司兼并甲企业所产生的差量收支情况。这些预测按10年计算，这是由于乙公司认为甲企业10年后将进入成熟期，其成长率为5%。假设甲公司目前负债市价为800，000元，则应付甲公司的最大购买价：

$$\text{MAP} = 754110 + \frac{[610000(1 + 5\%)]/(15\% - 5\%)}{(1 + 15\%)^{10}} - 800000$$

$$= 1535591(\text{元})$$

单位：千元　表7-7

年	利润	利息	折旧	投资	F_t	$(P/F, 15\%, n)$	PV
1	80	40	100	350	-130	0.8696	-113.05
2	100	50	120	300	-30	0.7561	-22.68
3	120	60	140	300	20	0.6576	13.15
4	150	70	160	300	80	0.5718	45.74
5	190	80	190	250	210	0.4972	104.41
6	240	90	200	250	280	0.4323	121.04
7	290	110	210	250	360	0.3759	135.32
8	340	130	220	200	490	0.3269	160.18
9	370	150	240	200	560	0.2843	159.21
10	400	160	250	200	610	0.2472	150.77

现值之和＝754.11

第三节　控　股　公　司

控股公司是指通过持有一个或若干个其他公司适当比率的普通股股权而对这些公司实施经营业务上的控股或联属公司，控股公司有其自身的特点，与兼并相比，也有其自身的优缺点。

一、控股公司的优点

1. 以较少的产权投资控制基层巨大资产

虽然在理论上，一个公司至少要掌握另一个公司50%以上多数股权才能对该公司实施控股，但在现实经济生活中，上市公司的股东数量较多且较为分散，因此，一个公司只要掌握另一个公司不到50%的股权，如只掌握30%或10%，甚至在10%以下的股权，就可以对其业务经营实施控制或产生重大影响。控股公司能够形成一个包括若干控股层的所谓金字塔型的结构。见表7-8，在这种金字塔型结构下，控股公司用较小的产权投资就可以控制基层巨大的资产。而每一控制层的投资又有相当一部分是来自无表决权的股票或长期负债。这就为控股公司的股东提供了集中控制和强有力的财务杠杆。

【例6】　这种结构在本例（表7-8）中表现为：一方面，A公司通过持有B公司50%的有投票权的乙类普通股来实现对B公司的控制；而B公司又通过持有50%的C公司有投票权的乙类普通股实现对C公司的控制。其结果是，A公司乙类普通股股东仅仅用2.4万元的股本就控制了一级子公司240万元的资产和二级子公司4800万元的资产。另一方面，就该金字塔的每一层的投资而言，每个层次的公司绝大部分资产又都来自无表决权的股票或长期负债，如A公司有投票权的乙类普通股票仅占其全部资金的20%，B、C公司的乙类普通股票也仅占其全部资金的 10%，其余的 80%～90% 都来自于无表决权的负债和优先股及甲类普通股。

由此可以看到，如果有某个股东持有 A 公司 20% 的乙类普通股就能成为 A 公司最大股东，从而取得 A 公司的控制权的话，实际上该股东仅以 4800 元就控制了多达 5052 万元的庞大资产。而且如果存在更多层次的子公司，其控制的资产也将会更巨大，并由此产生更大的财务杠杆作用。

2. 平静中实现控股

如果控股公司集团试图对另一些公司实施有效控制，可以在谨慎且平静的状态下购进足够比例的普通股股份，即可以以较低的代价实现控股，而且不必经过双方股东的批准。因为这是一种非正式的安排。同样，在经营管理的试验时期，如果发现控股并无益处时，在平静的状态下卖掉已经持有的该公司普通股份，即可结束控股关系。

表 7-8

A公司资产负债表			单位：万元
长期投资—B公司	12	负债（6%）	4.8
		优先股（7%）	2.4
		普通股—甲类	2.4
		乙类	2.4
资产总计	12	负债及所有者权益计	12

B公司资产负债表			单位：万元
长期投资—C公司	240	负债（6%）	120
		优先股（7%）	24
		普通股—甲类	72
		—乙类	24
资产总计	240	负债及权益总计	240

C公司资产负债表			单位：万元
流动资产	2400	负债	2400
固定资产	2400	优先股	360
		普通股—甲类	1560
		—乙类	480
资产总计	4800	负债及权益总计	4800

注：假定甲类股票没有投票权，其股利率为 8%。

3. 风险独立

在控股公司体系中，所有各经营子公司都是独立的法人主体，任一单位的权利和义务同其他单位的权利和义务互为独立，互不相干。因此，任一单位所发生的灾难性损失，不会影响（或转移）到其他单位。

二、控股公司的缺陷

控股公司有上述优点，但也并非十全十美，在特定的条件下也会产生相应的缺点。主要有以下几方面：

1. 部分多重纳税

控股公司属下各子公司付给母公司的股利，作为母公司的收入，其相应部分应按规定的税率交纳所得税，由此产生了部分的多重纳税。例如，在美国，国内收入署规定，只有当母公司持有子公司 80％以上有表决权的股份时，母子公司可以合并收益，子公司付给母公司的股利才可以免纳所得税。但如果母公司持有子公司表决权的股份不足 80％，则其收益不能合并，子公司付给母公司的股利，除 85％可以免税外，其余 15％应按规定的税交纳所得税。这种部分双重纳税在某种程度上抵消了控股公司以有限产权控制巨大资产所带来的财务杠杆利益。但这种不良后果是否全部抵消财务杠杆利益，需视具体情况而定。

2. 易于土崩瓦解

金字塔型的结构，加大了财务杠杆作用，同时，也会大大地增加这种结构的财务危机。如果这一体系下某些子公司的经营失败（或失误），就有可能通过强大的财务杠杆而使整个结构土崩瓦解。举简例说明如下：

【例 7】 以表 7-8 所列数据为基础,现进一步假设 C 公司税前全部资产利润率(ROA)分别为 15％和 9％,则控股公司财务杠杆作用对其损益的影响如表 7-9,7-10,7-11 所示。

表 7-9

C 公司（经营公司）	税息前利润 ROA＝15％	ROA＝9％
税息前利润	7200000	4320000
－利息（6％）	1440000	1440000
税前利润	5760000	2880000
－所得税（33％）	1900800	950400
税后利润	3859200	1929600
－优先股股利（7％）	252000	252000
－普通股股利—甲类（8％）	1248000	1248000
归属于乙类普通股股东的利润	2359200	429600
－乙类普通股股利（管理当局决定）	2200000	429600
结转留存收益	159200	0

表 7-10

B 公司	C 公司税前息前利润 ROA＝15％	ROA＝9％
税前息前利润		
（来自 C 公司股利收入）	1100000	214800
－85％股利收入	935000	182580
扣息前应税的公司间股利收入	165000	32220
－利息（6％）	72000	72000
税前利润	93000	(a)
－所得税（33％）	30690	——
税后利润	62310	……

B 公司	C 公司税前息前利润	
＋未税股利收入	935000	------
归属于股东的利润	997310	
－优先股股利（7%）	16800	------
－普通股股利—甲类（8%）	57600	------
归属于乙类普通股股东的利润	922910	
－普通股股利	900000	------
结转留存收益	22910	

注（a）：亏损

表 7-11

A 公司	C 公司税前息前利润	
	ROA＝15%	ROA＝9%
税前息前利润	450000	------
（来自 B 公司股利收入）		
－85% 股利收入	382500	------
扣息前应税的公司间股利收入	67500	------
－利息（6%）	2880	------
税前利润	64620	------
－所得税（33%）	21324.6	------
税后利润	43295.6	------
＋未税股利收入	382500	------
归属于股东的利润	425795.6	------
－优先股股利（7%）	1680	------
－普通股股利—甲类（8%）	1920	------
归属于乙类普通股股东的利润	422195.6	------
乙类普通股股东产权利润率	1759%	

由表 7-9，7-10，7-11 可以看到，当 C 公司全部资产利润率为 15% 时，A 公司乙类普通股股东仅以 24000 元的投资就获得了 4221956 元的净利润，其股东产权利润率高达 1759%，充分显示了控股公司这一金字塔式结构的强大财务杠杆效益。相反，当 C 公司全部资产利润率下降为 9% 时，其结果是灾难性的。此时 C 公司的税前利润为 4320000 元。再作各项扣除，归属于乙类普通股股东的利润为 429600 元。如果将 429600 元全部作为股利发放，则 B 公司的税前息前利润为 214800 元，扣除 85% 不计税的股利后剩余的 32220 元不足以支付其利息费用 72000 元，由此，将使 B 公司陷入技术性无力清偿的境地，甚至破产。同样，A 公司也将难于幸免。由此可见，管理上的任何失误，都将因金字塔结构的强大财务杠杆作用而被扩大化，甚至导致整个结构解体。

第四节　公司重组、破产与清算

一、企业失败的原因与分类

在前面我们研究的有关企业理财问题，是基于企业作为持续经营的主体的假定。但是并不排除有些公司由于种种原因导致经营失败的可能性。

（一）公司失败的原因

从财务管理角度讲，企业失败主要表现为：企业财务陷于困境，无偿债能力，也无发展前景。公司失败的原因虽然很多，但大致可归纳以下三种：

1. 缺乏管理经验和管理才干，造成决策失误。这是导致公司失败最主要的原因。管理者无能主要表现为对特定经营行业缺乏经验或在生产、销售、人事、技术等方面的管理经验不平衡，财务管理不善，致使资金周转失灵，竞争能力不足等。大约有90%以上的公司失败应归因于管理上的无能，而水灾、火灾、地震等不测事件导致公司失败的仅占5%左右。

公司失败很少是由于个别决策错误所致，往往是缘于一系列的失误，使公司陷入财务困境。而且这种困境是有征兆的，并逐渐加重。大部分公司失败发生之前，已有潜在危机的现象。

2. 经济环境的变化。经济环境的变化是公司失败的一个重要原因，有时它使得管理人员的主观努力付之东流，有时又使管理人员所付的代价与收效不成比例。例如，在经济变革时期，市场竞争十分激烈，一些资金底子比较薄的企业，很可能由于销售额的下降而导致失败。

3. 意外原因。意外原因一般不能由管理人员所左右，这些事件一发生，管理人员只好望洋兴叹。有时管理人员虽然能预料到不测事件的发生，但由于防范费过高而无能为力。这些事件一般包括：自然灾害、自然环境的变化、新法律的颁布、突然中止合同、战争、罢工、交通运输事故等。

（二）公司失败的分类

公司失败可以分为经济性失败和财务性失败两大类。

1. 经济性失败

公司的经济性失败是指公司生产经营所产生的税后收入不足以弥补其生产成本，并使其投资收益率低于资本成本，从而使企业处于亏损状态进而走向失败。对公司出现的经济性失败应设法进行挽救，挽救无效，则只能转入清算。

2. 财务性失败

财务性失败通常指公司不能履行对债权人的契约责任，所以又称作契约性失败。但根据失败的程度和处理程序的不同，又可分为技术性清算和破产两种。

技术性清算（无偿付能力），是指尽管公司的总资产超过总负债，但由于资产配置的流动性差，无法转变为足够的现金来偿付当期债务。这种财务危机可能具有暂时性，可通过有效的补救方法使公司免于清算；如果补救无效，则公司就要被迫停止经营，进行清算。

破产是公司失败的极端形式，是指公司的全部负债超过其全部资产的公平估价，使公司净资产出现负值。公司按照法定程序转入破产清算，就应按照有关的优先顺序对净资产进行分配，以便使债权人尽可能多地收回资产。

公司失败包括暂时的财务危机（技术性无偿付能力）到破产之间的整个范围，具体关系如图7-3所示。

公司债权人可以在公司失败发生之前采取补救措施。如果公司失败的原因在于理财不善，而且公司尚处于盈利状况，则该公司尚有补救的余地，可使其继续经营得以维持下去。然而，如果公司失败的原因是属于经济性的，则挽救无效，使公司转入破产清算的可能性就较大。通常，好的公司管理当局，应对激烈的竞争迅速作出反应，随时准备应付不利经济状况的发生，以使公司能及时调整发展模式，使之同外部环境适应。由此，当公司陷于财务困境后，一般程序即为改善管理，并筹集足够资金，及时清偿债务，力求避免转入停产清算。

二、公司重组

（一）公司重组的目的和基本条件

我国的《企业破产法》将和解和重组相结合，是以企业重组为基础的和解，以债权人与债务人有和解意愿为前提的整顿。两者不可分离，不可偏废，有机结合，紧密相关。

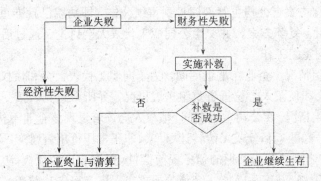

图 7-3

所谓和解，就是通过债务人与债权人达成和解协议，而非通过宣告债务人破产偿债解决债务人与债权人之间债务纠纷的一种债务结清的办法。所谓重组则是针对公司亏损严重，无力偿还到期债务的情况，在债务人与债权人双方达成和解协议并经过法院认可的基础上，对债务人生产、技术、管理等诸方面所进行的调整、改进和完善，以达到扭亏增盈、恢复正常偿债能力的目的。

公司重组的财务目的在于：（1）重新改变公司的资本结构，以便降低其法定的必须支付的固定负担额；（2）保证增加公司的营运资本；（3）发现和改正经营管理上导致公司财务困难的根本原因。

公司破产，特别是大公司破产会给投资者、职工、债权人以至整个社会带来严重后果。如果公司的经营状况并不十分恶劣，经过一段时间的整顿，有希望摆脱困境，得到恢复，在这种情况下，采取重组的处理方法对双方都是比较有利的。作为债务人来讲，可以得到一次挽救危局，继续生存的机会；作为债权人来讲，一旦企业改变了现状，其继续经营价值就将超过破产清算的价值。允许重组可以继续保持对公司的全部债权，并有可能全部实现，避免因破产清算而造成的损失。

公司重组的基本条件可以概括为：第一，公司暂时无偿债能力；第二，公司资产总额还大于负债总额；第三，公司资金短缺是扩大经营规模引起的；第四，公司财务管理困难的原因已经找到并经过重组的努力可能排除。

（二）公司重组的程序

由于公司破产申请的提出需要得到上级主管部门的同意，因而只要债务人向法院提出破产申请并得到法院的认可，则意味着债务人必定进入破产清算程序，其主管部门自然不会再向法院申请和解重组。因此只有债权人所提出的宣告债务人破产的申请，才可能产生和解重组问题。和解重组程序大致包括以下几个步骤：

1. 提出重组申请。法院受理破产案件三个月内，债权人申请宣告破产案件三个月内，债权人申请宣告破产的公司的上级主管部门可以向法院申请对该公司重组,重组期限为两年。

2. 提出和解协议草案。当公司主管部门提出整顿申请后,公司就向债权人会议提出和解协议草案,申明清偿债务的期限及要求减免的数额等。

3. 讨论和解协议草案。债权人会议收到公司提交的和解协议草案后,应召集全体债权人进行讨论、表决,通过本草案(意味着企业和债权人会议达成了和解协议),并经过法院认可后,法院便发布对该公司进行重组的公告,中止破产程序。

4. 拟定公司重组方案。公司主管部门见到重组公告(即法院已批准重组申请)后,应协助该公司拟定重组、复苏方案,并交由公司职工代表大会讨论。通过后便由公司主管部门具体负责主持公司重组工作。

5. 报告公司重组情况。企业在重组期间,为了向职工代表大会和债权人会议负责,应定期向职工代表大会和债权人会议报告重组进展情况,并听取意见,接受监督。

6. 监督公司重组情况。在公司重组期间,债权人会议若发现该企业不执行和解协议,故意损害债权人利益(隐匿、私分或无偿转让财产、非正常压价出售财产、对原来没有财产担保的债务提供财产担保、对未到期的债务提前偿付、放弃自己的债权等)等不良行为,可以向法院报告。法院认证裁定后,便终结该公司重组程序,宣告其破产。

7. 裁决公司重组结果。公司经过重组,若能够根据和解协议的规定按期或提前如数清偿债务的,法院则终结该企业破产程序,并对外发布公告,恢复公司的正常营业。如果重组期满,公司仍不能按期如数(以和解协议为依据)清偿债务,法院宣告该公司破产,对外发布该公司破产清算的公告。至此该公司便进入破产清算程序,法院应重新登记债权,和解重组程序可表示为图 7-4。

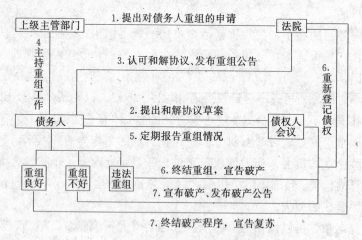

图 7-4 公司和解重组程序图

(三) 重组的财务安排

和解协议生效后,最重要也是最困难的就是拟定重组方案。公司重组总目标是扭亏为盈,恢复偿债能力。为此在拟定公司重组方案时要预测重组企业的生产和资金情况,拟定资本的管理结构,原有证券价值的重估和调整,然后建立新的财务预算体系,合理配合资金。

1. 测定公司总值。

测定公司总值是重组方案的第一步。通常使用的办法是预期收益的资本化。如果一个进行重组的公司其预期年收益为250万，而拥有相似风险和经营特点的同行业公司的资本化率平均为10％，那么该重组公司的总值可以定为2,500万（250/0.1＝2500万）。按资本化率测算的公司总值带有很大的不确定性，因而需要予以调整。这是因为预期的收益带有很大的不确定性，资本化率的高低难以确定恰当。因此，任何可以预期的未来收益的增长要增加到估计数中去。同时，在未来经营中可以估计的不稳定因素要压低原来的估价。最后决定的公司总值，对各种债权人，股东都是十分重要的，特别是普通股的股东都愿意看到估计的总值越高越好，否则他们宁愿清算而不愿重组。

2. 拟定新的资本结构。

其目的是压缩固定费用，提高偿付比率。为了压缩负债的利息开支，通常是把一部分负债转换为收益债券；一部分调换成优先股；一部分调换成普通股，以减少负债总额。另外采用延长债务的期限，以减少偿债基金的每年提存额。

3. 对原有证券的估价并把老证券调换成新证券。

按照《企业破产法》规定，证券的估价和更换要绝对遵循求偿权的顺序。因此，在调换过程中，必须首先满足全部优先求偿权的要求，然后才能考虑非优先求偿权。例如，在调换过程中，原债券持有人必须在原优先股持有人之前换到其面值相当于老债券的新证券。正由于求偿权顺序的原因，一个资本化程度很高的公司重组的总值不仅可以按帐面值结清所有的债务，并且还可以对现有股东就其所有权提出的要求予以适当的考虑。

下面举例说明重组财务安排：

【例8】 正在改组的 A 公司原有的资本结构如表 7-12 所示：

单位：元　**表 7-12**

抵押公司债券	4800000
信用公司债券	4000000
优先股	800000
普通股	6400000
合　计	16000000

单位：元　**表 7-13**

信用公司债券	2400000
收益债券	1600000
优先股	800000
普通股	4800000
合计	9600000

在重组中（1）A 公司使用预期收益资本化法测定公司总值为 9600000 元；（2）为了压缩固定费用，规定了 A 公司较为合理的资本结构；（3）分配新证券：原有抵押公司债券 4800000 元可以兑换新的信用公司债 2400000 收益债券 1600000 元和优先股 800000 元；原有信用公司债 4000000 元可以兑换 5/6 的新普通股（即 4000000 元）；原有的优先股 800000 元只能兑换 1/6 的新普通股（即 800000 元）；而原有普通股股东在重组后"新"企业中就不可能得到任何股份。

从上例可以看到：（1）普通股票的持有人从其本身的所有者权益出发，总希望尽可能将企业价值高估，并竭力美化企业的未来发展前景，而把企业的财务困难说成是暂时的。

（2）在重组中要绝对遵循求偿权的顺序。

三、公司的破产与清算

（一）破产的概念与作用

破产是一个法律概念，它是指作为法律上的债务人不能清偿到期债务时，由债权人申请破产，依法将其全部财产抵偿其所欠的各种债务，并依法免除其无法偿还的债务的法律行为。

只要存在商品生产和商品交换，就会有竞争，有优胜劣汰，就会出现破产现象。我国实行破产制度，贯彻执行《破产法》，是深化经济体制改革，建立和完善社会主义市场经济的需要。主要有以下作用：

1. 有利于破产公司资产重组，资源合理配置。

一个公司破产的重要原因是经营管理不善，工程质量低劣，开发产品不适销对路或是浪费严重成本上升等，造成生产萎缩，长期亏损，导致公司资产没有得到很好的利用和资源的极大浪费。公司破产，有利于资产的重新组合，重新释放其能量，避免社会资源的浪费。

2. 是改善公司经营管理，提高经济效益的动力。

一个公司破产，将会激发更多公司的忧患意识，使公司居安思危，以积极进取的态度努力改善经营管理，提高经济效益，对一些濒临破产进行重组的公司，也起到促使其在困境中奋起，摆脱破产命运的作用。

3. 有助于保护债权人的合法权益。

公司实行破产，自然会加大企业债权人的风险程度，使得债权人尤其是发放贷款的银行不得不对公司的信用程度和生产经营能力给予极大的关注。债权人在贷款前认真对企业进行信用评估，贷款后加强对公司生产经营的监督，促进企业提高经济效益，对于保护债权人的合法权益将起到积极的作用。

（二）破产清算

1. 破产清算的概念

破产清算是指经人民法院裁定宣告破产的公司对其破产财产进行清理、估价、处理和分配，用破产财产偿还债权人的债务。

2. 破产清算组

根据《企业破产法》，人民法院应当在宣告公司破产之日起15日内，成立清算组，接管破产公司。清算组成员由人民法院从企业上级主管部门、政府财政部门及专业人员组成，包括聘任一定数量的会计师及其他工作人员清算组应当自成立之日起10日内通知债权人，并于六十日内在报纸上至少公告三次。债权人应当自接到通知书之日起30日内，未接到通知书的，自第一次公告之日起90日内，向清算组申报其债权。

清算组的主要职责是：

（1）对人民法院负责并报告工作，接受人民法院监督；正确行使清算组的职责，更好地保护各当事人的合法权益。

（2）组织有关人员对破产公司全部财产进行清点、登记造册，查明实有财产总额。

（3）对破产财产重新估价。

（4）制作破产财产明细表、资产负债表。

（5）通知债权人领取财产。

（6）清缴所欠税款。

（7）清理债权债务。

（8）办理破产公司注销登记。

（三）破产清算的财务管理

1. 破产财产的构成

破产财产是指公司被宣告破产后，用来进行清算和清偿债务的财产。破产财产包括：

（1）宣告破产时，破产公司经营管理的全部财产；

（2）破产公司在宣告破产后至破产程序终结前所取得的财产；

（3）应当由破产公司行使的其他财产权利。

其中，职工在公司破产作为资本金投资的款项，也视为破产财产；已作为担保物的财产不属于破产财产，但担保物品的价款超过其所担保的债务数额的，超过部分属于破产财产。

2. 破产费用

破产费用是指清算组对破产财产的管理、变卖、分配所发生的费用。包括：

（1）聘任工作人员的费用；

（2）破产案件的诉讼费用；

（3）在破产程序中为债权人的共同利益而支付的其他费用。

破产财产应优先拨付破产费用。当破产财产不足以支付破产费用时，破产程序终结。

3. 破产债权的范围

破产债权是指在破产宣告日前对破产公司成立，在规定的申报期内申报，经债权人会议审查确认，并且只有通过破产程序才能得到公平清偿的债权。包括：

（1）破产宣告前成立的无财产担保债权；

（2）放弃优先受偿权的有财产担保债权；

（3）超过担保物价值部分的有财产担保债权；

（4）为破产公司债务提供担保者，因清偿其保证债务所形成的代保债权；

（5）清算组解除合同给合同缔结他方带来的损失，由合同缔结他方索赔而产生的索赔债权。

上述由破产法所定义的债权是狭义的债权概念，广义的破产债权应包括破产公司所欠的职工工资（包括奖金、福利费）、劳动保险费、欠交国家的税金等。但这些债权能先于狭义的债权得到清偿，故一般不将其列入破产债权之内。破产宣告以后的利息、债权人参加破产程序的费用等不构成破产债权，也不能从破产财产中清偿。此外，因担保物债权可由特定担保物抵偿，破产公司债权人对破产公司同时负有债务的，债权、债务可以抵销，清算组为清算而发生的债务应从破产财产中全额清偿，故这些债权也不计入破产债权。

4. 破产财产的分配

为便于分配的进行，清算组应将现金（银行存款）以外的破产财产变现。破产企业对外拥有的债权，除同负债抵销的那部分外，都应当收回。公司破产财产应以评估确认的价格为依据，按国家有关规定确定底价，以拍卖方式为主，依照有关法律、法规转让。转让价格由市场确定。破产公司的机器、设备、存货、工场、工业产权等应当拍卖，以获取现金。为了尽可能多地获得收入，破产财产凡能整体拍卖的，不要拆零销售，以便给债权人以尽可能多的清偿。清算期间，公司不得开展新的经营活动。

依破产法的规定，清算组为清算而发生的破产（清算）费用应从破产财产中优先拨付，破产财产不足以支付破产费用的，人民法院应当宣告破产程序终结。

其后，各求偿权的顺序为：（1）破产企业所欠职工的工资和劳动保险费；（2）破产企业所欠国家税款；（3）其他破产债权。企业在破产前为维持生产经营，向职工筹借的款项视为破产企业所欠职工工资处理，借款利息按照使同时间和银行存款利息计算。根据《破产法》有关规定，各省市人民政府在实施公司破产中，要采取有效措施，首先妥善安置破产企业职工，保持社会安定。安置破产企业职工的费用，从破产企业依法取得的土地使用权转让所得中拨付。破产企业以土地使用权为抵押物的，其转让所得也应首先用于安置职工，不足以支付的，不足部分从处置无抵押财产，抵押财产所得中依次支付。破产企业财产拍卖所卖安置职工仍不足的，按照企业隶属关系，由同级人民政府负担。

破产财产或前一顺序的剩余财产不足清偿同一顺序的求偿权的，应按各债权金额占同一顺序求偿权总额的百分比比例分配剩余财产，直至破产财产分配完毕。从理论上说，如果破产财产足额偿付其全部求偿权后还有剩余，应首先按优先股面额分配（不足的按比例分配），剩余部分按普通股比例分配。

公司清算结束后，清算组应当制作清算报告，报股东会或有关主管机关确认，并报送公司登记机关，申请注销公司登记，公告公司终止。不申请全销公司登记的，由公司登记机关吊销其营业执照，并予以公告。

思　考　题

1. 公司兼并有哪几种分类？各有哪些特点？
2. 试述公司兼并的主要动机有哪些？它们各有什么特点？
3. 试述在确定兼并条件时主要考虑的因素。
4. 试述控股公司的优缺点。
5. 试述公司失败的原因与分类。
6. 公司重组的一般程序是什么？
7. 公司破产清算的财务管理包括哪几方面的内容？

附录 复利因数表

$$\frac{1}{2}\%$$

表 1

n	$(F/P,i,n)$ $(1+i)^n$	$(P/F,i,n)$ $\dfrac{1}{(1+i)^n}$	$(F/A,i,n)$ $\dfrac{(1+i)^n-1}{i}$	$(A/F,i,n)$ $\dfrac{i}{(1+i)^n-1}$	$(A/P,i,n)$ $\dfrac{i(1+i)^n}{(1+i)^n-1}$	$(P/A,i,n)$ $\dfrac{(1+i)^n-1}{i(1+i)^n}$
1	1.005	0.9950	1.000	1.00000	1.00500	0.995
2	1.010	0.9901	2.005	0.49875	0.50375	1.985
3	1.015	0.9851	3.015	0.33167	0.33667	2.970
4	1.020	0.9802	4.030	0.24813	0.25313	3.950
5	1.025	0.9754	5.050	0.19801	0.20301	4.926
6	1.030	0.9705	6.076	0.16460	0.16960	5.896
7	1.036	0.9657	7.106	0.14073	0.14573	6.862
8	1.041	0.9609	8.141	0.12283	0.12783	7.823
9	1.046	0.9561	9.182	0.10891	0.11391	8.779
10	1.051	0.9513	10.228	0.09777	0.10277	9.730
11	1.056	0.9466	11.279	0.08866	0.09366	10.677
12	1.062	0.9419	12.336	0.08107	0.08607	11.619
13	1.067	1.9372	13.397	0.07464	0.07964	12.556
14	1.072	0.9326	14.464	0.06914	0.07414	13.489
15	1.078	1.9279	15.537	0.06436	0.06936	14.417
16	1.083	0.9233	16.614	0.06019	0.06519	15.340
17	1.088	0.9187	17.697	0.05651	0.06151	16.259
18	0.194	0.9141	18.786	0.05323	0.05823	17.173
19	1.099	0.9096	19.880	0.05030	0.05530	18.082
20	1.105	0.9051	20.979	0.04767	0.05267	18.987
21	1.110	0.9006	22.084	0.04528	0.05028	19.888
22	1.116	0.8961	23.194	0.04311	0.04811	20.784
23	1.122	0.8916	24.310	0.14113	0.04613	21.676
24	1.127	0.8872	25.432	0.03932	0.04432	22.563
25	1.133	0.8828	26.559	0.03765	0.04265	23.446
26	1.138	0.8784	27.692	0.03611	0.04111	24.324
27	1.144	0.8740	28.830	0.03469	0.03969	25.198
28	1.150	0.8697	29.975	0.03336	0.03836	26.068
29	1.156	0.8653	31.124	0.03213	0.03713	26.933
30	1.161	0.8610	32.280	0.03098	0.03598	27.794
35	1.191	0.8398	38.145	0.02622	0.03122	32.035
40	1.221	0.8191	44.159	0.02265	0.02765	36.172
45	1.252	0.7990	50.324	0.01987	0.02487	40.207
50	1.283	0.7793	56.645	0.01765	0.02265	44.143
55	1.316	0.7601	63.126	0.01584	0.02084	47.981
60	1.349	0.7414	69.770	0.01433	0.01933	51.726
65	1.383	0.7231	76.582	0.01306	0.01806	55.377
70	1.418	0.7053	83.566	0.01197	0.01697	58.939
75	1.454	0.6879	90.727	0.01102	0.01602	62.414
80	1.490	0.6710	98.068	0.01020	0.01520	65.802
85	1.528	0.6545	105.594	0.00947	0.01447	69.108
90	1.567	0.6383	113.311	0.00883	0.01383	72.331
95	1.606	0.6226	121.222	0.00825	0.01325	75.476
100	1.647	0.6073	129.334	0.00773	0.01273	78.543

n	$(F/P,i,n)$ $(1+i)^n$	$(P/F,i,n)$ $\dfrac{1}{(1+i)^n}$	$(F/A,i,n)$ $\dfrac{(1+i)^n-1}{i}$	$(A/F,i,n)$ $\dfrac{i}{(1+i)^n-1}$	$(A/P,i,n)$ $\dfrac{i(1+i)^n}{(1+i)^n-1}$	$(P/A,i,n)$ $\dfrac{(1+i)^n-1}{i(1+i)^n}$
1	1.010	0.9901	1.000	1.00000	1.01000	0.990
2	1.020	0.9803	2.010	0.49751	0.50751	1.970
3	1.030	0.9706	3.020	0.33002	0.34002	2.941
4	1.041	0.9610	4.060	0.24628	0.25628	3.902
5	1.051	0.9515	5.101	0.19604	0.20604	4.853
6	1.062	0.9420	6.152	0.16255	0.17255	5.795
7	1.072	0.9327	7.214	0.13863	0.14863	6.728
8	1.083	0.9235	8.286	0.12069	0.13069	7.651
9	1.094	0.9143	9.369	0.10674	0.11674	8.566
10	1.105	0.9053	10.462	0.09558	0.10558	9.471
11	1.116	0.8963	11.567	0.08645	0.09645	10.368
12	1.127	0.8874	12.683	0.07885	0.08885	11.255
13	1.138	0.8787	13.809	0.07241	0.08241	12.134
14	1.149	0.8700	14.947	0.06690	0.07690	13.004
15	1.161	0.8613	16.097	0.06212	0.07212	13.865
16	1.173	0.8528	17.258	0.05794	0.06794	14.718
17	1.184	0.8444	18.430	0.05426	0.06426	15.562
18	1.196	0.8360	19.615	0.05098	0.06098	16.398
19	1.208	0.8277	20.811	0.04805	0.05805	17.226
20	1.220	0.8195	22.019	0.04542	0.05542	18.046
21	1.232	0.8114	23.239	0.04303	0.05303	18.857
22	1.245	0.8034	24.472	0.04086	0.05086	19.660
23	1.257	0.7954	25.716	0.03889	0.04889	20.456
24	1.270	0.7876	26.973	0.03707	0.04707	21.243
25	1.282	0.7798	28.243	0.03541	0.04541	22.023
26	1.295	0.7720	20.526	0.03387	0.04387	22.795
27	1.308	0.7644	30.821	0.03245	0.04245	23.560
28	1.321	0.7568	32.129	0.03112	0.04112	24.316
29	1.335	0.7493	33.450	0.02990	0.03990	25.066
30	1.348	0.7419	34.785	0.02875	0.03875	25.808
35	1.417	0.7059	41.660	0.02400	0.03400	29.409
40	1.489	0.6717	48.886	0.02046	0.03046	32.835
45	1.565	0.6391	56.481	0.01771	0.02771	36.095
50	1.645	0.6080	64.463	0.01551	0.02551	39.196
55	1.729	0.5785	72.852	0.01373	0.02373	42.147
60	1.817	0.5504	81.670	0.01224	0.02224	44.955
65	1.909	0.5237	90.937	0.01100	0.02100	47.627
70	2.007	0.4983	100.676	0.00993	0.01993	50.169
75	2.109	0.4741	110.913	0.00902	0.01902	52.587
80	2.217	0.4511	121.672	0.00822	0.01822	54.888
85	2.330	0.4292	132.979	0.00752	0.01752	57.078
90	2.449	0.4084	144.863	0.00690	0.01690	59.161
95	2.574	0.3886	157.354	0.00636	0.01636	61.143
100	2.705	0.3697	170.481	0.00587	0.01587	63.029

$$1\frac{1}{2}\%$$

表3

n	$(F/P,i,n)$ $(1+i)^n$	$(P/F,i,n)$ $\dfrac{1}{(1+i)^n}$	$(F/A,i,n)$ $\dfrac{(1+i)^n-1}{i}$	$(A/F,i,n)$ $\dfrac{i}{(1+i)^n-1}$	$(A/P,i,n)$ $\dfrac{i(1+i)^n}{(1+i)^n-1}$	$(P/A,i,n)$ $\dfrac{(1+i)^n-1}{i(1+i)^n}$
1	1.015	0.9852	1.000	1.0000	0.0150	0.985
2	1.030	0.9707	2.015	0.4963	0.5113	1.956
3	1.046	0.9563	3.045	0.3284	0.3434	2.912
4	1.061	0.9422	4.091	0.2444	0.2594	3.854
5	1.077	0.9283	5.152	0.1941	0.2091	4.783
6	1.093	0.9145	6.230	0.1605	0.1755	5.697
7	1.110	0.9010	7.323	0.1366	0.1516	6.598
8	1.126	0.8877	8.433	0.1186	0.1336	7.486
9	1.143	0.8746	9.559	0.1046	0.1196	8.361
10	1.161	0.8617	10.703	0.0934	0.1084	9.222
11	1.178	0.8489	11.863	0.0843	0.0993	10.071
12	1.196	0.8364	13.041	0.0767	0.0917	10.908
13	1.214	0.8240	14.237	0.0702	0.0852	11.732
14	1.232	0.8118	15.450	0.0647	0.0797	12.543
15	1.250	0.7999	16.682	0.0599	0.0749	13.343
16	1.269	0.7880	17.932	0.0558	0.0708	14.131
17	1.288	0.7764	19.201	0.0521	0.0671	14.908
18	1.307	0.7649	20.489	0.0488	0.0638	15.673
19	1.327	0.7536	21.797	0.0459	0.0609	16.426
20	1.347	0.7425	23.124	0.0432	0.0582	17.169
21	1.367	0.7315	24.471	0.0409	0.0559	17.900
22	1.388	0.7207	25.838	0.0387	0.0537	18.621
23	1.408	0.7100	27.225	0.0367	0.0517	19.331
24	1.430	0.6995	28.634	0.0349	0.0499	20.030
25	1.451	0.6892	30.063	0.0333	0.0483	20.720
26	1.473	0.6790	31.514	0.0317	0.0467	21.399
27	1.495	0.6690	32.987	0.0303	0.0453	22.068
28	1.517	0.6591	34.481	0.0290	0.0440	22.727
29	1.540	0.6494	35.999	0.0278	0.0428	23.376
30	1.563	0.6398	37.539	0.0266	0.0416	24.016
35	1.684	0.5939	45.592	0.0219	0.0369	27.076
40	1.814	0.5513	54.268	0.0184	0.0334	29.916
45	1.954	0.5117	63.614	0.0157	0.0307	32.552
50	2.105	0.4750	73.683	0.0136	0.0286	35.000
55	2.268	0.4409	84.529	0.0118	0.0268	37.271
60	2.443	0.4093	96.215	0.0104	0.0254	39.380
65	2.632	0.3799	108.803	0.0092	0.0242	41.338
70	2.836	0.3527	122.364	0.0082	0.0232	43.155
75	3.055	0.3274	136.973	0.0073	0.0223	44.842
80	3.291	0.3039	152.711	0.0065	0.0215	46.407
85	3.545	0.2821	169.665	0.0059	0.0209	47.861
90	3.819	0.2619	187.930	0.0053	0.0203	49.210
95	4.114	0.2431	207.606	0.0048	0.0198	50.462
100	4.432	0.2256	228.803	0.0044	0.0194	51.625

n	$(F/P,i,n)$ $(1+i)^n$	$(P/F,i,n)$ $\dfrac{1}{(1+i)^n}$	$(F/A,i,n)$ $\dfrac{(1+i)^n-1}{i}$	$(A/F,i,n)$ $\dfrac{i}{(1+i)^n-1}$	$(A/P,i,n)$ $\dfrac{i(1+i)^n}{(1+i)^n-1}$	$(P/A,i,n)$ $\dfrac{(1+i)^n-1}{i(1+i)^n}$
1	1.020	0.9804	1.000	1.00000	1.02000	0.980
2	1.040	0.9612	2.020	0.49505	0.51505	1.942
3	1.061	0.9423	3.060	0.32675	0.34675	2.884
4	1.082	0.9238	4.122	0.24262	0.26262	3.808
5	1.104	0.9057	5.204	0.19216	0.21216	4.713
6	1.126	0.8880	6.308	0.15853	0.17853	5.601
7	1.149	0.8706	7.434	0.13451	0.15451	6.472
8	1.172	0.8535	8.583	0.11651	0.13651	7.325
9	1.195	0.8368	9.755	0.10252	0.12252	8.162
10	1.219	0.8203	10.950	0.09133	0.11133	8.983
11	1.243	0.8043	12.169	0.08218	0.10218	9.787
12	1.268	0.7885	13.412	0.07456	0.09456	10.575
13	1.294	0.7730	14.680	0.06812	0.08812	11.348
14	1.319	0.7579	15.974	0.06260	0.08260	12.106
15	1.346	0.7430	17.293	0.05783	0.07783	12.849
16	1.373	0.7284	18.639	0.05365	0.07365	13.578
17	1.400	0.7142	20.012	0.04997	0.06997	14.292
18	1.428	0.7002	21.412	0.04670	0.06670	14.992
19	1.457	0.6864	22.841	0.04378	0.06378	15.678
20	1.486	0.6730	24.297	0.04116	0.06116	16.351
21	1.516	0.6598	25.783	0.03878	0.05878	17.011
22	1.546	0.6468	27.299	0.03663	0.05663	17.658
23	1.577	0.6342	28.845	0.03467	0.05467	18.292
24	1.608	0.6217	30.422	0.03287	0.05287	18.914
25	1.641	0.6095	32.030	0.03122	0.05122	19.523
26	1.673	0.5976	33.671	0.02970	0.04970	20.121
27	1.707	0.5859	35.344	0.02829	0.04829	20.707
28	1.741	0.5744	37.051	0.02699	0.04699	21.281
29	1.776	0.5631	38.792	0.02578	0.04578	21.844
30	1.811	0.5521	40.568	0.02465	0.04465	22.396
35	2.000	0.5000	49.994	0.02000	0.04000	24.999
40	2.208	0.4529	60.402	0.01656	0.03656	27.355
45	2.438	0.4102	71.893	0.01391	0.03391	29.490
50	2.692	0.3715	84.579	0.01182	0.03182	31.424
55	2.972	0.3365	98.587	0.01014	0.03014	33.175
60	3.281	0.3048	114.052	0.00877	0.02877	34.761
65	3.623	0.2761	131.126	0.00763	0.02763	36.197
70	4.000	0.2500	149.978	0.00667	0.02667	37.499
75	4.416	0.2265	170.792	0.00586	0.02586	38.677
80	4.875	0.2051	193.772	0.00516	0.02516	39.745
85	5.383	0.1858	219.144	0.00456	0.02456	40.711
90	5.943	0.1683	247.157	0.00405	0.02405	41.587
95	6.562	0.1524	278.085	0.00360	0.02360	42.380
100	7.245	0.1380	312.232	0.00320	0.02320	43.098

表 5

$$2\frac{1}{2}\%$$

n	$(F/P,i,n)$ $(1+i)^n$	$(P/F,i,n)$ $\dfrac{1}{(1+i)^n}$	$(F/A,i,n)$ $\dfrac{(1+i)^n-1}{i}$	$(A/F,i,n)$ $\dfrac{i}{(1+i)^n-1}$	$(A/P,i,n)$ $\dfrac{i(1+i)^n}{(1+i)^n-1}$	$(P/A,i,n)$ $\dfrac{(1+i)^n-1}{i(1+i)^n}$
1	1.025	0.9756	1.000	1.00000	1.02500	0.976
2	1.051	0.9518	2.025	0.49383	0.51883	1.927
3	1.077	0.9286	3.076	0.32514	0.35014	2.856
4	1.104	0.9060	4.153	0.24082	0.26582	3.762
5	1.131	0.8839	5.256	0.19025	0.21525	4.646
6	1.160	0.8623	6.388	0.15655	0.18155	5.508
7	1.189	0.8413	7.547	0.13250	0.15750	6.349
8	1.218	0.8207	8.736	0.11447	0.13947	7.170
9	1.249	0.8007	9.955	0.10046	0.12546	7.971
10	1.280	0.7812	11.203	0.08926	0.11426	8.752
11	1.312	0.7621	12.483	0.08011	0.10511	9.514
12	1.345	0.7436	13.796	0.07249	0.09749	10.258
13	1.379	0.7254	15.140	0.06605	0.09105	10.983
14	1.413	0.7077	16.519	0.06054	0.08554	11.691
15	1.448	0.6905	17.932	0.05577	0.08077	12.381
16	1.485	0.6736	19.380	0.05160	0.07660	13.055
17	1.522	0.6572	20.865	0.04793	0.07293	13.712
18	1.560	0.6412	22.386	0.04467	0.06967	14.353
19	1.599	0.6255	23.946	0.04176	0.06676	14.979
20	1.639	0.6103	25.545	0.03915	0.06415	15.589
21	1.680	0.5954	27.183	0.03679	0.06179	16.185
22	1.722	0.5809	28.863	0.03465	0.05965	16.765
23	1.765	0.5667	30.584	0.03270	0.05770	17.332
24	1.809	0.5529	32.349	0.03091	0.05591	17.885
25	1.854	0.5394	34.158	0.02928	0.05428	18.424
26	1.900	0.5262	36.012	0.02777	0.05277	18.951
27	1.948	0.5134	37.912	0.02638	0.05138	19.464
28	1.996	0.5009	39.860	0.02509	0.05009	19.965
29	2.046	0.4887	41.856	0.02389	0.04889	20.454
30	2.098	0.4767	43.903	0.02278	0.04778	20.930
35	2.373	0.4214	54.928	0.01821	0.04321	23.145
40	2.685	0.3724	67.403	0.01484	0.03984	25.103
45	3.038	0.3292	81.516	0.01227	0.03727	26.833
50	3.437	0.2909	97.484	0.01026	0.03526	28.362
55	3.889	0.2571	115.551	0.00865	0.03365	29.714
60	4.400	0.2273	135.992	0.00735	0.03235	30.909
65	4.978	0.2009	159.118	0.00628	0.03128	31.965
70	5.632	0.1776	185.284	0.00540	0.03040	32.898
75	6.372	0.1569	214.888	0.00465	0.02965	33.723
80	7.210	0.1387	248.383	0.00403	0.02903	34.452
85	8.157	0.1226	286.279	0.00349	0.02849	35.096
90	9.229	0.1084	329.154	0.00304	0.02804	35.666
95	10.442	0.0958	377.664	0.00265	0.02765	36.169
100	11.814	0.0846	432.549	0.00231	0.02731	36.614

n	$(F/P,i,n)$ $(1+i)^n$	$(P/F,i,n)$ $\dfrac{1}{(1+i)^n}$	$(F/A,i,n)$ $\dfrac{(1+i)^n-1}{i}$	$(A/F,i,n)$ $\dfrac{i}{(1+i)^n-1}$	$(A/P,i,n)$ $\dfrac{i(1+i)^n}{(1+i)^n-1}$	$(P/A,i,n)$ $\dfrac{(1+i)^n-1}{i(1+i)^n}$
1	1.030	0.9709	1.000	1.00000	1.03000	0.971
2	1.061	0.9426	2.030	0.49261	0.52261	1.913
3	1.093	0.9151	3.091	0.32353	0.35353	2.829
4	1.126	0.8885	4.184	0.23903	0.26903	3.717
5	1.159	0.8626	5.309	0.18835	0.21835	4.580
6	1.194	0.8375	6.468	0.15460	0.18460	5.417
7	1.230	0.8131	7.662	0.13051	0.16051	6.230
8	1.267	0.7894	8.892	0.11246	0.14246	7.020
9	1.305	0.7664	10.159	0.09843	0.12843	7.786
10	1.344	0.7441	11.464	0.08723	0.11723	8.530
11	1.384	0.7224	12.808	0.07808	0.10808	9.253
12	1.426	0.7014	14.192	0.07046	0.10046	9.954
13	1.469	0.6810	15.618	0.06403	0.09403	10.635
14	1.513	0.6611	17.086	0.05853	0.08853	11.296
15	1.558	0.6419	18.599	0.05377	0.08377	11.938
16	1.605	0.6232	20.157	0.04961	0.07961	12.561
17	1.653	0.6050	21.762	0.04595	0.07595	13.166
18	1.702	0.5874	23.414	0.04271	0.07271	13.754
19	1.754	0.5703	25.117	0.03981	0.06981	14.324
20	1.806	0.5537	26.870	0.03722	0.06722	14.877
21	1.860	0.5375	28.676	0.03487	0.06487	15.415
22	1.916	0.5219	30.537	0.03275	0.06275	15.937
23	1.974	0.5067	32.453	0.03081	0.06081	16.444
24	2.033	0.4919	34.426	0.02905	0.05905	16.936
25	2.094	0.4776	36.459	0.02743	0.05743	17.413
26	2.157	0.4637	38.553	0.02594	0.05594	17.877
27	2.221	0.4502	40.710	0.02456	0.05456	18.327
28	2.288	0.4371	42.931	0.02329	0.05329	18.764
29	2.357	0.4243	45.219	0.02211	0.05211	19.188
30	2.427	0.4120	47.575	0.02102	0.05102	19.600
35	2.814	0.3554	60.462	0.01654	0.04654	21.487
40	3.262	0.3066	75.401	0.01326	0.04326	23.115
45	3.782	0.2644	92.720	0.01079	0.04079	24.519
50	4.384	0.2281	112.797	0.00887	0.03887	25.730
55	5.082	0.1968	136.072	0.00735	0.03735	26.774
60	5.892	0.1697	163.053	0.00613	0.03613	27.676
65	6.830	0.1464	194.333	0.00515	0.03515	28.453
70	7.918	0.1263	230.594	0.00434	0.03434	29.123
75	9.179	0.1089	272.631	0.00367	0.03367	29.702
80	10.641	0.0940	321.363	0.00311	0.03311	30.201
85	12.336	0.0811	377.857	0.00265	0.03265	30.631
90	14.300	0.0699	443.349	0.00226	0.03226	31.002
95	16.578	0.0603	519.272	0.00193	0.03193	31.323
100	19.219	0.0520	607.288	0.00165	0.03165	31.599

n	$(F/P,i,n)$ $(1+i)^n$	$(P/F,i,n)$ $\dfrac{1}{(1+i)^n}$	$(F/A,i,n)$ $\dfrac{(1+i)^n-1}{i}$	$(A/F,i,n)$ $\dfrac{i}{(1+i)^n-1}$	$(A/P,i,n)$ $\dfrac{i(1+i)^n}{(1+i)^n-1}$	$(P/A,i,n)$ $\dfrac{(1+i)^n-1}{i(1+i)^n}$
1	1.0350	0.9662	1.000	1.00000	1.03500	0.966
2	1.0712	0.9335	2.035	0.49140	0.52640	1.900
3	1.1087	0.9019	3.106	0.32193	0.35693	2.802
4	1.1475	0.8714	4.215	0.23725	0.27225	3.673
5	1.1877	0.8420	5.362	0.18648	0.22148	4.515
6	1.2293	0.8135	6.550	0.15267	0.18767	5.329
7	1.2723	0.7860	7.779	0.12854	0.16354	6.115
8	1.3168	0.7594	9.052	0.11048	0.14548	6.874
9	1.3629	0.7337	10.368	0.09645	0.13145	7.608
10	1.4106	0.7089	11.731	0.08524	0.12024	8.317
11	1.4600	0.6849	13.142	0.07609	0.11109	9.002
12	1.5111	0.6618	14.602	0.06848	0.10348	9.663
13	1.5640	0.6394	16.113	0.06206	0.09706	10.303
14	1.6187	0.6178	17.677	0.05657	0.09157	10.921
15	1.6753	0.5969	19.296	0.05183	0.08683	11.517
16	1.7340	0.5767	20.971	0.04768	0.08268	12.094
17	1.7947	0.5572	22.705	0.04404	0.07904	12.651
18	1.8575	0.5384	24.500	0.04082	0.07582	13.190
19	1.9225	0.5202	26.357	0.03794	0.07294	13.710
20	1.9898	0.5026	28.280	0.03536	0.07036	14.212
21	2.0594	0.4856	30.269	0.03304	0.06804	14.698
22	2.1315	0.4692	32.329	0.03093	0.06593	15.167
23	2.2061	0.4533	34.460	0.02902	0.06402	15.620
24	2.2833	0.4380	36.667	0.02727	0.06227	16.058
25	2.3632	0.4231	38.950	0.02567	0.06067	16.482
26	2.4460	0.4088	41.313	0.02421	0.05921	16.890
27	2.5316	0.3950	43.759	0.02285	0.05785	17.285
28	2.6202	0.3817	46.291	0.02160	0.05660	17.667
29	2.7119	0.3687	48.911	0.02045	0.05545	18.036
30	2.8068	0.3563	51.623	0.01937	0.05437	18.392
35	3.3336	0.3000	66.674	0.01500	0.05000	20.001
40	3.9593	0.2526	84.550	0.01183	0.04683	21.355
45	4.7024	0.2127	105.782	0.00945	0.04445	22.495
50	5.5849	0.1791	130.998	0.00763	0.04263	23.456
55	6.6331	0.1508	160.947	0.00621	0.04121	24.264
60	7.8781	0.1269	196.517	0.00509	0.04000	24.945
65	9.3567	0.1069	238.763	0.00419	0.03919	25.518
70	11.1128	0.0900	288.938	0.00346	0.03846	26.000
75	13.1986	0.0758	348.530	0.00287	0.03787	26.407
80	15.6757	0.0638	419.307	0.00238	0.03738	26.749
85	18.6179	0.0537	503.367	0.00199	0.03699	27.037
90	22.1122	0.0452	603.205	0.00166	0.03666	27.279
95	26.2623	0.0381	721.781	0.00139	0.03639	27.484
100	31.1914	0.0321	862.612	0.00116	0.03616	27.655

n	$(F/P,i,n)$ $(1+i)^n$	$(P/F,i,n)$ $\dfrac{1}{(1+i)^n}$	$(F/A,i,n)$ $\dfrac{(1+i)^n-1}{i}$	$(A/F,i,n)$ $\dfrac{i}{(1+i)^n-1}$	$(A/P,i,n)$ $\dfrac{i(1+i)^n}{(1+i)^n-1}$	$(P/A,i,n)$ $\dfrac{(1+i)^n-1}{i(1+i)^n}$
1	1.040	0.9615	1.000	1.00000	1.04000	0.962
2	1.082	0.9246	2.040	0.49020	0.53020	1.886
3	1.125	0.8890	3.122	0.32035	0.36035	2.775
4	1.170	0.8548	4.246	0.23549	0.27549	3.630
5	1.217	0.8219	5.416	0.18463	0.22463	4.452
6	1.265	0.7903	6.633	0.15076	0.19076	5.242
7	1.316	0.7599	7.898	0.12661	0.16661	6.002
8	1.369	0.7307	9.214	0.10853	0.14853	6.733
9	1.423	0.7026	10.583	0.09449	0.13449	7.435
10	1.480	0.6756	12.006	0.08329	0.12329	8.111
11	1.539	0.6496	13.486	0.07415	0.11415	8.760
12	1.601	0.6246	15.026	0.06655	0.10655	9.385
13	1.665	0.6006	16.627	0.06014	0.10014	9.986
14	1.732	0.5775	18.292	0.05467	0.09467	10.563
15	1.801	0.5553	20.024	0.04994	0.08994	11.118
16	1.873	0.5339	21.825	0.04582	0.08582	11.652
17	1.948	0.5134	23.698	0.04220	0.08220	12.166
18	2.026	0.4936	25.645	0.03899	0.07899	12.659
19	2.107	0.4746	27.671	0.03614	0.07614	13.134
20	2.191	0.4564	29.778	0.03358	0.07358	13.590
21	2.279	0.4388	31.969	0.03128	0.07128	14.029
22	2.370	0.4220	34.248	0.02920	0.06920	14.451
23	2.465	0.4057	36.618	0.02731	0.06731	14.857
24	2.563	0.3901	39.083	0.02559	0.06559	15.247
25	2.666	0.3751	41.646	0.02401	0.06401	15.622
26	2.772	0.3607	44.312	0.02257	0.06257	15.983
27	2.883	0.3468	47.084	0.02124	0.06124	16.330
28	2.999	0.3335	49.968	0.02001	0.06001	16.663
29	3.119	0.3207	52.966	0.01888	0.05888	16.984
30	3.243	0.3083	56.085	0.01783	0.05783	17.292
35	3.946	0.2534	73.652	0.01358	0.05358	18.665
40	4.801	0.2083	95.026	0.01052	0.05052	19.793
45	5.841	0.1712	121.029	0.00826	0.04826	20.720
50	7.107	0.1407	152.667	0.00655	0.04655	21.482
55	8.646	0.1157	191.159	0.00523	0.04523	22.109
60	10.520	0.0951	237.991	0.00420	0.04420	22.623
65	12.799	0.0781	294.968	0.00339	0.04339	23.047
70	15.572	0.0642	364.290	0.00275	0.04275	23.395
75	18.945	0.0528	448.631	0.00223	0.04223	23.680
80	23.050	0.0434	551.245	0.00181	0.04181	23.915
85	28.044	0.0357	676.090	0.00148	0.04148	24.109
90	34.119	0.0293	827.983	0.00121	0.04121	24.267
95	41.511	0.0241	1012.785	0.00099	0.04099	24.398
100	50.505	0.0198	1237.624	0.00081	0.04081	24.505

n	$(F/P,i,n)$ $(1+i)^n$	$(P/F,i,n)$ $\dfrac{1}{(1+i)^n}$	$(F/A,i,n)$ $\dfrac{(1+i)^n-1}{i}$	$(A/F,i,n)$ $\dfrac{i}{(1+i)^n-1}$	$(A/P,i,n)$ $\dfrac{i(1+i)^n}{(1+i)^n-1}$	$(P/A,i,n)$ $\dfrac{(1+i)^n-1}{i(1+i)^n}$
1	1.050	0.9524	1.000	1.00000	1.05000	0.952
2	1.103	0.9070	2.050	0.48780	0.53780	1.859
3	1.158	0.8638	3.153	0.31721	0.36721	2.723
4	1.216	0.8227	4.310	0.23201	0.28201	3.546
5	1.276	0.7835	5.526	0.18097	0.23097	4.329
6	1.340	0.7462	6.802	0.14702	0.19702	5.076
7	1.407	0.7107	8.142	0.12282	0.17282	5.786
8	1.477	0.6768	9.549	0.10472	0.15472	6.463
9	1.551	0.6446	11.027	0.09069	0.14069	7.108
10	1.629	0.6139	12.578	0.07950	0.12950	7.722
11	1.710	0.5847	14.207	0.07039	0.12039	8.306
12	1.796	0.5568	15.917	0.06283	0.11283	8.863
13	1.886	0.5303	17.713	0.05646	0.10646	9.394
14	1.980	0.5051	19.599	0.05102	0.10102	9.899
15	2.079	0.4810	21.579	0.04634	0.09634	10.380
16	2.183	0.4581	23.657	0.04227	0.09227	10.838
17	2.292	0.4363	25.840	0.03870	0.08870	11.274
18	2.407	0.4155	28.132	0.03555	0.08555	11.690
19	2.527	0.3957	30.539	0.03275	0.08275	12.085
20	2.653	0.3769	33.066	0.03024	0.08024	12.462
21	2.786	0.3589	35.719	0.02800	0.07800	12.821
22	2.925	0.3418	38.505	0.02597	0.07597	13.163
23	3.072	0.3256	41.430	0.02414	0.07414	13.489
24	3.225	0.3101	44.502	0.02247	0.07247	13.799
25	3.386	0.2953	47.727	0.02095	0.07095	14.094
26	3.556	0.2812	51.113	0.01956	0.06956	14.375
27	3.733	0.2678	54.669	0.01829	0.06829	14.643
28	3.920	0.2551	58.403	0.01712	0.06712	14.898
29	4.116	0.2429	62.323	0.01605	0.06605	15.141
30	4.322	0.2314	66.139	0.01505	0.06505	15.372
35	5.516	0.1813	90.320	0.01107	0.06107	16.374
40	7.040	0.1420	120.800	0.00828	0.05828	17.159
45	8.985	0.1113	159.700	0.00626	0.05626	17.774
50	11.467	0.0872	209.348	0.00478	0.05478	18.256
55	14.636	0.0683	272.713	0.00367	0.05367	18.633
60	18.679	0.0535	353.584	0.00283	0.05283	18.929
65	23.840	0.0419	456.798	0.00219	0.05219	19.161
70	30.426	0.0329	588.529	0.00170	0.05170	19.343
75	38.833	0.0258	756.654	0.00132	0.05132	19.485
80	49.561	0.0202	971.229	0.00103	0.05103	19.596
85	63.254	0.0158	1245.087	0.00080	0.05080	19.684
90	80.730	0.0124	1594.607	0.00063	0.05063	19.752
95	103.035	0.0097	2040.694	0.00049	0.05049	19.806
100	131.501	0.0076	2610.025	0.00038	0.05038	19.848

n	$(F/P,i,n)$ $(1+i)^n$	$(P/F,i,n)$ $\dfrac{1}{(1+i)^n}$	$(F/A,i,n)$ $\dfrac{(1+i)^n-1}{i}$	$(A/F,i,n)$ $\dfrac{i}{(1+i)^n-1}$	$(A/P,i,n)$ $\dfrac{i(1+i)^n}{(1+i)^n-1}$	$(P/A,i,n)$ $\dfrac{(1+i)^n-1}{i(1+i)^n}$
1	1.060	0.9434	1.000	1.00000	1.06000	0.943
2	1.124	0.8900	2.060	0.48544	0.54544	1.833
3	1.191	0.8396	3.184	0.31411	0.37411	2.673
4	1.262	0.7921	4.375	0.22859	0.28859	3.465
5	1.338	0.7473	5.637	0.17740	0.23740	4.212
6	1.419	0.7050	6.975	0.14336	0.20336	4.917
7	1.504	0.6651	8.394	0.11914	0.17914	5.582
8	1.594	0.6274	9.897	0.10104	0.16104	6.210
9	1.689	0.5919	11.491	0.08702	0.14702	6.802
10	1.791	0.5584	13.181	0.07587	0.13587	7.360
11	1.898	0.5268	14.972	0.06679	0.12679	7.887
12	2.012	0.4970	16.870	0.05928	0.11928	8.384
13	2.133	0.4688	18.882	0.05296	0.11296	8.853
14	2.261	0.4423	21.015	0.04758	0.10758	9.295
15	2.397	0.4173	23.276	0.04296	0.10296	9.712
16	2.540	0.3936	25.673	0.03895	0.09895	10.106
17	2.693	0.3714	28.213	0.03544	0.09544	10.477
18	2.854	0.3503	30.906	0.03236	0.09236	10.828
19	3.026	0.3305	33.760	0.02962	0.08962	11.158
20	3.207	0.3118	36.786	0.02718	0.08718	11.470
21	3.400	0.2942	39.993	0.02500	0.08500	11.764
22	3.604	0.2775	43.392	0.02305	0.08305	12.042
23	3.820	0.2618	46.996	0.02128	0.08128	12.303
24	4.049	0.2470	50.816	0.01968	0.07968	12.550
25	4.292	0.2330	54.865	0.01823	0.07823	12.783
26	4.549	0.2198	59.156	0.01690	0.07690	13.003
27	4.822	0.2074	63.706	0.01570	0.07570	13.211
28	5.112	0.1956	68.528	0.01459	0.07459	13.406
29	5.418	0.1846	73.640	0.01358	0.07358	13.591
30	5.743	0.1741	79.058	0.01265	0.07265	13.765
35	7.686	0.1301	111.435	0.00897	0.06897	14.498
40	10.286	0.0972	154.762	0.00646	0.06646	15.046
45	13.765	0.0727	212.744	0.00470	0.06470	15.456
50	18.420	0.0543	290.336	0.00344	0.06344	15.762
55	24.650	0.0406	394.172	0.00254	0.06254	15.991
60	32.988	0.0303	533.128	0.00188	0.06188	16.161
65	44.145	0.0227	719.083	0.00139	0.06139	16.289
70	59.076	0.0169	967.932	0.00103	0.06103	16.385
75	79.057	0.0126	1300.949	0.00077	0.06077	16.456
80	105.796	0.0095	1746.600	0.00057	0.06057	16.509
85	141.579	0.0071	2342.982	0.00043	0.06043	16.549
90	189.465	0.0053	3141.075	0.00032	0.06032	16.579
95	253.546	0.0039	4209.104	0.00024	0.06024	16.601
100	339.302	0.0029	5638.368	0.00018	0.06018	16.618

n	$(F/P,i,n)$ $(1+i)^n$	$(P/F,i,n)$ $\dfrac{1}{(1+i)^n}$	$(F/A,i,n)$ $\dfrac{(1+i)^n-1}{i}$	$(A/F,i,n)$ $\dfrac{i}{(1+i)^n-1}$	$(A/P,i,n)$ $\dfrac{i(1+i)^n}{(1+i)^n-1}$	$(P/A,i,n)$ $\dfrac{(1+i)^n-1}{i(1+i)^n}$
1	1.070	0.9346	1.000	1.0000	1.0700	0.935
2	1.145	0.8734	2.070	0.4831	0.5531	1.808
3	1.225	0.8163	3.215	0.3111	0.3811	2.624
4	1.311	0.7629	4.440	0.2252	0.2952	3.387
5	1.403	0.7130	5.751	0.1739	0.2439	4.100
6	1.501	0.6663	7.153	0.1398	0.2098	4.767
7	1.606	0.6227	8.654	0.1156	0.1856	5.389
8	1.718	0.5820	10.260	0.0975	0.1675	5.971
9	1.838	0.5439	11.978	0.0835	0.1535	6.515
10	1.967	0.5083	13.816	0.0724	0.1424	7.024
11	2.105	0.4751	15.784	0.0634	0.1334	7.499
12	2.252	0.4440	17.888	0.0559	0.1259	7.943
13	2.410	0.4150	20.141	0.0497	0.1197	8.358
14	2.579	0.3878	22.550	0.0443	0.1143	8.745
15	2.759	0.3624	25.129	0.0398	0.1098	9.108
16	2.952	0.3387	27.888	0.0359	0.1059	9.447
17	3.159	0.3166	30.840	0.0324	0.1024	9.763
18	3.380	0.2959	33.999	0.0294	0.0994	10.059
19	3.617	0.2765	37.379	0.0268	0.0968	10.336
20	3.870	0.2765	37.379	0.0268	0.0944	10.336
21	4.141	0.2415	44.865	0.0223	0.0923	10.836
22	4.430	0.2257	49.006	0.0204	0.0904	11.061
23	4.741	0.2109	53.436	0.0187	0.0887	11.272
24	5.072	0.1971	58.177	0.0172	0.0872	11.469
25	5.427	0.1842	63.249	0.0158	0.0858	11.654
26	5.807	0.1722	68.676	0.0146	0.0846	11.826
27	6.214	0.1609	74.484	0.0134	0.0834	11.987
28	6.649	0.1504	80.698	0.0124	0.0824	12.137
29	7.114	0.1406	87.347	0.0114	0.0814	12.278
30	7.612	0.1314	94.461	0.0106	0.0806	12.409
35	10.677	0.0937	138.237	0.0072	0.0772	12.948
40	14.974	0.0668	199.635	0.0050	0.0750	13.332
45	21.007	0.0476	285.749	0.0035	0.0735	13.606
50	29.457	0.0339	406.529	0.0025	0.0725	13.801
55	41.315	0.0242	575.929	0.0017	0.0717	13.940
60	57.946	0.0173	813.520	0.0012	0.0712	14.039
65	81.273	0.0123	1146.755	0.0009	0.0709	14.110
70	113.989	0.0088	1614.134	0.0006	0.0706	14.160
75	159.876	0.0063	2269.657	0.0004	0.0704	14.196
80	224.234	0.0045	3189.063	0.0003	0.0703	14.222
85	314.500	0.0032	4478.576	0.0002	0.0702	14.240
90	441.103	0.0023	6287.185	0.0002	0.0702	14.253
95	618.670	0.0016	8823.854	0.0001	0.0701	14.263
100	867.716	0.0012	12381.662	0.0001	0.0701	14.269

n	$(F/P,i,n)$ $(1+i)^n$	$(P/F,i,n)$ $\dfrac{1}{(1+i)^n}$	$(F/A,i,n)$ $\dfrac{(1+i)^n-1}{i}$	$(A/F,i,n)$ $\dfrac{i}{(1+i)^n-1}$	$(A/P,i,n)$ $\dfrac{i(1+i)^n}{(1+i)^n-1}$	$(P/A,i,n)$ $\dfrac{(1+i)^n-1}{i(1+i)^n}$
1	1.080	0.9259	1.000	1.00000	1.08000	0.926
2	1.166	0.8573	2.080	0.48077	0.56077	1.783
3	1.260	0.7938	3.246	0.30803	0.38803	2.577
4	1.360	0.7350	4.506	0.22192	0.30192	3.312
5	1.469	0.6806	5.867	0.17046	0.25046	3.993
6	1.587	0.6302	7.336	0.13632	0.21632	4.623
7	1.714	0.5835	8.932	0.11207	0.19207	5.206
8	1.851	0.5403	10.637	0.09401	0.17401	5.747
9	1.999	0.5002	12.488	0.08008	0.16008	6.247
10	2.159	0.4632	14.487	0.06903	0.14903	6.710
11	2.332	0.4289	16.645	0.06008	0.14008	7.139
12	2.518	0.3971	18.977	0.05270	0.13270	7.536
13	2.720	0.3677	21.495	0.04652	0.12652	7.904
14	2.937	0.3405	24.215	0.04130	0.12130	8.244
15	3.172	0.3152	27.152	0.03683	0.11683	8.559
16	3.426	0.2919	30.324	0.03298	0.11298	8.851
17	3.700	0.2703	33.750	0.02963	0.10963	9.122
18	3.996	0.2502	37.450	0.02670	0.10670	9.372
19	4.316	0.2317	41.446	0.02413	0.10413	9.604
20	4.661	0.2145	45.762	0.02185	0.10185	9.818
21	5.034	0.1987	50.423	0.01983	0.09983	10.017
22	5.437	0.1839	55.457	0.01803	0.09803	10.201
23	5.871	0.1703	60.893	0.01642	0.09642	10.371
24	6.341	0.1577	66.765	0.01498	0.09498	10.529
25	6.848	0.1460	73.106	0.01368	0.09368	10.675
26	7.396	0.1352	79.954	0.01251	0.09251	10.810
27	7.988	0.1252	87.351	0.01145	0.09145	10.935
28	8.627	0.1159	95.339	0.01049	0.09049	11.051
29	9.317	0.1073	103.966	0.00962	0.08962	11.158
30	10.063	0.0994	113.283	0.00883	0.08883	11.258
35	14.785	0.0676	172.317	0.00580	0.08580	11.655
40	21.725	0.0460	259.057	0.00386	0.08386	11.925
45	31.920	0.0313	386.506	0.00259	0.08259	12.108
50	46.902	0.0213	573.770	0.00174	0.08174	12.233
55	68.914	0.0145	848.923	0.00118	0.08118	12.319
60	101.257	0.0099	1253.213	0.00080	0.08080	12.377
65	148.780	0.0067	1847.248	0.00054	0.08054	12.416
70	218.606	0.0046	2720.080	0.00037	0.08037	12.443
75	321.205	0.0031	4002.557	0.00025	0.08025	12.461
80	471.955	0.0021	5886.935	0.00017	0.08017	12.474
85	693.456	0.0014	8655.706	0.00012	0.08012	12.482
90	1018.915	0.0010	12723.939	0.00008	0.08008	12.488
95	1497.121	0.0007	18701.507	0.00005	0.08005	12.492
100	2199.761	0.0005	27484.516	0.00004	0.08004	12.494

n	$(F/P,i,n)$ $(1+i)^n$	$(P/F,i,n)$ $\dfrac{1}{(1+i)^n}$	$(F/A,i,n)$ $\dfrac{(1+i)^n-1}{i}$	$(A/F,i,n)$ $\dfrac{i}{(1+i)^n-1}$	$(A/P,i,n)$ $\dfrac{i(1+i)^n}{(1+i)^n-1}$	$(P/A,i,n)$ $\dfrac{(1+i)^n-1}{i(1+i)^n}$
1	1.100	0.9091	1.000	1.00000	1.10000	0.909
2	1.210	0.8264	2.100	0.47619	0.57619	1.736
3	1.331	0.7513	3.310	0.30211	0.40211	2.487
4	1.464	0.6830	4.641	0.21547	0.31547	3.170
5	1.611	0.6209	6.105	0.16380	0.26380	3.791
6	1.772	0.5645	7.716	0.12961	0.22961	4.355
7	1.949	0.5132	9.487	0.10541	0.20541	4.868
8	2.144	0.4665	11.436	0.08744	0.18744	5.335
9	2.358	0.4241	13.579	0.07364	0.17364	5.759
10	2.594	0.3855	15.937	0.06275	0.16275	6.144
11	2.853	0.3505	18.531	0.05396	0.15396	6.495
12	3.138	0.3186	21.384	0.04676	0.14676	6.814
13	3.452	0.2897	24.523	0.04078	0.14078	7.103
14	3.797	0.2633	27.975	0.03575	0.13575	7.367
15	4.177	0.2394	31.772	0.03147	0.13147	7.606
16	4.595	0.2176	35.950	0.02782	0.12782	7.824
17	5.054	0.1978	40.545	0.02466	0.12466	8.022
18	5.560	0.1799	45.599	0.02193	0.12193	8.201
19	6.116	0.1635	51.159	0.01955	0.11955	8.365
20	6.727	0.1486	57.275	0.01746	0.11746	8.514
21	7.400	0.1351	64.002	0.01562	0.11562	8.649
22	8.140	0.1228	71.403	0.01401	0.11401	8.772
23	8.954	0.1117	79.543	0.01257	0.11257	8.883
24	9.850	0.1015	88.497	0.01130	0.11130	8.985
25	10.835	0.0923	98.347	0.01017	0.11017	9.077
26	11.918	0.0839	109.182	0.00916	0.10916	9.161
27	13.110	0.0763	121.100	0.00826	0.10826	9.237
28	14.421	0.0693	134.210	0.00745	0.10745	9.307
29	15.863	0.0630	148.631	0.00673	0.10673	9.370
30	17.449	0.0573	164.494	0.00608	0.10608	9.427
35	28.102	0.0356	271.024	0.00369	0.10369	9.644
40	45.259	0.0221	442.593	0.00226	0.10226	9.779
45	72.890	0.0137	718.905	0.00139	0.10139	9.863
50	117.391	0.0085	1163.909	0.00086	0.10086	9.915
55	189.059	0.0053	1880.591	0.00053	0.10053	9.947
60	304.482	0.0033	3034.816	0.00033	0.10033	9.967
65	490.371	0.0020	4893.707	0.00020	0.10020	9.980
70	789.747	0.0013	7887.470	0.00013	0.10013	9.987
75	1271.895	0.0008	12708.954	0.00008	0.10008	9.992
80	2048.400	0.0005	20474.002	0.00005	0.10005	9.995
85	3298.969	0.0003	32979.690	0.00003	0.10003	9.997
90	5313.023	0.0002	53120.226	0.00002	0.10002	9.998
95	8556.676	0.0001	85556.760	0.00001	0.10001	9.999

n	$(F/P,i,n)$ $(1+i)^n$	$(P/F,i,n)$ $\dfrac{1}{(1+i)^n}$	$(F/A,i,n)$ $\dfrac{(1+i)^n-1}{i}$	$(A/F,i,n)$ $\dfrac{i}{(1+i)^n-1}$	$(A/P,i,n)$ $\dfrac{i(1+i)^n}{(1+i)^n-1}$	$(P/A,i,n)$ $\dfrac{(1+i)^n-1}{i(1+i)^n}$
1	1.120	0.8929	1.000	1.00000	1.12000	0.893
2	1.254	0.7972	2.120	0.47170	0.59170	1.690
3	1.405	0.7118	3.374	0.29635	0.41635	2.402
4	1.574	0.6355	4.779	0.20923	0.32923	3.037
5	1.762	0.5674	6.353	0.15741	0.27741	3.605
6	1.974	0.5066	8.115	0.12323	0.24323	4.111
7	2.211	0.4523	10.089	0.09912	0.21912	4.564
8	2.476	0.4039	12.300	0.08130	0.20130	4.968
9	2.773	0.3606	14.776	0.06768	0.18768	5.328
10	3.106	0.3220	17.549	0.05698	0.17698	5.650
11	3.479	0.2875	20.655	0.04842	0.16842	5.938
12	3.896	0.2567	24.133	0.04144	0.16144	6.194
13	4.363	0.2292	28.029	0.03568	0.15568	6.424
14	4.887	0.2046	32.393	0.03087	0.15087	6.628
15	5.474	0.1827	37.280	0.02682	0.14682	6.811
16	6.130	0.1631	42.753	0.02339	0.14339	6.974
17	6.866	0.1456	48.884	0.02046	0.14046	7.120
18	7.690	0.1300	55.750	0.01794	0.13794	7.250
19	8.613	0.1161	63.440	0.01576	0.13576	7.366
20	9.646	0.1037	72.052	0.01388	0.13388	7.469
21	10.804	0.0926	81.699	0.01224	0.13224	7.562
22	12.100	0.0826	92.503	0.01081	0.13081	7.645
23	13.552	0.0738	104.603	0.00956	0.12956	7.718
24	15.179	0.0659	118.155	0.00846	0.12846	7.784
25	17.000	0.0588	133.334	0.00750	0.12750	7.843
26	19.040	0.0525	150.334	0.00665	0.12665	7.896
27	21.325	0.0469	169.374	0.00590	0.12590	7.943
28	23.884	0.0419	190.699	0.00524	0.12524	7.984
29	26.750	0.0374	214.583	0.00466	0.12466	8.022
30	29.960	0.0334	241.333	0.00414	0.12414	8.055
35	52.800	0.0189	431.663	0.00232	0.12232	8.176
40	93.051	0.0107	767.091	0.00130	0.12130	8.244
45	163.988	0.0061	1358.230	0.00074	0.12074	8.283
50	289.002	0.0035	2400.018	0.00042	0.12042	8.304
55	509.321	0.0020	4236.005	0.00024	0.12024	8.317
60	897.597	0.0011	7471.641	0.00013	0.12013	8.324
65	1581.872	0.0006	13173.937	0.00008	0.12008	8.328
70	2787.800	0.0004	23223.332	0.00004	0.12004	8.330
75	4913.056	0.0002	40933.799	0.00002	0.12002	8.332
80	8658.483	0.0001	72145.692	0.00001	0.12001	8.332

n	$(F/P,i,n)$ $(1+i)^n$	$(P/F,i,n)$ $\dfrac{1}{(1+i)^n}$	$(F/A,i,n)$ $\dfrac{(1+i)^n-1}{i}$	$(A/F,i,n)$ $\dfrac{i}{(1+i)^n-1}$	$(A/P,i,n)$ $\dfrac{i(1+i)^n}{(1+i)^n-1}$	$(P/A,i,n)$ $\dfrac{(1+i)^n-1}{i(1+i)^n}$
1	1.150	0.8696	1.000	1.00000	1.15000	0.870
2	1.322	0.7561	2.150	0.46512	0.61512	1.626
3	1.521	0.6575	3.472	0.28798	0.43798	2.283
4	1.749	0.5718	4.993	0.20027	0.35027	2.855
5	2.011	0.4972	6.742	0.14832	0.29832	3.352
6	2.313	0.4323	8.754	0.11424	0.26424	3.784
7	2.660	0.3759	11.067	0.09036	0.24036	4.160
8	3.059	0.3269	13.727	0.07285	0.22285	4.487
9	3.518	0.2843	16.786	0.05957	0.20957	4.772
10	4.046	0.2472	20.304	0.04925	0.19925	5.019
11	4.652	0.2149	24.349	0.04107	0.19107	5.234
12	5.350	0.1869	29.002	0.03448	0.18448	5.421
13	6.153	0.1625	34.352	0.02911	0.17911	5.583
14	7.076	0.1413	40.505	0.02469	0.17469	5.724
15	8.137	0.1229	47.580	0.02102	0.17102	5.847
16	9.358	0.1069	55.717	0.01795	0.16795	5.954
17	10.761	0.0929	65.075	0.01537	0.16537	6.047
18	12.375	0.0808	75.836	0.01319	0.16319	6.128
19	14.232	0.0703	88.212	0.01134	0.16134	6.198
20	16.367	0.0611	102.444	0.00976	0.15976	6.259
21	18.822	0.0531	118.810	0.00842	0.15842	6.312
22	21.645	0.0462	137.632	0.00727	0.15727	6.359
23	24.891	0.0402	159.276	0.00628	0.15628	6.399
24	28.625	0.0349	184.168	0.00543	0.15543	6.434
25	32.919	0.0304	212.793	0.00470	0.15470	6.464
26	37.857	0.0264	245.712	0.00407	0.15407	6.491
27	43.535	0.0230	283.569	0.00353	0.15353	6.514
28	50.066	0.0200	327.104	0.00306	0.15306	6.534
29	57.575	0.0174	377.170	0.00265	0.15265	6.551
30	66.212	0.0151	434.745	0.00230	0.15230	6.566
35	133.176	0.0075	881.170	0.00113	0.15113	6.617
40	267.864	0.0037	1779.090	0.00056	0.15056	6.642
45	538.769	0.0019	3585.128	0.00028	0.15028	6.654
50	1083.657	0.0009	7217.716	0.00014	0.15014	6.661
55	2179.622	0.0005	14524.148	0.00007	0.15007	6.664
60	4383.999	0.0002	29219.992	0.00003	0.15003	6.665
65	8817.787	0.0001	58778.583	0.00002	0.15002	6.666

n	$(F/P,i,n)$ $(1+i)^n$	$(P/F,i,n)$ $\dfrac{1}{(1+i)^n}$	$(F/A,i,n)$ $\dfrac{(1+i)^n-1}{i}$	$(A/F,i,n)$ $\dfrac{i}{(1+i)^n-1}$	$(A/P,i,n)$ $\dfrac{i(1+i)^n}{(1+i)^n-1}$	$(P/A,i,n)$ $\dfrac{(1+i)^n-1}{i(1+i)^n}$
1	1.200	0.8333	1.000	1.00000	1.20000	0.833
2	1.440	0.6944	2.200	0.45455	0.65455	1.528
3	1.728	0.5787	3.640	0.27473	0.47473	2.106
4	2.074	0.4823	5.368	0.18629	0.38629	2.589
5	2.488	0.4019	7.442	0.13438	0.33438	2.991
6	2.986	0.3349	9.930	0.10071	0.30071	3.326
7	3.583	0.2791	12.916	0.07742	0.27742	3.605
8	4.300	0.2326	16.499	0.06061	0.26061	3.837
9	5.160	0.1938	20.799	0.04808	0.24808	4.031
10	6.192	0.1615	25.959	0.03852	0.23852	4.192
11	7.430	0.1346	32.150	0.03110	0.23110	4.327
12	8.916	0.1122	39.581	0.02528	0.22526	4.439
13	10.699	0.0935	48.497	0.02062	0.22062	4.533
14	12.839	0.0779	59.196	0.01689	0.21689	4.611
15	15.407	0.0649	72.035	0.01388	0.21388	4.675
16	18.488	0.0541	87.442	0.01144	0.21144	4.730
17	22.186	0.0451	105.931	0.00944	0.20944	4.775
18	26.623	0.0376	128.117	0.00781	0.20781	4.812
19	31.948	0.0313	154.740	0.00646	0.20646	4.843
20	38.338	0.0261	186.688	0.00538	0.20536	4.870
21	46.005	0.0217	225.026	0.00444	0.20444	4.891
22	55.206	0.0181	271.031	0.00369	0.20369	4.909
23	66.247	0.0151	326.237	0.00307	0.20307	4.925
24	79.497	0.0126	329.484	0.00255	0.20255	4.937
25	95.396	0.0105	471.981	0.00212	0.20212	4.948
26	114.475	0.0087	567.377	0.00176	0.20176	4.956
27	137.371	0.0073	681.853	0.00147	0.20147	4.964
28	164.845	0.0061	819.223	0.00122	0.20122	4.970
29	197.814	0.0051	984.068	0.00102	0.20102	4.975
30	237.376	0.0042	1181.882	0.00085	0.20085	4.979
35	590.668	0.0017	2948.341	0.00034	0.20034	4.992
40	1469.772	0.0007	7343.858	0.00014	0.20014	4.997
45	3657.262	0.0003	18281.310	0.00005	0.20005	4.999
50	9100.438	0.0001	45497.191	0.00002	0.20002	4.999

n	$(F/P,i,n)$ $(1+i)^n$	$(P/F,i,n)$ $\dfrac{1}{(1+i)^n}$	$(F/A,i,n)$ $\dfrac{(1+i)^n-1}{i}$	$(A/F,i,n)$ $\dfrac{i}{(1+i)^n-1}$	$(A/P,i,n)$ $\dfrac{i(1+i)^n}{(1+i)^n-1}$	$(P/A,i,n)$ $\dfrac{(1+i)^n-1}{i(1+i)^n}$
1	1.250	0.8000	1.000	1.00000	1.25000	0.800
2	1.562	0.6400	2.250	0.44444	0.69444	1.440
3	1.953	0.5120	3.812	0.26230	0.51230	1.952
4	2.441	0.4096	5.766	0.17344	0.42344	2.362
5	3.052	0.3277	8.207	0.12185	0.37185	2.689
6	3.815	0.2621	11.259	0.08882	0.33882	2.951
7	4.768	0.2097	15.073	0.06634	0.31634	3.161
8	5.960	0.1678	19.842	0.05040	0.30040	3.329
9	7.451	0.1342	25.802	0.03876	0.28876	3.463
10	9.313	0.1074	33.253	0.03007	0.28007	3.571
11	11.642	0.0859	42.566	0.02349	0.27349	3.656
12	14.552	0.0687	54.208	0.01845	0.26845	3.725
13	18.190	0.0550	68.760	0.01454	0.26454	3.780
14	22.737	0.0440	86.949	0.01150	0.26150	3.824
15	28.422	0.0352	109.687	0.00912	0.25912	3.859
16	35.527	0.0281	138.109	0.00724	0.25724	3.887
17	44.409	0.0225	173.636	0.00576	0.25576	3.910
18	55.511	0.0180	218.045	0.00459	0.25459	3.928
19	69.389	0.0144	273.556	0.00366	0.25366	3.942
20	86.736	0.0115	342.945	0.00292	0.25292	3.954
21	108.420	0.0092	429.681	0.00233	0.25233	3.963
22	135.525	0.0074	538.101	0.00186	0.25186	3.970
23	169.407	0.0059	673.626	0.00148	0.25148	3.976
24	211.758	0.0047	843.033	0.00119	0.25119	3.981
25	264.698	0.0038	1054.791	0.00095	0.25095	3.985
26	330.872	0.0030	1319.489	0.00076	0.25076	3.988
27	413.590	0.0024	1650.361	0.00061	0.25061	3.990
28	516.988	0.0019	2063.952	0.00048	0.25048	3.992
29	646.235	0.0015	2580.939	0.00039	0.25039	3.994
30	807.794	0.0012	3227.174	0.00031	0.25031	3.995
35	2465.190	0.0004	9856.761	0.00010	0.25010	3.998
40	7523.164	0.0001	30088.655	0.00003	0.25003	3.999

	(F/P,i,n)	(P/F,i,n)	(F/A,i,n)	(A/F,i,n)	(A/P,i,n)	(P/A,i,n)
n	$(1+i)^n$	$\dfrac{1}{(1+i)^n}$	$\dfrac{(1+i)^n-1}{i}$	$\dfrac{i}{(1+i)^n-1}$	$\dfrac{i(1+i)^n}{(1+i)^n-1}$	$\dfrac{(1+i)^n-1}{i(1+i)^n}$
1	1.300	0.7692	1.000	1.00000	1.30000	0.769
2	1.690	0.5917	2.300	0.43478	0.73478	1.361
3	2.197	0.4552	3.990	0.25063	0.55063	1.816
4	2.856	0.3501	6.187	0.16163	0.46163	2.166
5	3.713	0.2693	9.043	0.11058	0.41058	2.436
6	4.827	0.2072	12.756	0.07839	0.37839	2.643
7	6.275	0.1594	17.583	0.05687	0.35687	2.802
8	8.157	0.1226	23.858	0.04192	0.34192	2.925
9	10.604	0.0943	32.015	0.03124	0.33124	3.019
10	13.786	0.0725	42.619	0.02346	0.32346	3.092
11	17.922	0.0558	56.405	0.01773	0.31773	3.147
12	23.298	0.0429	74.327	0.01345	0.31345	3.190
13	30.288	0.0330	97.625	0.01024	0.31024	3.223
14	39.374	0.0254	127.913	0.00782	0.30782	3.249
15	51.186	0.0195	167.286	0.00598	0.30598	3.268
16	66.542	0.0150	218.472	0.00458	0.30458	3.283
17	86.504	0.0116	285.014	0.00351	0.30351	3.295
18	112.455	0.0089	371.518	0.00269	0.30269	3.304
19	146.192	0.0068	483.973	0.00207	0.30207	3.311
20	190.050	0.0053	630.165	0.00159	0.30159	3.316
21	247.065	0.0040	820.215	0.00122	0.30122	3.320
22	321.184	0.0031	1067.280	0.00094	0.30094	3.323
23	417.539	0.0024	1388.464	0.00072	0.30072	3.325
24	542.801	0.0018	1806.003	0.00055	0.30055	3.327
25	705.641	0.0014	2348.803	0.00043	0.30043	3.329
26	917.333	0.0011	3054.444	0.00033	0.30033	3.330
27	1192.533	0.0008	3971.778	0.00025	0.30025	3.331
28	1550.293	0.0006	5164.311	0.00019	0.30019	3.331
29	2015.381	0.0005	6714.604	0.00015	0.30015	3.332
30	2619.996	0.0004	8729.985	0.00011	0.30011	3.332
35	9727.860	0.0001	32422.868	0.00003	0.30003	3.333

30% 表18

n	$(F/P,i,n)$ $(1+i)^n$	$(P/F,i,n)$ $\dfrac{1}{(1+i)^n}$	$(F/A,i,n)$ $\dfrac{(1+i)^n-1}{i}$	$(A/F,i,n)$ $\dfrac{i}{(1+i)^n-1}$	$(A/P,i,n)$ $\dfrac{i(1+i)^n}{(1+i)^n-1}$	$(P/A,i,n)$ $\dfrac{(1+i)^n-1}{i(1+i)^n}$
1	1.400	0.7143	1.000	1.00000	1.40000	0.714
2	1.960	0.5102	2.400	0.41667	0.81667	1.224
3	2.744	0.3644	4.360	0.22936	0.62936	1.589
4	3.842	0.2603	7.104	0.14077	0.54077	1.849
5	5.378	0.1859	10.946	0.09136	0.49136	2.035
6	7.530	0.1328	16.324	0.06126	0.46126	2.168
7	10.541	0.0949	23.853	0.04192	0.44192	2.263
8	14.758	0.0678	34.395	0.02907	0.42907	2.331
9	20.661	0.0484	49.153	0.02034	0.42034	2.379
10	28.925	0.0346	69.814	0.01432	0.41432	2.414
11	40.496	0.0247	98.739	0.01013	0.41013	2.438
12	56.694	0.0176	139.235	0.00718	0.40718	2.456
13	79.371	0.0126	195.929	0.00510	0.40510	2.469
14	111.120	0.0090	275.300	0.00363	0.40363	2.478
15	155.568	0.0064	386.420	0.00259	0.40259	2.484
16	217.795	0.0046	541.988	0.00185	0.40185	2.489
17	304.913	0.0033	759.784	0.00132	0.40132	2.492
18	426.879	0.0023	1064.697	0.00094	0.40094	2.494
19	597.630	0.0017	1491.576	0.00067	0.40067	2.496
20	836.683	0.0012	2089.206	0.00048	0.40048	2.497
21	1171.356	0.0009	2925.889	0.00034	0.40034	2.498
22	1639.898	0.0006	4097.245	0.00024	0.40024	2.498
23	2295.857	0.0004	5737.142	0.00017	0.40017	2.499
24	3214.200	0.0003	8032.999	0.00012	0.40012	2.499
25	4499.880	0.0002	11247.199	0.00009	0.40009	2.499
26	6299.831	0.0002	15747.079	0.00006	0.40006	2.500
27	8819.764	0.0001	22046.910	0.00005	0.40005	2.500

表 20

n	$(F/P,i,n)$ $(1+i)^n$	$(P/F,i,n)$ $\dfrac{1}{(1+i)^n}$	$(F/A,i,n)$ $\dfrac{(1+i)^n-1}{i}$	$(A/F,i,n)$ $\dfrac{i}{(1+i)^n-1}$	$(A/P,i,n)$ $\dfrac{i(1+i)^n}{(1+i)^n-1}$	$(P/A,i,n)$ $\dfrac{(1+i)^n-1}{i(1+i)^n}$
1	1.500	0.6667	1.000	1.00000	1.50000	0.667
2	2.250	0.4444	2.500	0.40000	0.90000	1.111
3	3.375	0.2963	4.750	0.21053	0.71053	1.407
4	5.062	0.1975	8.125	0.12308	0.62308	1.605
5	7.594	0.1317	13.188	0.07583	0.57583	1.737
6	11.391	0.0878	20.781	0.04812	0.54812	1.824
7	17.086	0.0585	32.172	0.03108	0.53108	1.883
8	25.629	0.0390	10.258	0.02030	0.52030	1.922
9	38.443	0.0260	74.887	0.01335	0.51335	1.948
10	57.665	0.0173	113.330	0.00882	0.50882	1.965
11	86.498	0.0116	170.995	0.00585	0.50585	1.977
12	129.746	0.0077	257.493	0.00388	0.50388	1.985
13	194.620	0.0051	387.239	0.00258	0.50258	1.990
14	291.929	0.0034	581.859	0.00172	0.50172	1.993
15	437.894	0.0023	873.788	0.00114	0.50114	1.995
16	656.841	0.0015	1311.682	0.00076	0.50076	1.997
17	985.261	0.0010	1968.523	0.00051	0.50051	1.998
18	1477.892	0.0007	2953.784	0.00034	0.50034	1.999
19	2216.838	0.0005	4431.676	0.00023	0.50023	1.999
20	3325.257	0.0003	6648.513	0.00015	0.50015	1.999
21	4987.885	0.0002	9973.770	0.00010	0.50010	2.000
22	7481.828	0.0001	14961.655	0.00007	0.50007	2.000

主要参考文献

1. 余绪缨主编．企业理财学．辽宁人民出版社,1996
2. 中国注册会计师教育教材编审委员会编．财务管理．经济科学出版社,1997
3. 欧阳令南编．公司理财．中国经济出版社,1997
4. 国家计划委员会建设部发布．建设项目经济评价方法与参数(第二版)．中国计划出版社,1996
5. 刘长滨主编．建筑工程技术经济学．中国建筑工业出版社,1996
6. 徐大图主编．施工与房地产开发企业财务管理．中国建筑工业出版社,1995
7. 梁钧平编．公司财务决策与控制．经济日报出版社,1997
8. W.H.纽曼等著,武鸿麟译．企业战略．贵州人民出版社,1987
9. 荆新,王化成主编．财务管理学．中国人民大学出版社,1995
10. 周忠惠等主编．财务管理．上海三联书店,1996
11. 俞文青编著．施工企业财务管理．立信会计出版社,1996
12. 陈立群,邓凤英主编．房地产会计．中国建筑工业出版社,1997